浙江省高职院校"十四五"重点立项建设教材

中高职一体化课程改革（教育类专业）配套教材

新形态教材

入眼·入脑·入手

易教·乐学

幼儿园课程概论

融媒体版

YOU'ERYUAN KECHENG GAILUN

中高职一体化课程改革（教育类专业）配套教材编写委员会

主　任：朱永祥

编　委：程江平　崔　陵　于丽娟　陈晓燕　方卫飞

本书主编：樊丰富　杜丽静

本书副主编：贾志国　赵伟利

北京师范大学出版集团

BEIJING NORMAL UNIVERSITY PUBLISHING GROUP

北京师范大学出版社

图书在版编目（CIP）数据

幼儿园课程概论／浙江省教育厅职成教教研室组编 ． —北京：北京师范大学出版社，2024.10
ISBN 978-7-303-29861-7

Ⅰ．①幼… Ⅱ．①浙… Ⅲ．①幼儿园－课程－教材 Ⅳ．①G612

中国国家版本馆 CIP 数据核字（2024）第 054241 号

教材意见反馈　gaozhifk@bnupg.com　010-58805079
营销中心电话　010-58802755　58800035
编辑部电话　010-58802883

出版发行：北京师范大学出版社 www.bnupg.com
　　　　　北京市西城区新街口外大街 12-3 号
　　　　　邮政编码：100088
印　　刷：天津旭非印刷有限公司
经　　销：全国新华书店
开　　本：889 mm×1194 mm　1/16
印　　张：14.25
字　　数：272 千字
版　　次：2024 年 10 月第 1 版
印　　次：2024 年 10 月第 1 次印刷
定　　价：39.80 元

策划编辑：姚贵平　　　　　　　　责任编辑：孟　浩
装帧设计：焦　丽　李向昕　　　　美术编辑：焦　丽　李向昕
责任校对：陈　荟　　　　　　　　责任印制：陈　涛　赵　龙

　　"幼儿园课程概论"是学前教育专业的核心课程。课程是实现幼儿发展的载体，幼儿园一日活动皆课程，幼儿园课程质量决定了幼儿园教育质量。本教材在介绍幼儿园课程定义和课程四要素的基础之上，紧贴幼儿园课程实践，阐述了幼儿园常见活动、中西经典课程方案以及幼儿园园本课程开发等内容。与同类教材相比，本教材具有以下特点。

　　一是新理念引领。本教材秉持着与时俱进的理念，紧跟理论和时代发展前沿，引入安吉游戏、华德福教育方案和瑞吉欧教育方案等，丰富课程内容，引领幼儿园教师理念的变化。其编排形式体现了活教材的特点，内容对接岗位、对接考证和技能大赛。

　　二是对接实践场。本教材对接了幼儿园保教活动，按照幼儿园教师工作岗位的任务来设计。本教材将课程四要素内容整体化，在一个章节里面呈现，为学习幼儿园常见活动、中西经典课程方案以及幼儿园园本课程开发提供了整体思路。同时本教材对接幼儿园课程开发，设计了园本课程开发的内容，为幼儿园教师的课程开发实践提供理论支持。

　　三是利于学生学习。根据学生的学习特点，本教材设计了学习导航，帮助学生形成相应的概念，以案例导入，形象生动，以任务驱动，激发学生思考问题，从而激发学生的学习兴趣。课中想一想，有利于学生进一步思考，内化知识的学习。课后通过练习巩固知识，实现知识和能力的同步增长。每个模块后的实训与反思是将陈述性知识转化为程序性知识的过程，能够发展学生的能力。

　　四是课程资源丰富。本教材配有比较齐全的微课，在国家职业教育智慧教育平台建有"幼儿园课程概论"课程，在慕课学院建有相应的课程资源，可供教师和学生随时参考和学习，也可供教师交流研讨。

　　本教材由金华职业技术学院课程与教学论教学团队编写，由浙江省教育厅职成教教研室组编，由樊丰富、杜丽静主编。第一模块由樊丰富、贾志国编写；第二模块由赵伟利编写；第三模块由樊丰富、贾志国编写；第四模块由樊丰富、杜丽静编写；第五模块由贾志国、杜丽静编写；第六模块由杜丽静、赵伟利编写。本教材的内容框架设计由教学团队统一商定讨论，由第一主编负责统稿。为了完成本教材的编写，全体编者做了大量细致的工作，但是仍有不足之处。敬请广大读者不吝赐教。

编者

2024 年 10 月

模块一
认识幼儿园课程

学习目标

1. 了解课程的起源，理解四种常见的课程定义和课程的四种分类。
2. 掌握幼儿园课程的内涵和特点。
3. 能把幼儿园课程的特点运用于实践。
4. 愿意或喜欢探索幼儿园课程。

学习导航

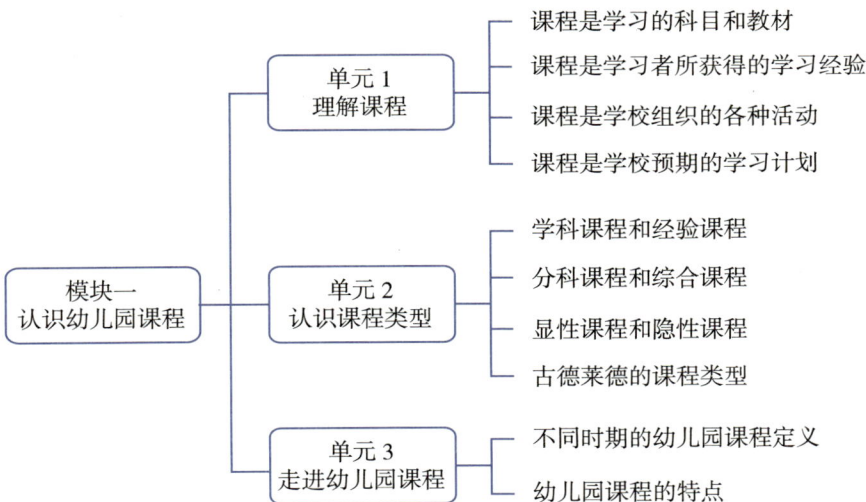

初学体验

我们经常看到小朋友在幼儿园中不是做游戏，就是在做游戏的路上，整天又是唱歌，又是跳舞。这些都是幼儿园的课程吗？

● 互动交流 ●

_____

_____

_____

_____

✎ 学习笔记

课程是不是通常我们理解的课程表里的"课程"？孔子弟子三千，那时候的授课是没有课程一说的，我国是从什么时候开始有课程一说的呢？幼儿园的课程和小学、中学以及大学的课程一样吗？它有着什么样的特点？

单元1　理解课程

学习任务单

姓名		班级		学习时间			
序号	任务描述		学习建议		完成效果		
					自评	同伴评	教师评
1	了解"课程"一词的起源		结合朱熹和斯宾塞的著作和观点进行学习				
2	识记并理解课程是学习的科目和教材		结合自己目前学习的课程加强理解				
3	了解课程是学习者所获得的学习经验		结合自身所学习的情况进行理解				
4	识记并理解课程是学校组织的各种活动		观察并分析幼儿园课程，加强理解				
5	了解课程是学校预期的学习计划		通过对照幼儿园的活动组织计划，理解课程				
学习反思							

✎学习情境 ▶▶▶▶▶

　　课程是什么？当前对课程的定义有多种，每一种都有其合理性。有研究者认为，课程是学校课程表里的课程；也有研究者认为，课程是我们平时用的教材。这些对课程不同的理解都会影响教师的行为。

互动交流：

你认为课程是课程表里的课程吗？

_____

_____

模块一　单元1
互动交流提示

　　课程问题是教育中重要、繁难、易被误解的教育问题之一，也是教师和学生熟悉又陌生的教育术语之一。[①] 对"课程"概念和内涵的不同认识与理解，深刻地影响着人们教与学的行为方式与观念态度。

　　我们对课程进行词源学考察，就会发现"课程"一词最早出现在我国的唐代。唐代孔颖达在《五经正义》里为《诗经·小雅·巧言》中"奕奕寝庙，君子作之"一句注释："以教护课程，必君子监之，乃得依法制也。"宋代朱熹在《朱子全书·论学》中就论及"课程"，如"宽着期限，紧着课程"，"小立课程，大作功夫"等。"课程"在此主要是指"功课及其进程"，这同我们现在的"课程"用法已没有多大差别。

> **教师资格证考证指南：**
> 在我国，与现代"课程"含义相差不大的"课程"一词，出现在宋代。

　　在西方，英国哲学家、社会学家、教育家斯宾塞在1859年发表的文章《什么知识最有价值》中最早提出"课程"这一术语，意指"教学内容的系统组织"。该词起源于拉丁语，原意是"跑道"，用于规定赛马者的行程，与教育中"学习内容进程"之意接近。

　　目前为止，人们对课程的定义多种多样。课程的定义集中反映着人们对课程本质的理解，主流的定义大致有以下几种。

> 💡**想一想**
> 课程是"跑道"还是"在跑道中跑"？你赞同哪种观点？为什么？

▶▶ 一、课程是学习的科目和教材 >>>>>>>

　　将课程看作学习的科目这种定义最为古老。我国古代的礼、乐、射、御、书、数六艺就被看作课程。同样，在古代西方，学校有文法、修辞、辩证法、算术、几何、音乐、天文学七艺。进入现代社会，我们也常常会听到这样一些询问和回答："你们学校都开设哪些课程啊？""语文、数学、英语、物理、

[①]　朱家雄：《幼儿园课程》第二版，50页，上海，华东师范大学出版社，2011。

历史……"这时，课程即具体的学习科目或学习科目的总和。也有很多人把课程与教材合二为一，把教材视为课程的具体体现。

这种认为课程是学习的科目和教材的定义，虽然把握住了课程的主要问题，即课程内容的问题，但把教师的视线局限在一个相对狭小的圈子里：只关注"教什么"（知识的逻辑、结构和体系）和学生的认知学习，不关注"为什么而教""怎样教"（学生的需要、兴趣、能力以及知识的本体价值）和学生的全面发展。可事实上一些教育实践工作者经常使用这种课程定义，而教育理论工作者很少持此看法。这也是课程理论与实践融合所面临的挑战。

▶▶ **二、课程是学习者所获得的学习经验** >>>>>>>>

这种定义可以追溯到美国教育家杜威。杜威实际上把课程视为学生在教师指导下所获得的经验。这种定义是针对传统教育的"教材中心"以及由此导致的"教师中心""课堂中心"的弊端提出的，强调以儿童为中心，强调儿童在学校获得的学习经验。这种定义一经出现，就在20世纪课程改革中颇具影响力。

这种定义的突出特点是把学生的直接经验置于课程改革的中心位置，从而消除了课程中见物不见人的倾向，消除了内容与过程、目标与手段的二元对立。[①]学习经验是学生在与环境的相互作用中形成的心理生成物（包括认知经验，情感态度体验，解决问题的方式、方法和技能、技巧的感悟），唯有它才是学生实实在在体验到的课程。将课程理解为学生的学习经验，无疑会扩大教师和研究者的视野，使其关注的重心下移。教师和研究者除了关注教什么，更关注为什么教，怎样教，为什么这样教，这样教会对学生产生什么影响以及学生学习时是否表现出积极的情感状态等。[②]可以说，从关注教材到关注学生，关注学生的兴趣、需要、态度，关注他们在学习过程中的所学以及所学内容对个人的意义，是课程领域的一场"哥白尼式的革命"。这场革命的核心就是界定课程概念的视角由"客观"走向"主观"，由"客体"走向"主体"。这场革命使评价好教师的标准不再是他们能否把教材教得头头是道，而是看他们能否让学生获得能沉淀为个体经验的主动理解。

但是，学习经验的模糊性、主观性、个人性和不易把握性，使广大教师在推行由此种定义指导的教学实践的过程中面临很大的阻碍。[③]这也是此种

① 张华：《课程与教学论》，68页，上海，上海教育出版社，2000。
② 冯晓霞：《幼儿园课程》，3页，北京，北京师范大学出版社，2000。
③ 冯晓霞：《幼儿园课程》，3页，北京，北京师范大学出版社，2000。

课程定义很难普及的重要原因。

▶▶ 三、课程是学校组织的各种活动 >>>>>>>>

这种定义与"经验说"一起产生于进步主义教育对"教材说"的反思与批判中。只是学习经验的模糊性、个人性、主观性、内在性、无标准性[①]，使学习经验说难以被把握。于是，一些研究者便转向学习经验的"母体"——学习活动——以寻求支持。

活动是学生与学习环境相互作用的形式，学习是通过学生的主动行为而发生的，学生的学习取决于他们自己做了什么。"做中学"是学生获得经验的重要方式。故而有人提出课程即在学校的教师指导下出现的学习者学习活动的总体。[②]"活动"一词更好地反映了作为主体的学生的兴趣、需要、能力、态度、禀赋与作为客体的教学计划、教材、教学环境、教师不断发生"联系""碰撞""遭遇"的一种张力状态。然而，教育实践中也有不少"活动主义"倾向，即为活动而活动，追求表面繁华而无思维实质。因此，有学者特别强调，活动应有的张力是指活动的结果旨在提升学生的经验、思维与学习品质，活动本身只是手段。[③]

▶▶ 四、课程是学校预期的学习计划 >>>>>>>>

课程作为培养人的计划或蓝图，必然包括对培养什么样人（课程目标）、提供什么样的学习经验（课程内容）如何组织这些经验才能培养这样的人（课程组织）、如何检验育人的目标是否实现（课程评价）等一系列问题的思考与决策，涵盖了几个基本要素，因而比较周全。这种定义力图纠正学习经验说的失之过宽，教材说的失之过窄，活动说的失之浅表。[④]但这种定义毕竟是从课程设计的角度来考虑问题的，它把课程计划的实现过程当成教师线性地执行预先设计的路线图而不考虑学习者的意愿、兴趣、需要、个性以及能力禀赋的单向过程。而实际的课程实施要比原本的计划丰富和复杂。课程必须考虑课堂中的迹象及律动、教师直觉的判断及预感；同时学生的需要及兴趣是不断发展的，不可能完全掌握在学生、教师及课程学者所设定的计划中。它需要教师根据学生的实际反馈修正、调整、发展、完善预定计划或方案，以期取得更好的教育效果。这种定义过于强调静态设计、预成课程，忽视动态

① 王春燕：《幼儿园课程概论》，4页，北京，高等教育出版社，2007。
② 钟启泉：《现代课程论》，177页，上海，上海教育出版社，1989。
③ 王春燕：《幼儿园课程概论》，5页，北京，高等教育出版社，2007。
④ 冯晓霞：《幼儿园课程》，4页，北京，北京师范大学出版社，2000。

设计、生成课程的倾向，有可能与教材说、科目说殊途同归，将教育者关注的重点引向方案或计划，最终不免有教无学。[①]

思考与练习

1. 与目前的课程用法没有多大差别的"课程"一词，在我国最早出现在（　　）的著作中。

A. 春秋时期孔子　　B. 唐代孔颖达　　C. 宋代朱熹　　D. 明代王阳明

2. 针对传统教育的教材、教师和课堂三中心，一种强调以儿童为中心的课程，即认为课程就是（　　），开始出现并在20世纪课程改革中颇具影响力。

A. 学习科目和教材　　　　　　　　B. 儿童在学校获得的学习经验

C. 学校组织的学习活动　　　　　　D. 教学计划

3. 更关注"为什么教""怎样教""为什么这样教"的课程定义是（　　）。

A. 课程是学习的科目和教材　　　　B. 课程是学习者所获得的学习经验

C. 课程是学校组织的各种活动　　　D. 课程是学校预期的学习计划

4. 斯宾塞在他的文章（　　）中提及"课程"，其原意为"跑道"。

A.《什么知识最有价值》　　　　　B.《课程基本原理》

C.《课程》　　　　　　　　　　　D.《儿童的一百种语言》

5. 既体现学生为主体，又适合实践操作的课程定义是（　　）。

A. 课程是学习的科目和教材　　　　B. 课程是学习者所获得的学习经验

C. 课程是学校组织的各种活动　　　D. 课程是学校预期的学习计划

---

① 冯晓霞：《幼儿园课程》，4页，北京，北京师范大学出版社，2000。

单元 2 认识课程类型

学习任务单

姓名		班级		学习时间			
序号	任务描述		学习建议	完成效果			
				自评	同伴评	教师评	
1	理解并能区别学科课程和经验课程		比较自己学习的课程和幼儿学习的课程，并总结概括				
2	理解并能区别分科课程和综合课程		比较幼儿园的领域活动和主题活动，并总结概括				
3	理解并能区别显性课程和隐性课程		探究幼儿园的显性课程和隐性课程；或者探究自己身边的显性课程和隐性课程				
4	理解古德莱德的课程类型		分析课程实施过程，进而理解课程分类				
学习反思							

学习情境 ▶▶▶▶▶

　　根据不同分类标准，课程有不同的类型。我们经常可以在幼儿园里看到幼儿园环境非常漂亮，也非常有童趣。如果我们注意观察的话，我们会发现楼梯的台阶上会有一些小脚丫图案，是为了引导幼儿上下楼梯时要靠右边走，养成良好的行为习惯。

互动交流：

上面案例所提到的环境是课程吗？你认为它是什么类型的课程？

_____

_____

模块一　单元2
互动交流提示

课程类型指课程的表现形式，不同的课程本质决定着不同的课程类型。通过对课程类型的划分，我们可以深化对课程本质的理解。而课程本质又同人们对课程属性与功能的理性认识乃至价值倾向性密不可分。典型的课程类型包括学科课程和经验课程、分科课程和综合课程、显性课程和隐性课程、古德莱德的课程类型等。[①]

▶▶ 一、学科课程和经验课程 >>>>>>>>

学科课程和经验课程

学科课程又称学问中心课程，是以文化知识为基础，按照一定的价值标准，将某一领域的知识内容按照一定的逻辑体系进行组织、编排以促进学生学术性能力发展的课程。知识是这类课程中核心的要素，有助于人类文化遗产的继承和传播。学科课程是较古老、使用较广的一种课程类型。学科课程具有明显的优点：它有助于系统知识的传递；便于教师组织教学和评价。然而，学科课程也有明显的不足：第一，学科课程强调间接知识的传递，容易导致忽视学生的兴趣、需要与实际生活；第二，生活是不分科的，是一个有机整体，如果过于强调学科内容有可能会肢解学生完整的生活；第三，每一门学科都有自己相对独立和稳定的逻辑系统，因此学科课程容易导致忽视当代社会生活的现实需要；第四，学科课程容易导致单调、机械的教学组织和讲解式教学。

教师资格证考证指南：
强调发展学生学术性能力的课程是学科课程。

经验课程又称儿童中心课程（活动课程或生活课程），是以儿童的主体性活动经验为中心组织的课程。经验课程以开发与培育主体内在的、内发的价值为目标，旨在培养具有丰富个性的主体。由于儿童生活在特定的社会与受到特定文化的影响，为了丰富儿童的经验，经验课程强调将儿童感兴趣的当代社会生活问题及学科知识转化为儿童的经验。经验课程的基本着眼点是儿

[①] 其实还有其他课程类型，如必修课程与选修课程、直线式课程与螺旋式课程等。因篇幅有限就不一一论述。参见张华：《课程与教学论》，238页，上海，上海教育出版社，2000。

童的兴趣和动机，以动机为课程组织的中心。

经验课程主要有以下特征：第一，经验课程以学习者当下活生生的直接经验为课程开发的核心，课程目标的基本来源是学习者的原初经验及其生长需要。学习者在与其所处的情境的交互作用中，在解决所面临的各种问题的过程中建构经验与发展人格。它必然要求打破或超越传统的学科分类框架，以学习者为核心重组学科知识。第二，经验课程强调学习者是能动的、创造性的存在。学习者不仅对学习的计划或设计感兴趣，对学习的结果也感兴趣。在经验课程学习的整个过程中，学习者自觉地、主动地参与学习活动的构想、计划、实行以及评价。第三，经验课程强调学习者是整体的存在。经验课程的学习过程是学习者全人格参与的过程，是智力与情绪、情感发展的统一，是思维活动与行动、操作的统一。学习者的需要、动机、情感、态度的发展与智力的发展是同等重要的。第四，经验课程重视学习者的个别差异。经验课程强调尊重学生在能力倾向、情绪、特殊障碍和特殊的社会境遇方面的差异。经验课程通常是在尊重学习者个性差异的基础上开发与实施的。有时经验课程强调根据学习者的能力及其能力倾向组织小组活动，倡导分工协作的学习方式。

经验课程的优点是显而易见的。它强调学习者当下的直接经验的价值，把学习者的经验及其生长需要作为课程目标的基本来源，充分满足学习者的需要，使学习者成为真正的主体。经验课程主张把人类文化遗产以儿童的经验为核心整合起来，强调教材的心理组织。这样在与文化、学科知识交互作用的过程中，儿童的人格不断获得发展。这种课程真正体现了文化遗产、学科知识的教育价值。此外，经验课程主张将当代社会现实以儿童的经验为核心整合起来，既把儿童视为社会的儿童、生活于社会现实之中的儿童，又不使儿童被动拘泥于当前的社会现实，使儿童着眼于未来；主张基于儿童的人格健全成长对当前的社会现实进行改造。

当然，经验课程在实践推行中会受到一些限制：第一，经验课程容易忽视系统的学科知识的学习，容易沉醉于儿童当前的各种偶发性冲动之中，导致儿童中心主义，忽视学科知识的教育价值。第二，经验课程容易导致活动主义，忽视儿童思维能力和其他智力品质的发展。经验课程的确立者（如杜威等）大多主张把儿童的思维能力、问题解决能力、创造性的培养作为经验课程的基本目标，并主张把这些心理品质的培养与儿童对情境的操作和行动有机统一起来。然而在经验课程的实施过程中，人们可能会把经验课程误解为让儿童随心所欲地从事一些表层的、肤浅的、缺少智力价值的操作活动，从而忽视儿童深层的心理品质的发展。第三，经验课程的组织要求教师具有较高的教育艺术水平。对于习惯班级授课制和讲解教学的教师而言，这一点很难适应。

▶▶ 二、分科课程和综合课程 >>>>>>>>

从课程内容组织"分与合"的关系视角来划分，课程可以分为分科课程和综合课程。不管是强调"分"还是"合"都是在一定教育价值观指导下确定的，反映了人们对课程内容"分与合"关系的不同认识。

（一）分科课程

分科课程又称科目课程，指的是根据培养目标和科学发展水平，从各门科学中选择适合一定年龄阶段儿童发展水平的知识，组成教学科目的课程。[①]作为一种单学科的课程组织模式，它强调不同学科门类之间的相对独立性，强调一门学科的逻辑体系的完整性。

（二）综合课程

综合课程是指有意识地运用两种或两种以上学科的知识观和方法论去考察和探究一个中心主题或问题的课程。作为一种多学科的课程组织模式，综合课程强调学科之间的关联性、统一性和内在联系。根据综合的中心主题或问题的来源不同，综合课程可以分为学科本位综合课程、社会本位综合课程与儿童本位综合课程。

学科本位综合课程是以学科或文化知识为课程整合的基点，课程整合的核心主要来源于学科。这种综合课程试图打破或超越各分科课程自身固有的逻辑，形成一种把不同学科内容有机整合为一体的新的逻辑。我们可以把学科本位综合课程分为相关课程、融合课程、广域课程三种形态。

相关课程指两种或两种以上学科既在一些主题或观点上相互联系，又保持各学科原来的相对独立性。例如，历史、地理、政治在某些主题上关联，物理、化学、数学在某些主题上联系，等等。相关课程打破了分科课程彼此封闭、各自为政的缺陷，通过寻求不同学科之间的内在联系，使学生学习的知识彼此整合起来，从而优化学生的认知结构。当教师了解不同学科之间的关联以后，也可以让不同学科彼此配合，避免对知识的不恰当重复。

融合课程指将有关学科融合为一门新的学科，融合之后使学科之间原来的界限不复存在。例如，历史、地理、政治融合为综合社会科；物理、化学、生物学融合为综合理科；西方历史、西方地理、西方音乐、西方文学融合为西方文明等。融合课程不是简单地把原来几门传统学科进行简单"拼凑"或"组合"，而是打破或超越了被融合的各学科的固有逻辑，形成了一个新的有机体的逻辑。

广域课程指能够涵盖整个知识领域的课程整体。广域课程在其出发点上

---

① 朱家雄：《幼儿园课程》第二版，7页，上海，华东师范大学出版社，2011。

分科课程和
综合课程

学习笔记

与融合课程存在某种相似之处：都是围绕一个所选择的组织核心而将分支学科组织为一个新的课程整体，使原有学科的知识界限不复存在。然而不同于融合课程的是，广域课程的范围要比融合课程大。融合课程的范围主要限于与学科有关的领域；而广域课程不仅包括与学科有关的领域，还包括人类所有的知识与认知领域。像"郑和下西洋后的南洋移民""19世纪西移美洲的移民"这样的主题可以整合所有的知识领域，而不只是相关学科领域。要开发广域课程，各分科课程的标记必须消失，取自不同来源的内容必须整合起来。广域课程强调高度整合分科课程，以便能将课程与生活联系起来。

社会本位综合课程以源于社会生活的问题为课程整合的核心，以使学习者适应或改进当代社会生活。这类课程的内容主要源于社会或整个人类的条件状况，强调学生研究社会（特别是他们自身的生活世界）的种种特征与问题（如学校的功能、社会生活的主要活动、学生与整个人类的诸种持久的问题）等。提倡这种课程哲学的教育学家主张教育应该以更为主动、积极的姿态处理人类社会所面临的社会与文化危机。早在20世纪30年代，美国改造主义者康茨就提出"学校敢于建立一种新的社会秩序吗"的命题，系统阐述了学校改造社会的责任。20世纪80年代以来，国际上流行的科学—技术—社会课程（STS课程）、环境教育课程、国际理解教育课程都属于社会本位综合课程的形态。

儿童本位综合课程也称经验本位综合课程，以儿童当下的直接经验、儿童的需要与动机、儿童的兴趣与心理发展为课程整合的核心，以便促进儿童的经验生长和人格发展。卢梭的浪漫自然主义经验课程、杜威的经验课程、当代人本主义经验课程都是儿童本位综合课程的典范。

分科课程与综合课程是两类不同的课程。学科的发展呈现出分化与综合并驾齐驱的趋势，因而这两种课程组织形式各有其存在的价值。同时，分科课程与综合课程又有内在联系：第一，分科课程与综合课程的区分是相对的。分科课程总包含着知识之间某种程度的综合。一门学科既然能形成一个完整的逻辑体系，它总是建立在一定的知识综合的基础上的。同时，实践中作为课程计划一部分的综合课程总是呈现出某种分科的形式。第二，分科课程与综合课程相互依赖、相互作用。不同分科课程之间的区别是明显的，但总存在一定的内在联系。在目前的课程实践中，各学科之间相互封闭、相互孤立的现状并不是分科课程本来应当具有的，而是许多不合理的人为因素导致的。第三，综合课程并非全然不顾学科逻辑，也并非以牺牲科学体系为代价，而是从某种观点、以某种方式超越了分门别类的学科逻辑。牺牲了科学体系的综合课程必然是琐碎的、苍白无力的、肤浅的。

▶▶ 三、显性课程和隐性课程 >>>>>>>>

从课程功能和作用的方式上看，我们可以把课程分为显性课程和隐性课程。显性课程也称"正式课程"或"官方课程"，即教育者实施的外显的、有计划的、有组织的、有意图的教育影响。隐性课程就是学生在学习环境中所学习到的非预期性或非计划性的知识、价值观念、规范和态度。显性课程与隐性课程共同构成了学校的实际课程全貌。"隐性课程"这一概念由美国教育学家、课程论专家杰克逊（Jackson）在其 1968 年出版的《课堂生活》（*Life in Classroom*）中首次提出。不难看出，隐性课程有以下特点：第一，隐性课程的影响具有弥散性和普遍性。隐性课程的影响无所不在、无时不有。只要存在教育，就必然存在隐性课程的影响。对于同样的一个教育情境，不同的主体会解读出不同的意义。而这些意义超出教育者的意料之外，正所谓"有心栽花花不开，无心插柳柳成荫"。第二，隐性课程的影响具有持久性。许多隐性课程都通过心理的无意识层面对人产生影响。对情感态度、价值观念、性别角色的影响等都潜移默化进行，且一经确立就难以改变。教育的价值之一正在于，学生把自己的所学全都遗忘后还能留下一些内容。第三，隐性课程的教育影响可能是积极的，也可能是消极的。教育者的教育艺术正体现在如何发挥隐性课程的积极意义，减少其不利影响。第四，隐性课程的内容既可能是学术性（学术知识、学术观点、学术态度、学科探究方式等）的，也可能是非学术性（班级、学校的生活结构、行为规范和规则、人际交往方式等）的。

我们可以从三方面来比较两者的异同。第一个方面是课程的计划性。显性课程是有计划、有组织的学习活动，学生有意参与活动的成分很大。而隐性课程则是无计划、无组织的学习活动，学生在学习活动中主要获得的是隐含于课程中的经验。第二个方面是学习的环境。显性课程主要强调通过课堂教学获得知识和技能，而隐性课程则主要强调通过学校环境（包括物质环境、社会环境和文化影响等）得到知识、形成态度和价值观。第三个方面是学生的学习结果。学生在显性课程学习中获得的主要是预期性的学术知识，而在隐性课程学习中获得的主要是非预期性的知识。

💡 想一想 ▶▶▶▶▶▶

我们经常会看到幼儿园楼梯的台阶上会贴着苹果、香蕉、橘子等的图片，每种图片上还标有汉字或英文。你觉得有必要吗？为什么？

▶ 四、古德莱德的课程类型 >>>>>>>>

　　美国学者古德莱德以课程决策为标准，按照自上而下的视角将课程分为以下五种类型。①理想的课程，即由一些研究机构、学术团体和课程专家提出的应该开设的课程。②正式的课程，即由教育行政部门规定的课程计划、课程标准和教材。③领悟的课程，即任课教师所领会的课程。④运作的课程，即在课堂上或课外实行的课程。⑤经验的课程，即学生实际体验到的课程。这种划分对深化课程的内涵乃至有效地实施课程都具有深远意义。

古德莱德的
课程类型

☀ 想一想 ▶▶▶▶▶

　　教师在教幼儿唱"大头、大头，下雨不愁，人家有伞，我有大头"，一个幼儿站起来说"大头鬼、大头鬼，不用伞"。请问，幼儿所说的和教师所教的为什么不一样？

　　不同的课程类型反映了课程专家对课程的观点，影响着教师的课程实施行为。

思考与练习

模块一　单元2
云测试

　　1. 按照美国学者古德莱德的观点，教师在课堂教学中具体实施的课程属于（　　）。

　　A. 理想的课程　　　B. 正式的课程　　　C. 领悟的课程　　　D. 运作的课程

　　2. 由美国斯坦福大学教授艾斯纳首先提出的课程是（　　）。

　　A. 悬缺课程　　　　B. 德育课程　　　　C. 综合课程　　　　D. 隐性课程

　　3. 显性课程常规存在的形式是（　　）。

　　A. 校园建筑　　　　B. 学校管理制度　　C. 学校各种课程　D. 师生关系

　　4.（　　）是以学生的主体性活动及活动经验为中心组织的课程，它关注的是学生的个性形成和自我实现。

　　A. 学问中心课程　　B. 经验中心课程　　C. 综合课程　　　　D. 活动课程

　　5. 以实际问题解决为组织形式、以学生自主学习和直接体验为基本学习方式、以个性养成为基本目标的课程类型是（　　）。

　　A. 学科课程　　　　B. 活动课程　　　　C. 显性课程　　　　D. 隐性课程

　✎ 学习笔记

单元 3　走进幼儿园课程

学习任务单

姓名		班级		学习时间			
序号	任务描述		学习建议		完成效果		
					自评	同伴评	教师评
1	了解三位教育家对课程的理解		阅读三位教育家的著作或者研读关于三位教育家的论文				
2	识记并理解幼儿园课程的定义		梳理幼儿园一日活动，理解幼儿园一日活动对于幼儿发展的意义				
3	理解幼儿园课程的特点，能将其运用于实际		分析集体教学活动以及区域活动，并总结其与中小学教学活动的相同点				
学习反思							

学习情境 ▶▶▶▶▶

　　我们经常会看到幼儿在幼儿园操场的沙坑里面玩沙子，在爬攀爬墙，在大型积木上爬上滑下。有人说这就是幼儿园课程。还有人说幼儿在幼儿园吃饭、睡觉、盥洗都是幼儿园课程。

互动交流：

你认为上面案例中说的都是幼儿园课程吗？为什么？

_____

_____

_____

模块一　单元 3
互动交流提示

"幼儿园课程"一词早在多年前就已被我国的幼教界普遍使用。1928 年在南京的第一次全国教育会议上，陶行知和陈鹤琴提出《注重幼稚教育案》，其中提到《审查编辑幼稚园课程及教材案》。1951 年，陈鹤琴发表了《幼稚园的课程》，系统地论述了自己关于幼儿园课程编制的观点。在我国，"课程"这一概念早已正式运用于幼儿园。由于不同时期社会的政治、经济、文化以及人们对学前教育的认识不同，我国对幼儿园课程的定义在不同时期呈现出不同的特点。

▶▶ 一、不同时期的幼儿园课程定义 >>>>>>>>

（一）新中国成立前的定义

1. 张雪门的观点

张雪门指出："课程是什么？课程是经验；是人类的经验，用最经济的手段，按有组织的调制，用各种的方法，以引起孩子的反应和活动。幼稚园的课程是什么？就是给三足岁到六足岁的孩子所能够做而且喜欢做的经验的预备。"[①] 他采用了经验活动的观点。

幼儿园课程的定义

2. 张宗麟的观点

张宗麟在自己的文章中谈道："幼稚园课程者，由广义的说之，乃幼稚生在幼稚园一切之活动也。"[②] 他强调幼儿园课程是有助于儿童发展的各种活动的总和。

学习笔记

3. 陈鹤琴的观点

陈鹤琴一再强调，幼儿园应该给儿童一种充分的经验，这种经验的来源有二：一是与实物的接触，二是与人的接触。教育者应该把儿童能够学而且应该学的东西有选择地组织成系统；也应该以儿童的两个环境——自然环境和社会环境——为中心组织幼儿园课程。这表明陈鹤琴强调儿童的经验、环

[①]　张雪门：《张雪门幼儿教育文集》上卷，24 页，北京，北京少年儿童出版社，1994。

[②]　张宗麟：《张宗麟幼儿教育文集》，31 页，长沙，湖南教育出版社，1985。

境，强调儿童和环境的相互作用。

可见，我们的幼教先驱深受五四新文化运动和西方现代教育的影响，从一开始就把幼儿的经验、幼儿的活动、幼儿的生活视为课程关注的重心。

（二）20世纪50年代至70年代的定义

20世纪50年代至70年代，受到苏联的影响，我国将通常的幼儿园课程定义为幼儿园所设科目，如体育、语言、常识、计算、音乐、美术六科。这种幼儿园课程强调系统知识的价值与系统知识教学，严重不符合学前儿童的心理特征。[1]

（三）现代的定义

幼儿园课程是实现幼儿园教育目的的手段，是帮助幼儿获得有益的学习经验，促进其身心全面和谐发展的各种活动的总和。这里的各种活动是《幼儿园教育指导纲要（试行）》所说的"有目的、有计划地引导幼儿生动、活泼、主动活动的教育过程"。

1. 幼儿园课程是活动

课程定义从"学科教材"发展到"学习经验"，反映了教育哲学的变革，即从重物（教什么）到重人（学到什么），更好地体现了教育的本质。但正如一些研究者所指出，"学习经验说"在理论上吸引人，但在实践中很难实行。难就难在学习经验是主观的东西，而教师容易把握的是客观的东西。

上述情况使教师陷入一种两难的境地：将课程理解为学科教材，教师容易把握，但也容易导致"见物不见人"的倾向；将课程理解为学习经验，有利于解决"教育中无儿童"的问题，但教师又不知如何操作。

唯一的解决方法是，改变传统的非此即彼的方式，把视角转向两者的结合处——活动，从活动的角度看待和解释课程。

用活动解释课程的好处如下。

①活动本身既有主体性（活动者），又有对象性（用什么东西来活动）。课程的两端——学习者（主体）和学习内容（客体），同时存在于活动中。活动是连接主客体的桥梁。把课程解释为活动，有利于改变教育工作者的视角，促使他们同时注意课程的两个方面：学习者和学习内容。

②活动本身也是存在方式，易于教师观察，因此比较容易被把握和控制。同时，活动具有双重转换性：一方面，外在的客观对象和活动方式可以通过活动内化为学习者的主观经验；另一方面，学习者已有的主观经验也可以通过活动外化为态度、动作方式、技能等，在活动中表现出来。因此，教育工作者可以通过活动了解儿童的兴趣、需要、已有经验和发展水平，也可以通过创设活动情境、提供活动材料、引发活动主题、指导活动方式等策略来"控

---

[1]   石筠弢：《学前教育课程论》第2版，34页，北京，北京师范大学出版社，2014。

制"儿童的活动，进而影响他们的学习经验。

③活动本身能反映儿童学习的本质和特点，因而适于解释幼儿园课程。儿童认知的具体形象性及行动性使儿童的学习具有直接经验性的特点，难以离开对客观事物的直接感知和相互作用。因此，"做中学"对于儿童来说十分重要。用活动来定义幼儿园课程，突出了儿童学习的本质特征，更能反映课程为学习服务的基本职能。

2. 幼儿园课程是帮助幼儿获得有益的学习经验的活动

在"活动"前加上这个定语非常重要，原因在于其可以突出课程的目的性，克服以活动来定义幼儿园课程可能导致的危险，即把活动本身看作目的，导致为活动而活动的倾向。这样可以起到进一步明确活动目的性、指向性的作用，使过程与结果、形式和实质更加密切地融合为一体。

3. 幼儿园课程是各种活动的总和

幼儿园课程不仅是"上课"或集体教学活动，还应包括儿童的生活、交往和游戏等各种活动。

不管是教师组织的集体教学活动，还是通过创设环境诱发儿童的游戏、交往及生活活动，只要能帮助儿童获得有益的学习经验，有助于达到我们所期望的目标的活动，就都是幼儿园课程的有机组成部分。

总之，"活动"这一概念的提出逐渐改变了过去多年来幼儿园一直奉行的有关幼儿园课程的陈旧观念，更新了幼儿园课程内容的基本组织形式，对以后幼儿园课程的发展具有广泛而深远的意义。[1]

▶▶ 二、幼儿园课程的特点 >>>>>>>>

幼儿园课程的特点是由幼儿身心发展的规律、特点以及幼儿教育的性质决定的。了解幼儿园课程的特点，有利于我们把握幼儿园课程发展的大方向。

幼儿园课程的特点

🔅 **想一想** ▶▶▶▶▶▶

这是一个教师组织的小班语言活动"水果宝宝去旅行"。教师出示课件后向幼儿说道："西瓜爷爷开着火车要去旅行了。"教师又说："西瓜爷爷开着火车，咔嚓咔嚓去旅行。"接着课件上出现"苹果"。教师说"苹果苹果上火车，咔嚓咔嚓去旅行"，引导幼儿跟着念这句儿歌。接着课件上出现"香蕉""葡萄"。每出现一次水果，教师会引导幼儿说："某某水果上火车，咔嚓咔嚓去旅行。"接着教师请幼儿扮演水果，自己扮演西瓜爷爷，和幼儿一起开火车、坐火车。每一种水果上火车时，教师会引导幼儿一起念儿歌，以此巩固学习效果。

请分析上述幼儿园课程具有什么样的特点？

① 石筠弢：《学前教育课程论》第 2 版，208 页，北京，北京师范大学出版社，2014。

（一）启蒙性

幼儿阶段是人一生中的启蒙阶段。幼儿由懵懵懂懂开始对自身、周围的自然环境、社会环境产生强烈的好奇心与求知欲，但他们仍需引导。幼儿园教育就应该成为这样的引导。因此，幼儿园课程自然也就担负着启蒙的基本任务。所以，幼儿园课程要能开启幼儿的智慧，引发他们积极的情绪、情感，并培养他们优良的个性品质。

（二）生活化

幼儿的年龄特点和身心发展的需要决定了幼儿园教育目标、内容的广泛性，也决定了保教合一的教育教学原则。幼儿处于身心发展的特殊阶段，一些基本的生活自理能力，与人相处的态度、方式方法以及一些常识都需要在这一阶段学习。而这些不可能通过教师的书面讲授、口耳相传获得，幼儿只能在生活过程中学习。他们只有在现实生活中，通过与大量的人、事、物的相互作用，在生活中学生活、在交往中学交往、在做人中学做人。

课程生活化的典型特征是课程的具体性、直观性、主体性。我们根据幼儿自然的发展规律确定目标，从以自然态度面对的生活世界中寻找内容，以向现实世界的还原为指针确定实施的策略。[①]总之，只有生活化的课程才能让幼儿得到适宜和有效的发展，才能让幼儿获得幸福的童年。

（三）游戏性

游戏是幼儿的天性，是幼儿的基本活动形式，也是他们的一种重要学习途径。幼儿的游戏蕴含着丰富的教育价值，能让幼儿在其中生动活泼、积极主动地学习与发展。因此，幼儿的游戏活动本身就是幼儿园课程结构中的重要形式，是实施素质教育的重要渠道。即使在教师专门设计、组织和指导的学习活动中，游戏性也是非常重要的。相关学习活动要符合幼儿的兴趣，让他们在没有压力的情况下积极主动、富有创造性地学习，并获得愉快的情感体验。为此，《幼儿园工作规程》明确指出，游戏是对幼儿进行全面发展教育的重要形式，教师应根据幼儿的年龄特点选择和指导游戏。

（四）活动性和直接经验性

幼儿的生理、心理发展特点及其学习特点决定了其学习方式与中小学生不同。[②]幼儿心理学表明，幼儿主要通过各种感官来认识周围世界，他们只有在获得丰富感性经验的基础上才能形成对世界的理解和认识。幼儿的这种具有行动性和形象性的认知特点，使他们与环境相互作用的活动成为其心理发展的基本条件，也使幼儿园课程必须以幼儿主动参与的教育性活动为基本的存在形式。

[①]　虞永平：《学前课程与幸福童年》，36页，北京，教育科学出版社，2012。
[②]　王春燕：《幼儿园课程概论》第2版，16页，北京，高等教育出版社，2014。

对于幼儿来说，只有他们在活动中通过直接经历、感知和相互作用进行的学习，才是有意义的学习。离开幼儿与环境相互作用的具体、生动的活动，幼儿园课程往往就缺乏了鲜活的生命力。因此，幼儿园课程实施的关键在于为幼儿创设丰富的活动情境并提供各种探究与互动的机会，让幼儿在一日生活活动中获得直接经验。脱离了儿童的活动和直接经验，教学就会变为记忆力的训练。

（五）潜在性

与中小学课程相比，潜在性是幼儿园课程的重要特性。由于幼儿知识经验贫乏，易冲动，好奇心强，自我辨别与自我控制能力较弱，模仿力强，幼儿园的一砖一瓦、一草一木，教师的一言一行，同伴的一举一动无时无刻不影响着幼儿的发展。不难发现，幼儿的学习主要以无意学习、间接学习为主。因此，幼儿园课程不只是体现在教师有目的、有计划地实施的以语言为媒介的集体教学活动上，更多是体现在环境、生活、游戏及教师不经意的行为上。这就要求我们的幼儿园及教师审慎地为幼儿的学习活动提供优美、愉悦、自然的校园环境，积极、活跃、温馨的人际环境，安全、多元、自在的游戏环境。

技能大赛要求：

"有心栽花花不开，无心插柳柳成荫"反映了幼儿园课程的潜在性特点。

思考与练习

1. 根据幼儿的特点，幼儿园课程的主要形式应该是（　　　）。

A. 活动课程　　　　B. 悬缺课程　　　　C. 隐性课程　　　　D. 学科课程

2. 幼儿园课程不是适龄儿童必须学习和完成的任务，不具有强制性和普遍性。这说明它具有（　　　）。

A. 基础性　　　　B. 非义务性　　　　C. 适宜发展性　　　D. 启蒙性

3. 在广义层面上，下列叙述内容对幼儿园课程理解不正确的是（　　　）。

A. 幼儿园课程是活动

B. 幼儿园课程是帮助幼儿获得有益学习经验的活动

C. 幼儿园课程是幼儿教材

D. 幼儿园课程是各种活动的总和

4. 下列各项不属于幼儿园课程性质的是（　　　）。

A. 启蒙性　　　　B. 活动性　　　　C. 游戏性　　　　D. 适宜发展性

5. 幼儿园课程是帮助幼儿获得有益的（　　　）。

A. 知识体系　　　　B. 学习经验　　　　C. 行为习惯　　　　D. 道德品质

模块一　单元3
云测试

学习笔记

实训与反思

实践训练：

训练一：梳理一本幼儿园教材的内容，并分析教材内容的特点。

训练二：选择一所幼儿园的物质环境，从隐性课程的角度分析其所蕴含的价值。

学习反思

模块二
幼儿园课程要素

学习目标

1. 掌握幼儿园课程四大基本要素的内涵。
2. 能运用所学知识正确表述课程目标。
3. 能结合案例分析幼儿园课程内容选择的原则。
4. 能运用幼儿园课程实施取向的相关理论分析案例。
5. 有将爱国主义情怀的目标和内容融入幼儿园课程的意识。

学习导航

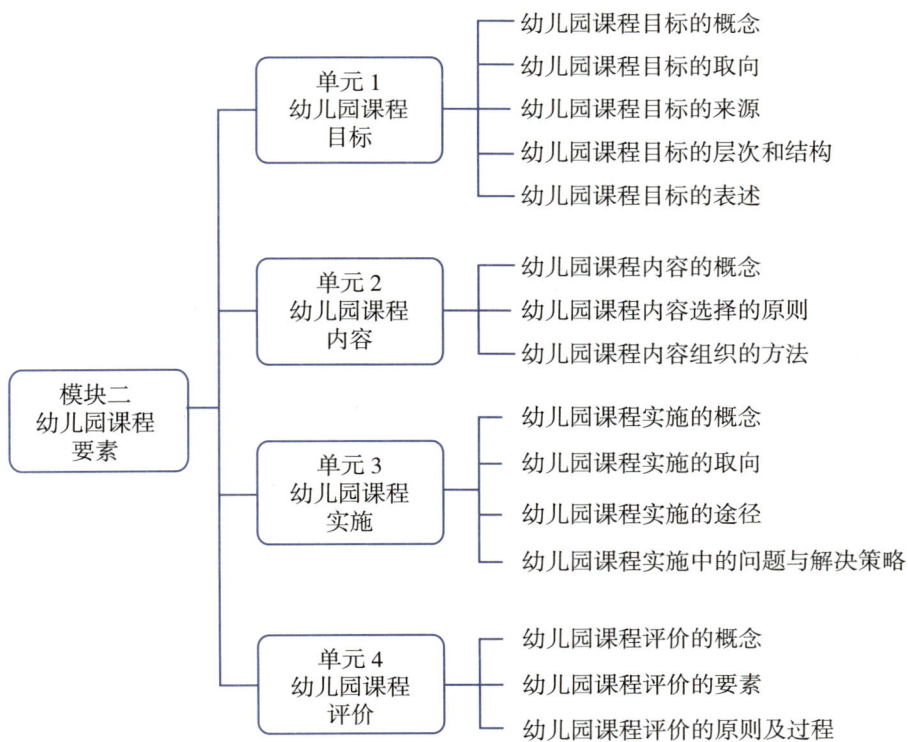

• 初学体验 •

　　某幼儿园为了推进幼儿园课程的园本化建设，通过教师研讨，依据本园的办园理念确定了课程目标，并依据课程目标花费大量的时间、精力挖掘本地域的歌谣、故事、传说、游戏、儿歌，寻找幼儿感兴趣的名胜古迹和特色物产。依据幼儿的身心发展特点和兴趣，该幼儿园将收集来的内容进行组织，并付诸实践。实施一段时间之后，园长牵头对幼儿的发展进行全面评估，以不断改进课程，促进幼儿发展。

　　通过上述案例，大家觉得幼儿园课程都包含哪些要素呢？

• 互动交流 •

　　我们已经了解了幼儿园课程的内涵，那么幼儿园到底是怎么进行课程建设的呢？这就涉及幼儿园课程的四大基本要素，即幼儿园课程目标、幼儿园课程内容、幼儿园课程实施以及幼儿园课程评价。这些要素对于我们全面了解课程模式和课程方案，并编制出切实可行的幼儿园课程有着至关重要的作用。

单元1 幼儿园课程目标

学习任务单

学习笔记

姓名		班级		学习时间			
序号	任务描述		学习建议		完成效果		
					自评	同伴评	教师评
1	了解教育目的、教育目标、课程目标和教学目标的含义		梳理教育目的、幼儿园和中小学的教育目标、某一门课程的目标以及某一次课的教学目标，并进行分析				
2	识记并理解幼儿园课程目标的含义		根据《幼儿园教育指导纲要（试行）》分析幼儿园课程目标				

续表

3	理解幼儿园课程目标的作用	罗列幼儿园课程目标，分析幼儿园课程目标在课程实施中的作用			
4	理解并能判断幼儿园课程目标的取向	罗列四种不同的幼儿园课程目标取向，分析四种目标取向的特点			
5	了解幼儿园课程目标的来源	设计一个活动的目标，思考在设计目标的时候需要考虑的因素			
6	了解幼儿园课程目标的层次和掌握幼儿园课程目标的结构	采访幼儿园园长或教师，了解幼儿园课程有哪些目标，并把这些目标分类和按照一定逻辑顺序进行排列			
7	知道幼儿园课程目标的科学表述方式，并能够进行表述	选择一个活动的目标，进行分析，并进行修改			
学习反思					

学习情境 ▶▶▶▶▶

　　某校大二的学生小明即将到幼儿园进行课程实训，其任务之一就是为幼儿园幼儿开展一次集体教学活动。小明向幼儿园教师请教："我怎么样才能上好一节课呢？"教师说："开展集体教学活动的第一步就是确定活动目标。"小明对此又产生了困惑：为什么一定要有活动目标呢？

互动交流：

请你说一说为什么要有活动目标。

_____

_____

_____

模块二　单元1
互动交流提示

幼儿园课程目标的
含义与作用

✎ **学习笔记**

▶▶ **一、幼儿园课程目标的概念** >>>>>>>>

从教育目的、教育目标与课程目标之间的关系入手，我们能更好地理解幼儿园课程目标的含义以及幼儿园课程目标所发挥的作用。

（一）教育目的、教育目标与课程目标的关系

教育目的、教育目标与课程目标之间有着内在联系且构成了一个有机整体，是一个从宏观到中观再到微观、从概括到具体的过程。

教育目的就是指教育的总体方向，体现的是普遍的、总体的、终极的教育价值。教育目的是对受教育者的质量和规格的总体要求，较为概括和抽象。

比如，我国的教育目的是教育必须为社会主义现代化建设服务、为人民服务，必须与生产劳动和社会实践相结合，培养德智体美劳全面发展的社会主义建设者和接班人。

教育目标是教育目的的下位概念，它直接决定着教育的性质和方向。它是教育目的在不同性质的教育和不同阶段的教育中的具体体现。不同性质的教育即高等教育、职业教育、成人教育等，不同阶段的教育即学前教育、初等教育、中等教育、高等教育等。它们虽然都是依据教育目的而定的，但其侧重点有所不同。比如，我国幼儿园教育目标是对幼儿实施德智体美劳诸方面全面发展的教育，促进其身心和谐发展。它是国家规定的教育目的在幼儿园阶段的具体体现，是我国所有幼儿园必须遵循的。

尽管教育目标是教育目的的具体化，但仍具有普遍性、模糊性、概括性等特点。所以要实现教育目标，必须将其转化为具体明确的课程目标。

课程目标是教育目标的下位概念，它具体体现在课程开发与教学设计的教育价值上，如不同学科的目标、具体教学过程的目标。

比如，《幼儿园教育指导纲要（试行）》提出了如下幼儿园课程在社会领

域的目标。

① 能主动地参与各项活动，有自信心。

② 乐意与人交往，学习互助、合作和分享，有同情心。

③ 理解并遵守日常生活中基本的社会行为规则。

④ 能努力做好力所能及的事，不怕困难，有初步的责任感。

⑤ 爱父母长辈、老师和同伴，爱集体、爱家乡、爱祖国。

要实现课程目标，教师必须组织好每次的教学活动。教学目标是课程目标的下位概念，是每次教学活动要实现的教育价值。

又如，中班美术活动"彩色的蘑菇"的教学目标如下。

① 知道蘑菇由"蘑菇盖"和"蘑菇柄"组成。

② 能用多种颜色来装饰蘑菇并尝试用简单的线条和图形装饰蘑菇。

③ 愿意尝试用不同形式表现蘑菇。

从以上分析我们可以看出，教育目的决定教育目标的内容和方向，教育目的和教育目标又决定课程目标的设计。教学目标的实现能促成课程目标的实现，最终又能促成教育目的的实现。教育目的、教育目标与课程目标的关系如图 2-1 所示。

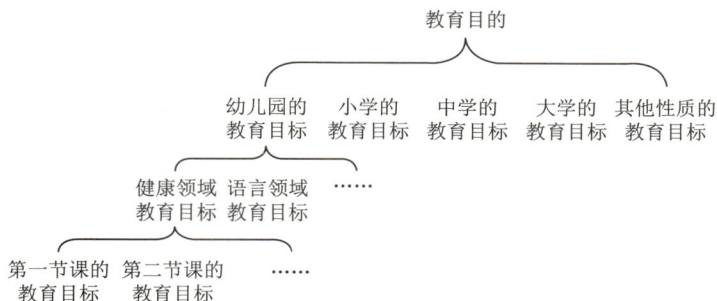

图 2-1 教育目的、教育目标与课程目标的关系

（二）幼儿园课程目标的含义

目标是对在一定期限内达到结果的预期，那么课程目标就是课程在设计与开发过程中要实现的具体目标，即一定阶段的学生在发展品德、智力、体质、素养等方面所应当达到的目标。幼儿园课程目标是教育工作者对幼儿在一定学习期限内的学习效果的预期，是对幼儿发展的一种期待。

《幼儿园教育指导纲要（试行）》将幼儿园课程分为健康、语言、社会、科学和艺术五个领域，并对各个领域的课程目标做了详细说明。

学习笔记

教师资格证考证指南：

幼儿园课程目标是教育工作者对幼儿在一定学习期限内的学习效果的预期。

（三）幼儿园课程目标的作用

📝 **学习笔记**

幼儿园课程目标的作用主要包括如下四个方面。

1. 为幼儿园课程内容的选择提供依据

幼儿园对于幼儿发展有着不同的预期，就会确定不同的课程目标，进而依据各自的课程目标选择不同的课程内容。当前，有些幼儿园的课程目标偏向于发展幼儿的智力，从而使课程内容的选择倾向于幼儿智力的开发和提升，而忽视幼儿园健康和品德、品质等方面的培养。比如，幼儿园所制定的课程目标应关注幼儿的全面发展，让幼儿能在幼儿园一日生活中学习适宜的课程内容。

2. 为幼儿园课程内容的组织提供依据

课程目标决定课程内容的选择，如何对选择出来的课程内容进行组织就成为重中之重。只有紧紧围绕幼儿园课程目标，我们才能更好地识别和筛选主要课程内容和次要课程内容，考虑不同课程内容的比例等，从而更好地达到预期效果。

3. 为幼儿园课程实施提供依据

幼儿园课程实施就是将选择并组织好的课程内容付诸实践的过程。目前，幼儿园课程改革正在如火如荼地进行。课程实施是幼儿园课程改革的关键环节。我们只有紧跟课程目标，才能明确课程实施的方向，进而减少课程实施的盲目性和低效性。

4. 为幼儿园课程评价提供依据

教师只有通过评价才能了解课程实施的实际效果，进而不断改进和完善课程。而幼儿园课程评价的重要依据就是课程目标。我们只有依据课程目标才能发现课程实施的实际情况与预期效果之间的差距以及产生差距的原因，才能判断课程内容的选择与组织是否紧紧围绕课程目标进行等，进而不断改进课程。

▶▶ 二、幼儿园课程目标的取向 >>>>>>>>

课程目标是一定教育价值观在课程领域的具体体现，任何课程目标都有一定的价值取向。明确课程目标的基本价值取向，能够增强教师的反思意识，提高制定课程目标的自觉性与自主性。

幼儿园课程目标的取向

基于美国课程论专家舒伯特(Schubert)的观点，幼儿园课程目标的取向可以被归结为四种：普遍性目标取向、行为目标取向、生成性目标取向、表现性目标取向。

（一）普遍性目标取向

普遍性目标是根据一定的哲学或伦理观、意识形态或政治需要而引出的对课程进行原则性规范或总括性指导的课程目标。这些原则和规范应用到课程领域，就成为课程领域的一般性、规范性的指导方针。比如，亚里士多德认为教育的终极目的是"幸福"，是由一定的哲学观所引出的；"大学之道，在明明德，在亲民，在止于至善"，是由伦理观所引出的；"培养德智体美劳全面发展的社会主义建设者和接班人"是由社会政治需要引出的。从中可以看出，普遍性目标具有普遍性、模糊性、规范性的特点，对于教育实践具有普遍的指导作用，而缺少明确的具有可操作性行为描述。

（二）行为目标取向

行为目标是以具体的、可操作的、可被观察的行为来陈述的课程目标。它是指课程实施之后幼儿身上所发生的行为变化。它具有精确性、具体性与可操作性等特点。比如，"半数以上的幼儿（人数）能够完整、清晰地（行为的学习要求）复述老鼠嫁女的故事"。

行为目标最早是由博比特在课程领域确立起来的，他运用活动分析法将课程目标进行精确化和具体化的划分。后来，泰勒在其《课程与教学的基本原理》一书中发展了博比特的行为目标的理念，他被称为"行为目标之父"。泰勒认为，用预先确定好的具体、精确、可操作的行为来描述课程目标，才能更好地预测学生的发展和课程实施的效果。

我国当前的幼儿园课程实践主要运用的也是泰勒提倡的行为目标，它具有显而易见的好处。首先，行为目标具体明确、可操作性强，能使教师清楚地知道自己要做什么以及学生要实现什么样的变化。其次，行为目标有利于教师对实施效果以及学生的完成度进行评价，明确教师和学生的努力方向。最后，行为目标便于教师与领导、同行、家长、学生等进行交流。

但是，随着时代的进步和社会的发展，人的主体性日益受到关注和重视，行为目标不断受到学者的批判。其原因主要在于学生发展的方方面面并不能

学习笔记

都被拆分为具体可观察的行为，尤其是情感、态度、价值观等难以用分解的、显而易见的行为进行描述。过于强调用特定的行为来表现情感、态度会适得其反，难以培养学生良好健全的品格。另外，课程实施过程受到多种因素的影响。有时候学生的外显行为并不一定能够表明学生得到了相应发展，课程实施过程中发生的探究行为、生成性的课程内容等都难以用明确的行为目标进行衡量。

在幼儿园课程实践中，我们要正确对待行为目标带来的好处以及随之产生的弊端，不能全盘采用或者否定。在制定课程目标之前，我们需要深入研究幼儿园课程中可以测量的行为有哪些，不可以测量的又有哪些。目前，幼儿园课程目标通常采取美国教育学家和教育心理学家布鲁姆等人在《教育目标分类学》中的分类，将教育目标分为认知、情感、动作技能三大领域。认知和动作技能领域大多能够进行观察和测量，采取行为目标进行具体、明确的描述，便于清晰地观察到学生的变化以及目标是否达成。而情感领域无法被直接测量，就应避免采取行为目标，应综合运用其他目标表述方式。

（三）生成性目标取向

生成性目标是在教育情境中随着教育过程的展开而自然生成的课程目标。生成性目标与行为目标不同；前者主要关注过程，而后者主要关注结果。行为目标是在课程实施之前就预先制定好的，课程计划、课程内容、课程实施和课程评价都要紧紧围绕这一目标来确定。生成性目标是师生共同基于教育情境中产生的问题进行自主探究和解决，从而习得经验的过程。它的根本特点是过程性。

生成性目标取向可以追溯到杜威提出的"教育即生长"的主张。这一主张反映了杜威"教育无目的"的思想。杜威反对将外在的目的强加给儿童，他认为教育目的存在于生活、生长和经验改造的过程之中，生长的目的是获得更多和更好的生长，教育的目的就是获得更多和更好的教育。因此，课程目标不应该是预先设定好的，而应该是在教育过程中自然而然生成的结果。在杜威看来，良好的课程目标应具备这样几个特征：第一，它必须根源于受教育者的特定个人的固有活动和需要（包括原始的本能和获得的习惯）；第二，它必须能转化为与受教育者的活动进行合作的方法；第三，教育者必须警惕所谓一般的和终极的目的。[①]

英国课程论专家斯滕豪斯在所提出的过程模式中也倡导生成性目标，并进行了详细的阐述。他认为学校教育包括三个过程：训练、教学和引导。其中，

---

① ［美］约翰·杜威：《民主主义与教育》，王承绪译，114～117页，北京，人民教育出版社，1990。

教师资格证考证指南：
生成性目标取向具有过程性的特点。

📝 学习笔记

训练是指使儿童获得动作技能的过程；教学是指使儿童获得知识信息的过程；引导是指使儿童获得以知识体系为支持的批判性、创造性的思维并使儿童了解知识的本质。他认为真正的教育应该使人类更加自由、更加富有创造力。因此，教育的本质在于"引导"，"教育即引导儿童进入知识之中的过程，教育成功的程度即是它所导致的学生不可预期的行为结果增加的程度"。[①] 比如，幼儿园课程的艺术领域主要着重于感受与欣赏、表现与创造两个方面。幼儿园通过艺术活动的开展，让幼儿能够感受不同的艺术形式，体验审美的愉悦，发展幼儿对于美的感受能力。这些内容是无法用预先设定的标准进行衡量的。斯滕豪斯认为，"训练"和"引导"可以用行为目标进行陈述。而"引导"本质上具有不可预测性，因此不能采用行为目标进行表达，采用生成性目标进行表达是恰当的。

意大利的瑞吉欧教育方案和美国的项目活动等都强调生成性目标取向，极少进行目标的预设，而是让幼儿在与具体实践情境互动的过程中习得经验、实现发展。这种目标取向极大地激发了幼儿的自主性和兴趣，让他们有权决定学习什么、如何学习以及取得什么样的结果。在学习过程中，幼儿全身心投入问题的探究，解决问题并在其中产生新的疑惑，引发新的探究。近年来，生成性目标越来越受到我国学者和幼儿园实践者的关注，上海等地的幼儿园也开始进行探索实践。但是这一目标取向太过理想化了，在实践中实施难度较大。比如，教师要运用生成性目标，必须和学生开展有意义的对话。这与我国"教师作为传授者"的传统有一定的冲突，而且这种灵活性的教学需要教师花费更多的时间和精力。另外，国内幼儿的自主性和探究能力需要进一步培养，需要教师告诉他们如何学习。

（四）表现性目标取向

表现性目标是指每个学生在与具体的教育情境互动的过程中所产生的个性化表现。这一目标取向是由美国课程学者艾斯纳提出的。他基于自身所从事的艺术教育实践，认为行为目标有一定的局限性，不能很好地预设学生的创造性表现。比如，当学生欣赏一幅画时，我们无法提前预设学生会获得怎样的情感体验。每个学生会基于自身的已有经验对同一幅画产生不同的情感反应。因此，艾斯纳提出两种不同的教育目标：教学性目标和表现性目标。教学性目标就是课程计划中预先设计好的，学生在课程实施之后应有的具体的变化。这一目标对于大部分学生来说都是一样的，如知识、技能等。而表现性目标不是事先规定学生必须习得某项行为，而是对具体的教育情境进行

教师资格证考证指南：
意大利的瑞吉欧教育方案强调生成性目标取向。

学习笔记

[①] Stenhouse, L., *An Introduction to Curriculum Research and Development*, London, Heinemann Educational Book Ltd., 1975, p.82.

学习笔记

富有个性化、创造性的描述。教师运用表现性目标是为了提供一个可以让学生进行个性化表现的情境，期待学生能够进行多元反应，从而获得个性化的意义。比如，在"参观动物园并说出那里有趣的事情"这个目标中，教师关注的不是学生能够知道动物的种类、习性等知识，而是希望学生对于动物园中所发生的事情进行多元化、个性化的描述。

艾斯纳认为，教学性目标和表现性目标同时存在于在我们的课程实践中。教学性目标适合表述文化中已有的规范和技能。表现性目标则适合表述复杂的智力性活动，如一些欣赏活动、艺术创造活动、需要高级认知参与的活动等，它需要学生运用已有的技能和理解进行扩展，并使其具有个人特点。因此，艾斯纳提出表现性目标并不会取代教学性目标，而是作为补充，使课程目标更加适合学生的发展。表现性目标更加强调学生的个性发展和主体性，体现了对学生差异性的尊重和理解。

我们的课程实践需要根据实际情况采取不同的课程目标取向。这就需要我们了解不同课程目标取向的优缺点，在具体的课程实践中不把生成性目标和表现性目标作为行为目标的对立面，而是要根据现实情况制定合理的课程目标。

💡 **想一想** ▶▶▶▶▶▶

下面的目标属于什么取向的目标？

①昆体良说教育就是培养大演说家。

②学生能讨论并说出小说《三国演义》中喜欢的三个人物。

③学生能说出昆虫的三个特点。

④在学习"圆"时，学生学会了判断特定物体是不是"球"。

▶▶ **三、幼儿园课程目标的来源** >>>>>>>>

在制定课程目标时，我们需要综合考虑多方面的因素。目前，学者们比较认同的课程目标的研制依据和来源主要有学习者的需要、当代社会生活需求、学科的发展。那么，幼儿园课程目标的来源为对幼儿的研究、对社会的研究和对学科知识的研究。要制定合理的课程目标，我们就需要从这三个方面入手进行考虑。

（一）对幼儿的研究

在制定课程目标时，我们必须考虑到幼儿的兴趣和需要，关注幼儿认知、技能、情感等方面的发展情况，并了解幼儿的心理特点和个性特征。只有这样，我们才能制定出适合幼儿的课程目标，并有效引导和促进幼儿的发展。

幼儿园课程目标的
来源与结构

幼儿是处于不断发展中的个体。因此，对幼儿进行研究重要的是确定幼儿的发展需要。依据维果茨基的"最近发展区"理论，教师应该了解幼儿"理想的发展"和"现实的发展"之间的差距，找到幼儿的发展需求，并帮助和引导幼儿实现自身的全面发展。这就需要教师从两个方面着手：一是了解幼儿当前的发展状况。教师要认真观察、了解幼儿的行为表现、个性特征、心理特点等方面的情况，进行持续的记录，尽可能获得幼儿当前发展水平的详细信息。二是明确幼儿的理想发展水平。要了解不同年龄阶段幼儿的发展水平，教师可以学习幼儿发展心理学，并参照《幼儿园工作规程》和《幼儿园教育指导纲要（试行）》中的相关描述。教师通过了解幼儿的理想发展水平，再对比幼儿的当前发展状况，找出幼儿当前发展与理想发展之间存在的差距，并分析产生差距的原因，以此制定出切实有效的课程目标。值得注意的是，在分析差距的时候，教师要关注幼儿发展的年龄差异和个体差异，尊重幼儿个体的成长阶段，不能把自身的想法强加到幼儿身上，而是要加以正确引导，以防造成揠苗助长的不良后果。

（二）对社会的研究

人生而处于社会之中，难以脱离社会而存在。幼儿的成长过程就是一个不断社会化的过程。幼儿园课程的职能在于帮助幼儿为社会生活做好准备。所以，要制定适宜的课程目标，教师必须对社会生活需求进行深入研究。

社会生活需求到底是什么呢？我们可以从两个方面进行理解：一是从空间维度来看，幼儿身处的环境，小到家庭、社区、城市，大到民族、国家，甚至全世界，都有对幼儿发展的期盼。二是从时间维度来看，当代社会生活需求不仅指当前的社会发展需要，也包括社会发展的历史变迁和未来的发展趋势。相关部门在制定课程目标时，只有全面考虑社会生活需求，并将其有效转化为切实可行的目标，才能促进幼儿的社会性发展。

目前，如何将国际化时代的课程与本民族、本国家的课程进行统一，是一个需要慎重思考的问题。未来的人才需要具备全球视野、国际化眼光，同时又要具有热爱家乡、民族、国家和集体的情感。另外，信息化趋势不断增强，如何面对和运用纷繁复杂的信息进行课程目标设计也是一个需要把握的课题。

（三）对学科知识的研究

教育的职能之一就是传递社会文化。人从出生起就受到社会文化的影响，通过学校课程对学科知识进行学习，从一个自然人发展成一个社会人。因此，对学科知识进行研究是幼儿园课程目标的重要来源之一。

学科知识即学科的逻辑体系，包括学科的基本概念和基本原理、学科的

学习笔记

探究方式、学科的发展趋势、该学科与相关学科的关系等。[①] 知识是人类智慧的结晶。幼儿在对学科知识深入研究的过程中，了解学科知识的价值和功用，明晰如何为未来的学科知识学习奠定良好的基础，就能更好地认识自然、认识社会、认识自己，并对是与非、善与恶、美与丑有自己的判断标准。

幼儿园课程所针对的是 3～6 岁的儿童。根据这一阶段儿童的心理发展特点以及幼儿园教育的性质，幼儿园所传授的知识是一种前学科的非体系化的知识，重在学科知识的一般发展价值，而不是学术价值。所以，相关部门在制定幼儿园课程目标时要考虑到该学科领域与幼儿的身心发展有什么关系，它能促进幼儿哪些方面的发展。[②]

▶▶ 四、幼儿园课程目标的层次和结构 >>>>>>>>

（一）幼儿园课程目标的层次

幼儿园课程目标的层次是幼儿园课程目标的纵向结构。一般来说，幼儿园课程目标的纵向结构自上而下分为以下四个层次，如图 2-2 所示。

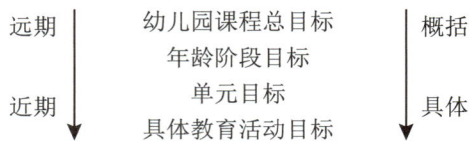

远期	幼儿园课程总目标	概括
	年龄阶段目标	
近期	单元目标	具体
	具体教育活动目标	

图 2-2　幼儿园课程目标的层次

1. 幼儿园课程总目标

我国幼儿园课程总目标就是《幼儿园工作规程》中幼儿园保育和教育的主要目标。具体包括：①促进幼儿身体正常发育和机能的协调发展，增强体质，促进心理健康，培养良好的生活习惯、卫生习惯和参加体育活动的兴趣。②发展幼儿智力，培养正确运用感官和运用语言交往的基本能力，增进对环境的认识，培养有益的兴趣和求知欲望，培养初步的动手探究能力。③萌发幼儿爱祖国、爱家乡、爱集体、爱劳动、爱科学的情感，培养诚实、自信、友爱、勇敢、勤学、好问、爱护公物、克服困难、讲礼貌、守纪律等良好的品德行为和习惯，以及活泼开朗的性格。④培养幼儿初步感受美和表现美的情趣和能力。

从上述表述当中可以看出，幼儿园课程总目标较为抽象、宏观，有很强的概括性。因此，相关教师需要在幼儿园课程实践中，以总目标为导向，制定更契合课程特点和幼儿身心特征的目标。

技能大赛要求：

单元目标处于幼儿园课程目标中的第三层次。

---

① 钟启泉、张华：《课程与教学论》，174 页，沈阳，辽宁大学出版社，2007。
② 冯晓霞：《幼儿园课程》，29 页，北京，北京师范大学出版社，2000。

2. 年龄阶段目标

我国幼儿园教育目前大多为 3 年，主要招收 3~6 岁的儿童。因此，年龄阶段目标分为小、中、大三个年龄班的目标。三年的课程设置的衔接性较强，可以分阶段实现《3—6 岁儿童学习与发展指南》中学龄前儿童发展的目标。例如，艺术领域各年龄阶段目标如表 2-1 所示。

学习笔记

表 2-1　艺术领域各年龄阶段目标

艺术领域	感受与欣赏	喜欢自然界与生活中美的事物	3~4岁	1. 喜欢观看花草树木、日月星空等大自然中美的事物 2. 容易被自然界中的鸟鸣、风声、雨声等好听的声音所吸引
			4~5岁	1. 在欣赏自然界和生活环境中美的事物时，关注其色彩、形态等特征 2. 喜欢倾听各种美好的声音，感知声音的高低、长短、强弱等变化
			5~6岁	1. 乐于收集美的物品或向别人介绍所发现的美的事物 2. 乐于模仿自然界和生活环境中有特点的声音，并产生相应的联想
		喜欢欣赏多种多样的艺术形式和作品	3~4岁	1. 喜欢听音乐或观看舞蹈、戏剧等表演 2. 乐于观看绘画、泥塑或其他艺术形式的作品
			4~5岁	1. 能够专心地观看自己喜欢的文艺演出或艺术品，有模仿和参与的愿望 2. 欣赏艺术作品时会产生相应的联想和情绪反应
			5~6岁	1. 艺术欣赏时常常用表情、动作、语言等方式表达自己的理解 2. 愿意和别人分享、交流自己喜爱的艺术作品和美感体验
	表现与创造	喜欢进行艺术活动并大胆表现	3~4岁	1. 经常自哼自唱或模仿有趣的动作、表情和声调 2. 经常涂涂画画、粘粘贴贴并乐在其中
			4~5岁	1. 经常唱唱跳跳，愿意参加歌唱、律动、舞蹈、表演等活动 2. 经常用绘画、捏泥、手工制作等多种方式表现自己的所见所想
			5~6岁	1. 积极参与艺术活动，有自己比较喜欢的活动形式 2. 能用多种工具、材料或不同的表现手法表达自己的感受和想象 3. 艺术活动中能与他人相互配合，也能独立表现
		具有初步的艺术表现与创造能力	3~4岁	1. 能模仿学唱短小歌曲 2. 能跟随熟悉的音乐做身体动作 3. 能用声音、动作、姿态模拟自然界的事物和生活情景 4. 能用简单的线条和色彩大体画出自己想画的人或事物
			4~5岁	1. 能用自然地、音量适中的声音基本准确地唱歌 2. 能通过即兴哼唱、即兴表演或给熟悉的歌曲编词来表达自己的心情 3. 能用拍手、踏脚等身体动作或可敲击的物品敲打节拍和基本节奏 4. 能运用绘画、手工制作等表现自己观察到或想象的事物
			5~6岁	1. 能用基本准确的节奏和音调唱歌 2. 能用律动或简单的舞蹈动作表现自己的情绪或自然界的情景 3. 能自编自演故事，并为表演选择和搭配简单的服饰、道具或布景 4. 能用自己制作的美术作品布置环境、美化生活

3. 单元目标

单元目标是年龄阶段目标的进一步具体化。它有两层含义，既可指"时间"单元，也可指"主题"单元。以时间为单元，每一年龄阶段目标可被细分为"月目标""周目标"，这些可以一步一步构成总目标。以主题为单元，它是指教师组织儿童在或长或短的一段时间（长则一两个月，短则三五天）内，围绕某一主题开展活动，将各个领域的课程内容整合在一起，促进儿童的全面发展。比如，"热闹的夏天"主题活动目标为：①能感知和发现夏季的特点，会用恰当的词语描述夏季的特征，体验季节对动植物和人的影响；②知道夏季卫生知识，学会自我保护的方法；③能适应较高的气温，积极参加夏日的锻炼活动，学会防暑降温的方法；④乐意参加节日活动，学习用各种方式表达自己在节日中的感受。[①]

4. 具体教育活动目标

单元目标只有通过具体教育活动才能实现，因此具体教育活动目标直接指导和制约着课程目标的实现。比如，"我和你不一样"大班语言教育活动目标为：①能清楚地说出自己的相貌、喜好等方面的特点；②知道自己和别人有相似之处，也有不同之处；③喜欢自己的同时也能欣赏别人。

（二）幼儿园课程目标的结构

幼儿园课程目标的层次是从纵向角度来探讨幼儿园课程目标体系，而幼儿园课程目标的结构则是从横向角度来分析幼儿园课程目标体系。以布鲁姆为首的学者运用分类学的方法分析学生在课堂中发生的各种学习，提出将教学目标分为认知、情感、动作技能三个领域的目标。

1. 认知领域目标

教学目标从高到低主要分为六级，包括知识、领会、运用、分析、综合、评价。

2. 情感领域目标

教学目标从高到低主要分为五级，包括接受（注意）、反应、价值化、组织、价值与价值体系的性格化。

3. 动作技能领域目标

教学目标包括反射动作、基本动作、知觉能力、体能、敏感性、技巧技能和有意沟通。

幼儿园课程目标是促进幼儿身心的全面和谐发展。因此，制定课程目标时，教师应考虑到幼儿在认知、情感、动作技能等诸方面的发展可能。同时，教师应结合《幼儿园教育指导纲要》中五大领域的发展目标以及幼儿的身心

---

① 车远侠：《弹性理念下幼儿园主题活动的实施与思考——以中班主题活动"热闹的夏天"为例》，载《幼儿100（教师版）》，2017（Z2）。

发展特点，制定适宜的课程目标。目前，我国幼儿园在制定课程目标时还存在偏重知识、技能领域的现象。这会造成幼儿情感缺失，对幼儿成长造成不良影响。

▶▶ 五、幼儿园课程目标的表述 >>>>>>>>

（一）幼儿园课程目标表述的科学性

幼儿园课程目标的表述要符合幼儿的年龄特征和已有的经验。教师在表述幼儿园课程目标的过程中往往会出现一些高于或低于幼儿实际发展水平的现象。比如，有教师在小班的科学活动中设计了"幼儿能用表象进行5以内数的加法运算"的目标。这一目标明显高于小班幼儿的实际发展水平，活动不可能达到预期的目标。因此，教师要根据幼儿的最近发展区设计课程目标，既要考虑到幼儿的年龄特征，又要考虑到幼儿的已有经验，让幼儿在已有水平上实现发展。

（二）幼儿园课程目标表述的角度

幼儿园课程目标的表述需要考虑两个问题：一是从谁的角度进行表述，二是如何进行正确表述。

目前，幼儿园课程目标主要从两种角度表述：一种是教师的角度，另一种是幼儿的角度。

1. 从教师的角度表述

从教师的角度表述幼儿园课程目标，教师能明确知道自己要做什么以及要达到什么样的教育效果。当课程目标从教师的角度表述时，教师较常运用"使""让""帮助""激励"等词语。比如，"让幼儿清楚地说出图画中的色彩搭配""帮助幼儿做简单的记录和统计"。

从教师的角度表述幼儿园课程目标，教师在其中发挥着主体作用，可能会没有顾及幼儿的学习兴趣和需要，让幼儿只能跟着教师的"教"进行"学"，难以让幼儿发挥自身的学习主动性和创造性。因此，大多数人主张从幼儿的角度表述幼儿园课程目标。

2. 从幼儿的角度表述

从幼儿的角度表述幼儿园课程目标，教师能够积极主动地去了解幼儿的兴趣和需要、幼儿的身心发展特点和规律，并思考如何扮演好帮助者和引导者的角色。当从幼儿的角度表述幼儿园课程目标时，教师能够清楚地知道幼儿在学习后所产生的变化，因此通常用"感受""能""喜欢""知道"等词语。比如，"感受父母养育自己的辛苦""能用清楚流畅的语言表达""知道自己是妈妈生的"。

技能大赛要求：

幼儿园课程目标应该从幼儿的角度来表述。

✎ **学习笔记**

幼儿园课程的最终目的是促进幼儿的成长。幼儿是课程学习的主体，衡量课程和教学质量的关键主要看幼儿的发展。因此，幼儿园课程目标一般要从幼儿的角度来表述。

（三）幼儿园课程目标表述的结构

根据布鲁姆等人的教育目标分类学，幼儿园课程目标应分为认知、情感、动作技能三个领域的目标，而且三个领域的目标都是围绕一个方面表述的。但表述时会存在缺少某一个领域的目标的现象，如动作技能目标或者认知目标；也会出现认知和动作技能属于科学方面，情感目标属于语言社会方面的现象。

（四）幼儿园课程目标表述的方法

不同的课程目标有不同的表述方法。制定幼儿园课程目标时，一般从认知、情感、动作技能三个方面入手。

1. 认知目标、动作技能目标一般采取行为目标的形式进行表述

行为目标的特点在于具体、精确、可操作，因此制定认知目标、动作技能目标时要尽量避免模糊、抽象。美国行为主义心理学家马杰出版了《准备教学目标》一书，他在书中强调教学目标应该陈述学生能做什么以证明他的成绩以及教师怎样知道学生能做什么。他认为行为目标具备三大要素：可观察的行为、行为发生的条件以及可接受的行为标准。比如，"半数以上的幼儿能够在教师的帮助下顺畅复述老鼠娶亲的故事"。

2. 情感目标一般采取表现性目标的形式进行表述

由于情感目标是幼儿自我富有个性化的情感体验，难以用具体精确的行为进行测量，因此表现性目标被用来引导幼儿的情感表达和创造性表现。比如，"能初步感受文学语言的美""喜欢用涂涂画画表达一定的意思"。

技能大赛要求：

认知目标和动作技能目标应该具备具体、精确和可操作的特点。

💡 想一想 ▶▶▶▶▶

下面的目标表述存在什么问题，请修改。

"爱护牙齿"大班健康领域活动目标如下。

①初步了解蛀牙形成的原因。

②使幼儿知道保护牙齿的方法。

③感受生活的快乐。

思考与练习

1. "培养社会主义建设者和接班人"属于哪种目标取向？（　　　）

A. 普遍性目标取向　　　　　　　　　　B. 行为目标取向

C. 生成性目标取向　　　　　　　　　　D. 表现性目标取向

2. "参观动物园并说出那里有趣的事情"属于哪种目标取向？（　　　）

A. 普遍性目标取向　　　　　　　　　　B. 行为目标取向

C. 生成性目标取向　　　　　　　　　　D. 表现性目标取向

3. "能用从四角向中心折的方法折出家具"属于哪种目标取向？（　　　）

A. 普遍性目标取向　　　　　　　　　　B. 行为目标取向

C. 生成性目标取向　　　　　　　　　　D. 表现性目标取向

4. 用可以具体观察或测量的幼儿行为来表述的目标称为（　　　）。

A. 教育目标　　　　B. 发展目标　　　　C. 行为目标　　　　D. 表现性目标

5. 对（　　　）的研究不属于幼儿园课程目标的来源。

A. 幼儿　　　　　　B. 社会　　　　　　C. 学科知识　　　　D. 自然

模块二　单元1
云测试

学习笔记

单元2 幼儿园课程内容

学习任务单

姓名		班级		学习时间			
序号	任务描述		学习建议		完成效果		
					自评	同伴评	教师评
1	识记并理解幼儿园课程内容的内涵		选择一本幼儿园使用的教材,分析幼儿园课程内容				
2	理解幼儿园课程内容选择的原则,并学会判断课程内容是否适宜		观察不少于三个不同领域的幼儿园活动,分析并判断课程内容是否适合幼儿				
3	了解幼儿园课程内容组织的方法		比较小学数学课和幼儿园主题活动,分析两种课程组织形式的区别				
学习反思							

学习情境 ▶▶▶▶▶

　　某幼儿园中班的幼儿对水产生了强烈的好奇心。他们发现水不仅能使物体沉下去或浮起来,还有其他的奥秘,如水的流动路线。两个瓶子里的水有时候平行流动,有时候向下流动,有时候向上流动。幼儿惊奇于水的奥秘,于是想出一系列的问题,期望在活动中可以探索。但由于时间有限,幼儿的探索浅尝辄止,水的流动路线的秘密还是未能解开。

互动交流：

一次幼儿园集体教学活动往往无法囊括所有的内容。这次活动的内容显然超载了，那么幼儿园课程内容的选择有何原则呢？

模块二 单元2
互动交流提示

▶▶ 一、幼儿园课程内容的概念 >>>>>>>>

（一）幼儿园课程内容的内涵

不同的学者对课程内容有不同的理解。有些人认为课程内容是一些学科中特定的事实、观点、法则和问题；另有一些人认为课程内容是指课程中的问题领域、课题或科目。[①] 幼儿园课程内容是指依照幼儿园课程目标选定的通过一定的形式表现和组织的基本知识、基本态度、基本能力和学习品质。[②]

幼儿园课程内容的内涵应该从下列三个方面理解。

第一，幼儿园课程目标与幼儿园课程内容有价值联系。幼儿园课程目标是幼儿园课程的"指南针"和"方向盘"，幼儿园课程目标的价值通过丰富多样的幼儿园课程内容实现。因此，幼儿园课程内容蓄积了幼儿教育的价值，应体现出幼儿教育价值的均衡与全面。鉴定一个幼儿园课程的价值是否能够满足幼儿教育的合理期待，关键要看幼儿园课程内容与目标在价值方面是否有联系性。

第二，幼儿园课程内容是经验化的情感、态度、能力、知识、学习品质等的综合体。由于幼儿的发展是全面的、和谐的，幼儿园课程内容必然囊括情感、态度、能力、知识、学习品质等元素。尤其需要强调的是，这些综合的内容应该是经验化、行动化的，是幼儿可以通过主动学习和与外界的积极互动自行建构的内容体系，绝不是静态的、平面的，只需要用耳朵聆听，用头脑记忆的学习内容。

第三，幼儿园课程内容必须转化为幼儿的经验。经验这个词语源于美国哲学家、教育家杜威的阐述，他认为幼儿的发展是经验的发展。经验不仅是一种教育方法，还是一种教育内容。任何情感、态度、能力、知识、学习品

幼儿园课程内容的概念

教师资格证考证指南：
幼儿园课程内容包括基本知识、基本态度、基本能力和学习品质。

[①] 江山野：《简明国际教育百科全书：课程》，110页，北京，教育科学出版社，1991。

[②] 虞永平：《学前课程价值论》，196页，南京，江苏教育出版社，2002。

质必须依据《3—6 岁儿童学习与发展指南》的合理期待，转化为幼儿可以接受的、让幼儿可以参与其中的经验连续体。凡是不能转化为幼儿经验的课程内容都难以深入幼儿的心灵，也不能称为真正适合幼儿需要的课程内容。

因此，幼儿园课程内容包含着幼儿教育价值，能够转化为幼儿经验的一个整体或连续体。

（二）幼儿园课程内容的范围

1. 有助于幼儿发展的基本知识

知识是人类积累的对事物的认识和理解。知识分为两类：一类是种族的知识，另一类是个体的知识。个体知识是个人直接作用于外界事物获得的知识和经验，在历经千百年后能够升华为种族的知识；种族的知识是无数个体的知识的汇集和凝结。

幼儿园课程内容的范围之一是有助于幼儿发展的基本知识。幼儿的思维处于前运算阶段，对事物的认识需要借助外部形象和直接感知。因此，幼儿应该学习的知识必须具有四个典型特点：一是具体性，即幼儿所学的知识是与具体的事物直接相关的。二是形象性，即知识必须以形象或表象的形式呈现出来。三是非系统性，即幼儿的知识无法像中小学生的知识一样遵循严格的逻辑性。四是非科学性，即幼儿的知识源于自己对事物的认识和建构。这些知识如果从准确性来看，可能会有失科学性，但是幼儿"自己的知识"，绝非他人给予的。

基于幼儿应该学习的知识的四个特点，幼儿园课程内容中的知识可分为两类：第一类是幼儿日常生活、游戏、观察中所得的简单知识；第二类是相对复杂的，是需要经过专门组织才能掌握的知识。苏联学前教育专家乌索娃认为，前一类知识是幼儿的自发经验；后一类知识引进了中心概念，具有一定的系统性。

有助于幼儿发展的基本知识包括如下几方面。

①生命活动必需的知识，如健康、安全等有关知识。

②有利于帮助幼儿解决基本生活、交往问题的知识，如基本社会行为规则。

③帮助幼儿认识自己生活环境的知识，如自然中常见的事物。

④为今后学科学习打基础的知识，如基本数量形状等的知识。

⑤为未来社会的高素质公民奠定基础的知识，如环保知识。

2. 有助于幼儿发展的基本态度

基本态度是人对自己、对他人、对外界事物的一种倾向性。这种倾向性

成为人内在动机和人格的一部分，对人的一生有重要影响。基本态度是个体在与外界事物的互动中产生的一种情感体验。积极的情感态度能够激励幼儿进一步探索、操作、交往、思考，为幼儿的行为提供指引；消极的情感态度会成为一种阻碍，阻滞幼儿进一步学习的欲望。

幼儿需要学习的基本态度包括学习与探究的兴趣、自我价值感、自信心、责任感、团体归属感、关心、友好、尊重、同情等。[①]

有助于幼儿发展的基本态度包括如下几方面。

①对周围世界的态度：兴趣、爱好、好奇心。

②个人的态度：自信、责任感、归属感。

③对他人的态度：关心、友好、尊重、同情。

3. 有助于幼儿发展的基本能力

基本能力是指人类应在一系列基本的活动中表现出来的能力。幼儿处于人类个体发展的萌芽阶段，所经历的一切活动都蕴含了人类基本的行为方式。因此，学习并掌握一定的行为方式，有助于幼儿适应社会。幼儿可以通过日常生活的观察和练习、游戏的模拟和操作、专门组织的活动等掌握基本的行为方式。

有助于幼儿发展的基本能力包括如下几方面。

①自我服务的基本能力：吃、喝等在内的技能。

②体育和游戏的基本能力：走、跑、跳等技能。

③与他人交流的基本能力：说话、打招呼等方面的技能。

④探索世界的基本能力：实验、探究方面的能力。

4. 有助于幼儿发展的学习品质

所谓学习品质主要指学习态度、行为习惯、方法等与学习密切相关的基本素质。这些基本素质在幼儿期开始出现与发展，并对幼儿现在与将来的学习都具有重要影响。[②]《3—6 岁儿童学习与发展指南》明确指出：幼儿在活动过程中表现出的积极态度和良好行为倾向是终身学习与发展所必需的宝贵品质。要充分尊重和保护幼儿的好奇心和学习兴趣，帮助幼儿逐步养成积极主动、认真专注、不怕困难、敢于探究和尝试、乐于想象和创造等良好学习品质。"学习品质的学习不能单凭一个活动、一个游戏，也不能仰赖一个领域，

---

① 冯晓霞：《幼儿园课程》，55 页，北京，北京师范大学出版社，2000。

② 李季湄、冯晓霞：《〈3—6 岁儿童学习与发展指南〉解读》，50 页，北京，人民教育出版社，2013。

而是渗透在每个领域的每个活动、每个游戏中。

有助于幼儿发展的学习品质包括如下几方面。

①学习态度：学习的兴趣、情绪、意志等内在品质。

②学习习惯：专注、不怕困难等品质。

③学习方法：钻研、探究、创造等品质。

▶▶ 二、幼儿园课程内容选择的原则 >>>>>>>>

（一）目的性原则

目的性原则是指幼儿园课程内容应与幼儿园课程目标相符合。目的性原则强调教师在选择幼儿园课程内容时，应以幼儿园课程目标为出发点，依据幼儿园课程目标所蕴含的教育价值审慎地筛选幼儿园课程内容，确保幼儿园课程内容与幼儿园课程目标中蕴含的教育价值高度一致。

幼儿教育实践中经常会出现两类问题。第一类问题是幼儿园课程目标缺失，主要表现在幼儿园课程目标体系中知识、技巧、能力、学习品质的比例失衡。知识、技巧、能力的比例较大，但学习品质的比例较小，严重影响了整个幼儿园课程的价值均衡，有可能会导致幼儿学习失衡，如表 2-2 的案例所示。

表 2-2　案例：中班主题活动"秋天"

活动名称	价值领域
美丽的秋天	知识
参观秋天的农场	知识、情感
我眼中的秋天	技巧、能力
秋天的小虫	知识
秋天的服装	知识
折叠螃蟹	技巧、能力

从表 2-2 整个主题活动的价值领域来看，该主题活动包括的知识、技巧、能力的价值领域较多，涉及情感的只有"参观秋天的农场"的活动，没有一个活动旨在促进幼儿学习品质的发展。

第二类问题是幼儿园课程目标和内容脱节。一种情况是幼儿园课程目标所提到的教育价值没有以幼儿园课程内容为载体；另一种情况是幼儿园课程目标没有提及，但幼儿园课程内容承载了教育价值。

✍ **案例** ▶▶▶▶▶▶

大班科学活动"有趣的叶子"

一、活动目标

①能有目的地观察叶子，了解叶子的特征（具有叶脉、叶汁）。

②乐意与同伴交流叶子的多样性。

二、活动准备

需要准备各种叶子、木棒、纸巾、复写纸、观察记录表、操作流程图。

三、活动过程

（一）引导幼儿观察叶子

教师：你们见过哪些叶子？它们是什么样的？

幼儿回答。

教师给幼儿分发叶子，幼儿观察、交流。

（二）集体操作

教师出示第一个操作流程图，示范：先选取一片叶子，将叶子放在纸巾上，用木棒的一端用力敲打叶子，看纸巾上是否有叶汁。

幼儿操作、交流。

教师出示第二个操作流程图，示范：将叶子放在复写纸上，将复写纸折叠，用木棒擀叶子；之后把叶子放在复写纸上，用木棒再擀；将叶子拿走，白纸上有叶子的形状和叶脉。教师介绍叶脉的特点及作用。

幼儿操作、交流。

（三）播放课件

教师播放课件，讲述叶脉的特点。

教师播放《落叶跳舞》的朗诵。

在上述案例中，第二个活动目标没有可以承载的课程内容。在整个活动过程中，教师没有给幼儿提供交流叶子多样性的机会，这个活动目标无法达成。而活动过程中幼儿通过实验了解叶汁多少的问题以及通过操作细致了解叶脉的特点及作用的内容没有在活动目标中明确提出，导致活动目标和活动内容严重脱节。这是教师在依据幼儿园课程目标选择幼儿园课程内容时应该极力避免的问题。

（二）生活性原则

生活性原则是指幼儿园课程内容的选择应该源于并贴近幼儿的真实生

学习笔记

活，最终提升幼儿的生活质量，促进幼儿的生命成长。[①] 幼儿园课程内容越是源于幼儿的日常生活，越是幼儿能够触及、理解的，就越具有生命力和延展力，越能够引发幼儿强烈的探究兴趣和学习欲望。因此，教师在选择幼儿园课程内容时必须深入了解幼儿的生活，知道幼儿的喜好，准确把握幼儿生活的教育价值，对幼儿的真实生活进行发掘、审视、筛选，挑选出有教育意义、贴近幼儿心灵、符合幼儿生活逻辑的内容，并将其转化为幼儿园课程内容。

现实中充斥着幼儿园课程内容远离幼儿生活的问题。例如，在雷锋纪念日的时候，教师给幼儿讲雷锋的英雄事迹，尤其是雷锋勤俭节约，不舍得花钱买汽水，总是用杯子打开水喝的故事。教师讲完故事后问幼儿："雷锋为什么不舍得花一分钱买一瓶汽水？"幼儿的回应是"因为雷锋没有一分钱，一分钱是很难找到的，最小的是一毛钱。"幼儿的回答看似啼笑皆非，实质是教师忽略了幼儿当前的生活与雷锋的生活背景相距甚远；没有认识到幼儿无法体会到"一分钱"的节约，只能从当前的生活情况出发，想到现在钱币最小的面值是"角"。远离幼儿生活的幼儿园课程内容是毫无意义的，是对幼儿宝贵学习时间的浪费。所以，生活性原则是教师选择幼儿园课程内容的重要原则之一，更是持守合理教育信念的关键所在。

（三）适宜性原则

适宜性原则是指选择的幼儿园课程内容必须符合不同年龄阶段幼儿身心发展的特点和学习方式，能够符合幼儿的最近发展区。全美幼儿教育协会在介绍发展适宜性方案的时候，界定了适宜的三个层面：第一，年龄适宜。在儿童发展的前9年，其发展和变化是普遍的、可预料的。这些变化发生在身体、情感、社会、认知等各个领域。儿童可预料的发展便于教师为儿童提供适宜的学习环境和学习经验。第二，个体适宜。每个儿童都是这个群体中独一无二的个体，其个性、学习方式、家庭背景各异。教师必须为每个儿童提供适宜其个体需要的学习环境和学习经验。第三，文化适宜。由于每个儿童的生活背景不同、家庭文化不同，教师需要了解每个儿童的文化情况，才能提供有效的教育教学。从根本上说，适宜的才是有效的，有效的一定是适宜的。[②]

幼儿教育实践中会出现幼儿园课程超载的现象。课程超载分为量的超载和质的超载。量的超载侧重课程时间超过一定的限制，质的超载是课程目标或课程内容不适用于特定学习者。[③] 质的超载又有两种具体的表现：一是课程目标或内容是幼儿难以达成或掌握的，或虽能达成或掌握但付出的代价过

① 虞永平：《生活化的幼儿园课程》，66页，北京，高等教育出版社，2010。
② 虞永平：《生活化的幼儿园课程》，66页，北京，高等教育出版社，2010。
③ 虞永平：《学前课程价值论》，220页，南京，江苏教育出版社，2002。

高，即高质超载。二是课程目标或内容是幼儿无须做出努力就可达成或掌握的，甚至课程目标或内容是幼儿已经达成或掌握的，即低质超载。这类课程目标和内容过度重复也是课程超载的一种表现形式。这两种超载实质都是不具有发展的适宜性。[①]

例如，在小班幼儿系鞋带的活动中，由于小班幼儿小手的精细动作发展不完善，无法用大拇指和食指捻起鞋带，将鞋带挽成兔耳朵的形状，因此让小班幼儿学习系鞋带的内容超越了幼儿的生理发展阶段，内容难度太大。这就属于典型的高质超载，也是幼儿园课程内容不适宜幼儿生理、心理发展水平的具体表现。又如，开展大班幼儿学习"合适的鞋子"活动，让他们了解鞋子的种类，知道不同大小的脚应该穿不同号码的鞋子，知道保护脚的方法。该课程目标或内容是大班幼儿已经掌握或习得的，无须经历思维的碰撞、情感的参与。因此，该课程目标或内容也不适宜幼儿的发展水平，属于低质超载。

（四）趣味性原则

趣味性原则是指给幼儿提供的学习内容必须符合幼儿的兴趣、需要，对幼儿有内在的吸引力。趣味分为真趣味与伪趣味。真趣味是一种推动幼儿认识事物的内驱力。这种内驱力是幼儿的内在动机，由活动内容本身具有的魅力所激发，可以引发幼儿探究的欲望与冲动，使幼儿具有一种忘我的能力，让他们自发、自愿、全神贯注地投入完成任务的过程。[②]例如，在一个科学探索活动中，幼儿看到水盆里有不同质地的纸张。有的纸全部浸透，有的纸上只是有些水滴。他们觉得很奇怪，开始用实验探索为什么不同的纸张在水里的状态不一样。活动内容本身能激起幼儿探究、学习的欲望，这就是具有真趣味的内容。伪趣味是活动内容本身缺乏吸引力，凭借教师为其施加的外在的、虚构的装饰而吸引幼儿的注意力。然而这样的注意是短暂、肤浅的。例如，教师教幼儿学习系蝴蝶结式鞋带的方法。如今，部分幼儿不穿有鞋带的鞋子，对该活动内容没有兴趣。教师便利用外部奖赏的方法来唤起幼儿的学习兴趣。谁学习认真就会得到教师给的一份小礼物，幼儿为了得到礼物而努力学习系蝴蝶结式鞋带的方法。这种附加的兴趣降低了活动本身的价值，泯灭了幼儿为活动本身而学习的原动力，会日渐消磨幼儿学习的渴望。因此，教师在选择幼儿园课程内容时，谨防用伪趣味影响幼儿真正的学习动机的养成。

（五）综合性原则

综合性原则是指给幼儿提供的幼儿园课程内容应该符合幼儿整体认知的特征，相互联系、相互渗透，形成一个有机的整体。综合性原则是相对于分

---

① 虞永平：《学前课程价值论》，220 页，南京，江苏教育出版社，2002。
② 杜丽静：《重新审视兴趣》，载《幼儿教育》，2009（28）。

科领域的幼儿园课程内容而言的。幼儿的生活是完整的，幼儿认识事物的方式也是完整的。幼儿会用视觉、听觉、触觉、嗅觉、味觉等多种感觉来感受事物的特性，完善对事物的认识与理解。这是幼儿本真的学习方式。因此，教师在选择、组织幼儿园课程内容时势必尊重幼儿的学习方式和特点，将有机、完整的幼儿园课程内容转化为幼儿可体验的内容，为幼儿形成完整认识和深入理解事物提供机会。例如，开展"认识春天"的活动，可以让幼儿在户外通过多感官寻找春天，之后让幼儿用自己喜欢的方式表达自己的发现，如绘画、口头交流、泥塑、雕塑、投影、舞蹈等。只有如此，幼儿对春天的生动感知和完整体验才能成为幼儿经验的一部分。

（六）过程性原则

过程性原则是指教师需要将幼儿园课程内容转化为幼儿可以探索、操作、体验、表现和表达的各种方式，让幼儿在真正的自我建构、知识建构中理解意义、探寻真理。由于幼儿的思维处于具体形象思维阶段，对事物的认识要依托自身的实验、操作、探索，因此给幼儿提供的各种活动内容必须以行动化、过程化的形式呈现。这就强调教师要能够运用幼儿的思维方式去思考每一个学习内容的呈现形式和组织方式，保证幼儿内在的思维和外在的行动相统一，有效促使幼儿的内在思维引导外在行动的方向，促使外在行动推动内在思维的螺旋式发展。

✎ **案例** ▶▶▶▶▶▶

蚕的一生

这是中班幼儿的一个活动。活动目标是幼儿通过学习能够了解蚕一生分为四个重要的阶段：卵、幼虫、蛹、成虫。在活动实施过程中，教师先播放了两遍视频，讲述蚕一生分为四个阶段。视频播放完毕，教师请幼儿把手里的图片拿出来，将蚕由小到大经历的四个阶段按顺序摆出来。当幼儿摆出来之后，教师检查每个幼儿的摆放是否正确。之后进入下一个环节，教师请幼儿用身体动作表现卵、幼虫、蛹、成虫的样子。幼儿操作两遍后活动结束。

在上述案例中，幼儿通过视频介绍来了解蚕一生的四个阶段，没有回顾自身养蚕的经验，没有从行动中、探索中提升学习经验。如果教师想让幼儿园课程内容焕发过程化的光彩，需要在蚕生长的季节请幼儿亲自养蚕；让幼儿在养蚕的过程中目睹蚕一生的四个阶段，加深对蚕的认识。这种行动化、过程化的幼儿园课程内容无法在一节课内学习完，却是符合幼儿学习方式、贴近幼儿心灵的。

▶ 三、幼儿园课程内容组织的方法 >>>>>>>>

当确定幼儿园课程内容后，教师需要依据一定的原则对幼儿园课程内容进行组织。幼儿园课程内容组织是指创设良好的环境，使幼儿园课程活动兴趣化、有序化、结构化，以产生适宜的学习经验和优化的教育效果，从而实现幼儿园课程目标的过程。[①] 一般而言，常见的幼儿园课程内容组织的方法有以下两种。

（一）纵向组织法

纵向组织法是指按照由浅入深、由易到难、由具体到抽象的内在逻辑性排列幼儿园课程内容的一种组织方法。该方法关注知识、技能本身的层次性。教师在组织幼儿园课程内容时必须娴熟地掌握知识的难易程度及这些知识与幼儿的学习方式、发展水平的匹配性。在此基础上，教师才能依据知识本身的层次性组织符合幼儿发展需求和发展能力的幼儿园课程内容。表 2-3 为科学领域中的数学认知内容示例。

幼儿园课程内容
组织的方法

表 2-3　科学领域中的数学认知内容示例[②]

3～4岁	4～5岁	5～6岁
1. 能感知和区分物体的大小、多少、高矮长短等量方面的特点，并能用相应的词表示 2. 能通过一一对应的方法比较两组物体的多少 3. 能手口一致地点数 5 个以内的物体，并能说出总数；能按数取物 4. 能用数词描述事物或动作，如我有 4 本图书	1. 能感知和区分物体的粗细、厚薄、轻重等量方面的特点，并能用相应的词语描述 2. 能通过数数比较两组物体的多少 3. 能通过实际操作理解数与数之间的关系，如 5 比 4 多 1；2 和 3 合在一起是 5 4. 会用数词描述事物的排列顺序和位置	1. 初步理解量的相对性 2. 借助实际情境和操作（如合并或拿取）理解"加"和"减"的实际意义 3. 能通过实物操作或其他方法进行 10 以内的加减运算 4. 能用简单的记录表、统计图等表示简单的数量关系

科学领域中的数学内容大多以纵向组织法排列。从表 2-3 中可见，小班幼儿需要手口一致地点数 5 以内的数，说出总数，并能按数取物。中班幼儿在学习数学概念的基础上能够通过实际操作理解数与数之间的关系。这是对数概念的生活化认识，更是对数概念的深入理解。大班幼儿可以对 10 以内的数形成清晰的数概念的认识，通过实物操作或其他方法进行 10 以内数的加减法。仅从"数"这一个内容的排列中我们就可以明显看到由易到难、由浅入深的纵向组织法的运用。

[①]　冯晓霞：《幼儿园课程》，72 页，北京，北京师范大学出版社，2000。
[②]　李季湄、冯晓霞：《〈3—6 岁儿童学习与发展指南〉解读》，322 页，北京，人民教育出版社，2013。

学习笔记

（二）横向组织法

横向组织法是指打破传统的知识体系，将不同领域的知识整合起来，与幼儿已有经验连为一体的一种组织方法。该方法关注幼儿对事物认识的完整性特征，强调不同领域知识之间的内在联系、知识与幼儿经验的契合程度，以及幼儿获得完整经验的可能性，为幼儿提供一个核心领域的完整经验。例如，在认识自然界中的花时，教师允许幼儿用闻一闻、摸一摸、看一看的方式了解花的结构，并请幼儿用绘画、拓印的方式表达自己对花的理解和认识，甚至可以让幼儿讲一讲花的故事、唱一唱有关花的歌曲。只要这些内容在幼儿的最近发展区内，符合幼儿的兴趣和需要，教师就可以将其整合在一个活动中，为幼儿完善有关花的完整经验提供支持。

模块二　单元 2
云测试

思考与练习

1. 以下不属于幼儿园课程内容范围的是（　　　）。

A. 基本知识　　　　B. 基本态度　　　　C. 基本能力　　　　D. 基本习惯

2. 教师在讲完雷锋勤俭节约的故事后问幼儿："雷锋为什么不舍得花一分钱买一瓶汽水？"幼儿的回应是"因为雷锋没有一分钱，一分钱是很难找到的，最小的是一毛钱。"这一现象表明教师在选择幼儿园课程内容时违背了（　　　）。

A. 目的性原则　　　B. 适宜性原则　　　C. 生活性原则　　　D. 过程性原则

3. 教师将幼儿园课程内容转化为幼儿可以探索、操作、体验、表现和表达的各种方式，体现了幼儿园课程内容选择的（　　　）。

A. 目的性原则　　　B. 适宜性原则　　　　C. 生活性原则　　　D. 过程性原则

4. 教师在教给幼儿系鞋带时，通过奖励礼物的方式来激发幼儿的活动兴趣。这违背了幼儿园课程内容选择的（　　　）。

A. 目的性原则　　　B. 综合性原则　　　　C. 生活性原则　　　D. 趣味性原则

5. 教师帮助幼儿通过视觉、听觉、嗅觉、味觉、触觉等多种感觉来感受事物的特性，完善幼儿对事物的认识和理解，体现了幼儿园课程内容选择的（　　　）。

A. 目的性原则　　　B. 综合性原则　　　　C. 生活性原则　　　D. 趣味性原则

学习笔记

单元 3　幼儿园课程实施

学习任务单

姓名		班级		学习时间			
序号	任务描述		学习建议	完成效果			
				自评	同伴评	教师评	
1	识记并理解幼儿园课程实施取向的含义		将概念置于实践中，并熟记				
2	理解三种幼儿园课程实施的取向以及特点，并学会判断幼儿园课程实施的取向		利用典型案例判断进行学习，观摩三位教师的课堂教学				
3	了解幼儿园课程实施的途径		观摩幼儿园课程实施，并概括幼儿园课程实施的途径				
4	掌握教学活动实施的注意点		观摩教学活动，分析教学活动实施的特点				
5	理解幼儿园课程实施中的问题与解决策略		观摩幼儿园课程实施中的问题并进行记录，尝试解决				
学习反思							

✍ **学习情境** ▶▶▶▶▶

　　李老师去上海学习观摩"有趣的垒高"科学活动的实施。回来后，她在自己任职的幼儿园上了一节公开课。结果，幼儿的表现并没有她在上海看到的幼儿的表现好。为什么会出现这样的情况呢？李老师百思不得其解。

互动交流：

从李老师的亲身经历中我们可以看出，幼儿园课程实施过程会因为各种因素产生不同的效果。那么什么是幼儿园课程实施呢？哪些因素会影响幼儿园课程实施的效果呢？

模块二　单元3
互动交流提示

幼儿园课程实施的
概念与取向

▶▶ 一、幼儿园课程实施的概念 >>>>>>>>

在确定了幼儿园课程目标并选取了适宜的幼儿园课程内容之后，教师就需要把幼儿园课程内容付诸实践。只有幼儿切身体验到的课程才能促进幼儿的发展。幼儿园课程实施是把静态的课程方案转化为动态的课程实践的过程，也是教师以课程计划为依据组织幼儿活动的过程。

在幼儿园课程实施的过程中，即使教师所使用的幼儿园课程方案相同，面对不同的幼儿和情境，实施的效果也会不同。即使是面对相同的幼儿和环境，幼儿园课程实施的效果也会有不同。我们在幼儿园课程实施过程中会受到众多因素的影响，幼儿园课程实施过程并不是线性传递的过程。不同教师由于个人知识背景和经验不同，对幼儿园课程方案的理解是不同的。同样，不同教师对幼儿园课程实施过程的认识是不同的，对幼儿园课程实施过程的掌握也是不一样的。当然幼儿园课程实施过程还会受到幼儿的影响。虽然同一年龄阶段不同幼儿的年龄特征是相同的，但他们的经验和水平是不同的，在幼儿园课程实施中的学习方式也是不一样的。这些都会影响到幼儿园课程实施的效果。

教师资格证考证指南：

幼儿园课程实施是指把一项课程计划付诸实践的过程，是达到预期课程目标的基本途径。

▶▶ 二、幼儿园课程实施的取向 >>>>>>>>

教师对于课程计划与课程实施之间关系的不同认识和处理方式，反映了教师不同的课程实施取向，即每位教师对课程实施都有自己的认识以及支持这些认识的价值观。一般来说，幼儿园课程实施有三个基本取向：忠实取向、相互适应取向与创生取向。关于课程计划与课程实施之间关系的问题，美国学者塞勒（Saylor）等人提出了三个可以帮助我们思考的隐喻。[1]

隐喻一：课程计划是一幢建筑的设计图纸；课程实施是具体的施工。设

---

[1] 施良方：《课程理论——课程的基础、原理与问题》，139页，北京，教育科学出版社，1996。

计图纸会对如何施工做出非常具体的计划和详细的说明。这样教师便成了工匠，课程实施的好坏是根据实际施工与设计图纸的吻合程度来测量的。即课程计划是由教师或他人预先设定的，教师实施时严格按照计划进行。

隐喻二：课程计划是一场球赛的方案，是赛前由教练员和球员一起制订的；课程实施则是球赛进行的过程。尽管打球方案事先被制订好了，而完成这个方案的具体细节则主要由球员来处理。他们要根据场上的具体情况随时做出明智的反应。即课程计划是由教师自己或他人预先设定的，教师在实施时基本体现原设计的意图，但可以完善自己的理解或想法，进行灵活调整。

隐喻三：课程计划可以被认为是一个乐谱；课程实施则是作品的演奏。对于同样的乐谱，每一个演奏家都会有不同的体会，从而有不同的演奏效果。有的指挥家和乐队特别受欢迎，主要不是由于他们演奏的乐曲好，而是由于他们对于乐谱的理解和演奏的技巧水平高。即课程计划是教师和学生共同制订的，但这个计划仅仅是一个框架，没有具体的实施步骤，在实施过程中不断生成新的学习机会。幼儿园课程实施的实质是一个课程的再设计过程，是教师富有创造性的劳动。

由于教师对教育的看法不同，对幼儿反馈的回应能力不同，随机生成的能力各有差异，因此教师在教育活动实施过程中会表现出不同的取向。

（一）忠实取向

隐喻一所体现的是忠实取向的课程实施。忠实取向的课程实施是指把课程实施过程看成忠实地执行课程计划的过程。

案例 ▶▶▶▶▶▶

在大班语言活动中，教师出示了一幅画着一只老虎在追几只兔子的图画，请幼儿想办法帮助兔子。当一个幼儿说"赶快给猎人打电话，让猎人来打老虎"时，另一个幼儿马上站起来反对说："不行！老虎是国家一级保护动物，不能打！兔子还不是国家一级保护动物呢，连国家二级保护动物也不是！"又一个幼儿大声附和："对！应该让老虎吃一只兔子，不然老虎会饿死！"这一下班里就像炸了窝。幼儿的情绪一下子高涨起来，围绕"该不该让老虎吃兔子"的辩论热烈地展开了。这时，教师大声说："好了！好了！都别争了！咱们刚才的任务是什么来着？想办法帮助兔子！我看谁想的办法好！某某，你来说！"教室里的声音小了下来，但争论没有停息。挑起论战的幼儿一直在嘟囔："老虎是吃肉的，必须吃小动物。什么都不让吃会饿死，怎么保护？"

在上述案例中，教师预设的是语言领域的看图讲述活动，旨在让幼儿看着画面准确讲述故事的内容。但幼儿的兴趣点发生转移，由语言领域转移到科学领域（老虎和兔子的保护等级）。面对这一问题，教师仍坚持预设的活动目标，试图强行将幼儿的关注点拉回原目标。

该案例所体现的就是教师在课程实施的过程中采用忠实取向，依照预先设计好的内容或教材来实施。教师仅仅围绕自己的课程目标和内容进行实施，忽略了幼儿的兴趣和需要，不利于幼儿的发展。因此，在忠实取向的课程实施中，教师是课程计划的忠实执行者，是一个被动的"消费者"，容易忽视幼儿的实际情况。

（二）相互适应取向

隐喻二所体现的是相互适应取向的课程实施。相互适应取向的课程实施是指把课程实施过程看成是课程计划与现实情境相互调整、改变与适应的过程。教师在课程实施的过程中会面临各种各样很难事先预料的具体情境。那么在面对不同的现实情境时，教师就需要适时做出调整。教师要关注幼儿在活动中的表现和反应，敏锐地察觉他们的需要，并及时以恰当的方式予以应答。这样才能达到良好的教学效果。

✏️ **案例** ▶▶▶▶▶▶

对于大班音乐活动"秋天多么美"，吴老师已经借班开展了两次，这是第三次。吴老师刚开始演唱歌曲的第一段时，所有幼儿就跟着唱了起来。吴老师问："你们学过这首歌了吗？"幼儿齐声说："我们老师教过了，我们都会唱了。"吴老师先是有点蒙，之后便立刻镇静下来，请幼儿完整唱了一遍。在幼儿完整演唱的过程中，吴老师认真观察、倾听、判断幼儿演唱的水平，了解幼儿在学习中还需要改进的地方，发现幼儿没有记住一些歌词，便调整策略；和幼儿讨论有什么办法能够记住歌词，出示图谱，并请幼儿根据图谱总结歌词的特点。这样教学活动的目标虽与之前大不相同，但也同样基于幼儿的原有水平促进了幼儿新的发展。

上述案例所体现的是，吴老师在开展公开活动时发现幼儿已经学习过歌曲演唱，其现有发展水平与预设中幼儿的发展水平不一致。这说明幼儿的现实情况与活动方案发生冲突。面对这一问题，吴老师及时调整活动流程，让已经学习过歌曲的幼儿完整歌唱，发现幼儿学习的空间，并及时调整原活动的目标、内容。因此，在相互适应取向的课程实施中，教师是主动的"消费者"，会根据幼儿的实际水平调整教学目标和教学内容。

（三）创生取向

隐喻三所体现的是创生取向的课程实施。创生取向的课程实施是把教育活动看成是教师与幼儿联合创造教育经验的过程。《幼儿园教育指导纲要（试行）》指出，善于发现幼儿感兴趣的事物、游戏和偶发事件中所隐含的教育价值，把握时机，积极引导。

学习笔记

案例 ▶▶▶▶▶

在瑞吉欧幼儿园，教师带幼儿散步，幼儿对突降的大雪很感兴趣。雪覆盖了操场，影响了他们行走，但他们可以在雪地上打雪仗、堆雪人。此后，一连两周，教师和幼儿一起探究关于"雪"的秘密。他们一起模拟下雪、画出雪中的城市、倾听下雪的声音、欣赏雪花结晶的视频、观察雪如何形成……

上述案例所体现的是，幼儿园课程实施不是预先设计的，而是根据幼儿的兴趣生成的。当幼儿对雪感兴趣时，教师发现这是教育的契机，于是和幼儿共同探索关于"雪"的秘密，共同制定活动目标，以幼儿的兴趣为线索确定活动内容，以项目活动的方式开展。在创生取向的课程实施中，没有预设的内容，教学内容来自具体的情境；课程的发展取决于教师和幼儿的个人经验。在此过程中，教师和幼儿都是创造者。

幼儿园课程实施的三种取向的对比见表2-4。

表2-4 幼儿园课程实施的三种取向的对比

取向	忠实取向	相互适应取向	创生取向
课程含义	静态的、计划好的内容	静态的、计划好的内容加社区的环境（实际）	具体情境中创生出来的经验
课程内容	专家创造	教师和专家共同创造	教师和学生共同创造
课程变革方式	线性	复杂、非线性	个体的成长
教师角色	被动的"消费者"	主动的"消费者"	创造者

延伸阅读 ▶▶▶▶▶▶

如果我们把课程专家当作做蛋糕的面点师，把教师当作服务员，把幼儿当作顾客，对三种取向的课程实施做出如下解释。

忠实取向的课程实施：面点师做好蛋糕，服务员把蛋糕端给顾客吃。服务员不管顾客喜不喜欢这个蛋糕或者蛋糕上的奶油，要求顾客吃完这个蛋糕。

相互适应取向的课程实施：面点师做好蛋糕，服务员把蛋糕端给顾客吃。服务员发现顾客不喜欢吃蛋糕上的奶油，只喜欢吃蛋糕里的水果。于是服务员刮掉了蛋糕上的奶油，并且为蛋糕添加了水果。

创生取向的课程实施：服务员和顾客不知道要做什么蛋糕，一起走进厨房做蛋糕。至于做成什么样的蛋糕，主要看服务员和顾客的兴趣、爱好和经验。特别是个人的经验直接影响蛋糕的质量。

▶▶ **三、幼儿园课程实施的途径** >>>>>>>

幼儿园课程目标与内容确定之后，教师就要通过各种途径将幼儿园课程内容转化为动态的实践。《3—6岁儿童学习与发展指南》提出，幼儿的学习是以直接经验为基础，在游戏和日常生活中进行的。因此，幼儿园课程实施的途径主要包括生活活动、教学活动和游戏活动三种。幼儿园还有其他一些活动，如社会实践、节假日活动等。

（一）生活活动

广义的生活活动是除教学、游戏之外的一切日常活动。狭义的生活活动是指幼儿园一日活动中满足幼儿基本生活需要的活动，具体包括幼儿入园、饮水、盥洗、如厕、进餐、午睡、散步、离园等活动。生活活动是幼儿园课程实施的重要途径，在实施时应注意如下三个原则。

1. 保教结合

由于学前教育阶段的幼儿处于启蒙期，相关工作人员不仅要在一日生活中做好保育工作，还要在保育中渗透教育。生活活动中蕴含着丰富的教育价值，是幼儿园课程的重要内容。因此幼儿园的保教工作人员要在各项活动中做到保中有教、教中有保，并使二者相互联系、相互渗透，保教并重，从而使幼儿在得到细致周到照料的同时获得德智体美劳全面和谐发展。

2. 建立科学的日常生活制度

为了科学合理地安排幼儿的一日生活，幼儿园需要建立明确的制度，规定什么时间该做什么，让幼儿形成秩序感，并培养幼儿良好的生活和学习习惯。日常生活制度的建立要符合不同年龄阶段幼儿的身心发展特点。比如，早晨8:00是入园时间，10:00是盥洗如厕时间，餐后要安排散步活动等。另外，生活活动要与其他活动进行整合，发挥生活活动促进幼儿成长的作用。

3. 建立合理常规

常规是指幼儿在一日生活的各种活动中应该遵守的基本行为准则。比如，幼儿在如厕时要排队，不要拥挤，要把大小便拉到便坑等。《幼儿园教育指导纲要（试行）》指出，幼儿园要建立良好的常规，避免不必要的管理行为，逐步引导幼儿学习自我管理；与家长配合，根据幼儿的需要建立科学的生活常规；培养幼儿良好的饮食、睡眠、盥洗、排泄等生活习惯和生活自理能力。良好的常规能够使幼儿积极愉快地参加各项活动，更好地适应幼儿园生活，促进幼儿身心的健康发展。

（二）教学活动

教学活动是教师有目的、有计划地组织班级所有幼儿参与的活动。在通常情况下，教学活动主要表现为集体活动。教师通过活动设计将一定的知识、技能及态度提供给幼儿，从而提升幼儿的已有经验。我们应明确教学活动不等同于教师的讲解，教学活动是教师引导幼儿采用多种感官探索发现、交往互动、表达表现的过程。因此，在通过教学活动进行课程实施的过程中，教师要注意以下几点。

1. 注重教学活动生活化

教学活动要源于生活，归于生活。教学活动要结合幼儿的身心发展特点，以幼儿为本，关注现实生活。因此，教学内容的选择要源于幼儿的生活，吸纳和融合幼儿的生活。只有幼儿熟悉的事物才能引发他们探究的兴趣和欲望，让他们将课程内容运用到生活中，进一步增强认识。

2. 注重教学活动形式多样化

教师要以多种形式有目的、有计划地引导幼儿主动参与教学活动。教学活动形式多样化能激发幼儿的学习兴趣，使幼儿积极主动地参与到教学活动中来。比如说教师可以采用图片、视频、动画、音乐、自主操作、小组竞赛、表演等丰富教学活动，使教学活动更加生动有趣。

3. 注重教学活动情境化

在教学过程中，教师要创设支持性的情境，帮助幼儿对所学内容进行主动探索并在操作实践中掌握知识和技能，注重幼儿的合作交流和表现表达。创设情境的重点在于设计可以探索、游戏、操作的情境，使幼儿通过情境不断习得经验。

4. 注重教学活动操作化

由于幼儿活泼、好动，因此让幼儿乖乖坐在一边听教师讲课是违背幼儿天性的。教师应多创设让幼儿能够实践操作的环境，激发幼儿学习的主动性，让幼儿愿意学、深入学，让他们在操作中不断积累经验、解决问题，最终得到发展。

（三）游戏活动

游戏是幼儿园的基本活动。游戏是指幼儿在固定时间和地点内，遵守应该遵守的规则的自发、自愿的娱乐活动。在幼儿园课程实施的过程中，游戏是对幼儿进行全面发展教育的重要形式。教师需要不断挖掘游戏中的教育价值。

✎ 案例 ▶▶▶▶▶▶

为了培养幼儿的合作精神和团队意识，让幼儿认识到人各有长短，因此要相互合作、取长补短，北京市特级教师沈小燕设计了一个"摘果子"的游戏。两棵树之间悬吊一根绳子，绳子上吊着四个筐，筐里有果子模型，每个筐下面放着一把小椅子。每四个幼儿为一组，每组中有三个矮个儿的幼儿和一个高个儿的幼儿。只有高个儿的幼儿站在椅子上，才能摘到果子。

游戏的任务是看哪一组先把果子全部摘回来。在最初的游戏中，每个幼儿都奋勇争先，都想去把果子摘回来。但是，矮个儿的幼儿站在椅子上，怎么踮脚也采不到果子。结果，没有一个组能做到把果子全部采回来。于是，教师提出了问题："怎样才能把果子全部拿回来？"幼儿通过讨论想出了解决问题的办法：分工合作。高个儿负责摘果子，矮个儿负责把果子运回来，这样才能又快又多地把果子采回来。通过这个游戏，幼儿对于合作的必要性有了切身的体验。

从上述案例中可以看出，游戏活动的实施主要包括三大阶段：准备阶段、观察阶段和参与阶段。[①] 在准备阶段，教师作为游戏活动的创设者和材料的提供者，应因地制宜地创设游戏条件，依据游戏内容和特点选择适合的场地，保证幼儿的游戏时间，并为幼儿提供丰富、适宜的游戏材料。在观察阶段，教师作为观察者，应仔细观察幼儿的游戏行为和材料操作行为，根据观察的结果决定是否进行参与。在参与阶段，教师作为指导者、合作者和支持者，应在考虑游戏的特点、幼儿的行为反应及性格特征等的基础上，采取不同的参与方式帮助幼儿获得能力和个性的全面发展。

适合幼儿开展的游戏应该具有以下四个特征：一是游戏规则简单。复杂规则不容易被幼儿记住，或者会被幼儿改变，使游戏不能正常开展。二是游戏具有趣味性。有趣的游戏才能吸引幼儿参与其中。有趣的游戏是基于幼儿经验开展的。因此，我们要不断丰富幼儿的经验，以提高游戏活动的质量。三是游戏具有价值性。游戏开展最终是指向幼儿的发展，游戏要能够使幼儿获得知识、能力和情感方面的发展，不能为了游戏而游戏。四是游戏参与面要广。对于作为课程实施的游戏，教师要尽量让所有幼儿都参加，不要因为只能少数几个参与而造成其他幼儿无谓的等待。

▶▶ 四、幼儿园课程实施中的问题与解决策略 >>>>>>>>

同样的幼儿园课程方案由不同的教师实施，其效果是不同的。有些教师的实施策略好，效果就好；有些教师的实施策略不好，可能就会阻碍幼儿的成长。

（一）幼儿园课程实施中常见的问题

1. 集体活动与自主活动的问题

✏ 案例 ▶▶▶▶▶▶

这是一次美工活动。幼儿试着用各种盒子和彩色纸制作玩具。设计简单的幼儿先做好了，而设计比较复杂的幼儿甚至连一半都没有做完。这时，教

---

① 王春燕：《幼儿园课程概论》，109 页，北京，高等教育出版社，2007。

师请大家注意听做好的幼儿介绍作品，但几乎没有人听，因为大部分幼儿忙着做自己的事情。教师多次提醒也没有明显的效果，只是干扰了他们的活动，降低了活动效率。

在上述案例中，幼儿的表现各异。落后的幼儿的设计比较复杂，这些幼儿的发展容易被教师的集体活动阻碍。这里可以让幼儿继续自由活动，进一步发展他们创造美的能力。这一案例体现的是幼儿园课程实施过程中常见的集体活动和自主活动的矛盾。

2. 真兴趣与伪兴趣的问题

案例 ▶▶▶▶▶▶

教师说："我们班来了一位新朋友，想知道是谁吗？"教师拿出一个小熊，假装是小熊，说："我是小熊，我不知道这是什么。"（指青菜）幼儿回答。教师放下玩具，开始和幼儿共同学习青菜的特点。

在上述案例中，教师用玩具吸引幼儿的兴趣是虚构的兴趣，幼儿真正的兴趣不是认识青菜。教师注意要吸引幼儿对要学习的物体本身的兴趣，这才是真兴趣。这一案例体现的是幼儿园课程实施过程中常见的真兴趣和伪兴趣的问题。

3. 个别活动与集体等待的问题

案例 ▶▶▶▶▶▶

这是一次看图讲述活动。30 个幼儿分成两排坐着。一个幼儿站着在讲，讲得断断续续。教师一会儿提醒他注意观察图片，一会儿给他示范正确的发音。其他的幼儿已经感到不耐烦了，开始东张西望、玩手绢或者交头接耳。教师开始维持秩序，说："好好听别人讲！"发言的幼儿讲完坐下了，大家似乎兴奋了起来。

在上述案例中，教师关注一个幼儿的发展，却忽略其他幼儿的发展是不可取的。这一案例体现的是幼儿园课程实施过程中常见的个别幼儿活动与集体等待的问题。

4. 过度关注和自主独立的问题

案例 ▶▶▶▶▶▶

这是一次数学活动，要学习的内容是 10 以内倒数的规律。教师在讲完后给每个幼儿发了不同的纸质材料，请幼儿按照材料中的提示，书写出其相邻的数字。比如，纸质材料开头数字是8，幼儿需要在后面的空格中写出7，6。在幼儿思考和书写的过程中，教师不断地到每个小组检查，并提醒："7和5之间应该是哪个数字啊？"有时，教师会停下来，手把手地帮幼儿写上正确的数字。

在上述案例中，教师过度关注幼儿的行为，没有反思过应该什么时候介入幼儿的操作，以怎样的方式介入更为适宜，就可能会干扰幼儿的独立活动。这一案例体现的是幼儿园课程实施过程中常见的过度关注与自主独立的问题。

5. 预设和生成的问题

✐ 案例 ▶▶▶▶▶▶

这是一次大班美术欣赏活动，幼儿欣赏的作品是《忧愁的国王》。作品颜色鲜艳，具有一定的抽象性。教师问幼儿："你们从哪里看出来这个国王有点忧愁啊？"一个幼儿看着画上跃动的色彩，发表了自己的想法："这个国王坐在椅子上，心里想着很多事情。他的女儿就要出嫁了，他很舍不得，但是他也没有办法。所以他担忧他的女儿以后在另一个国家会过什么样的生活。"另一个幼儿说："不是的。他是国王，他有很多的财宝，他有宫殿，但是没有亲人给他带来快乐，所以他感到很忧愁。"这时，幼儿开始以国王的忧愁为核心展开想象，讲述一个个精彩的故事，但就是没有涉及色彩。这时，教师忍不住说道："你们从作品当中怎么看出国王是忧愁的？不要讲其他的内容，就看作品。"可幼儿还是按照自己的逻辑在讲，教师显得有点不耐烦了。

在上述案例中，教师心中有预设、有计划，在活动实施过程中秉持自己的计划亦步亦趋，有时会忘却了幼儿的兴趣与需要。当幼儿的表现稍稍有所偏离时，教师就不遗余力地将幼儿拉回来。这一案例体现的是幼儿园课程实施过程中常见的预设和生成的问题。

（二）常见问题的解决策略

教师正确解决幼儿园课程实施中出现的问题，能够提高幼儿园课程实施的有效性，帮助幼儿健康成长。常见的幼儿园课程实施问题的解决策略如下。

1. 熟悉幼儿的兴趣和实际水平

幼儿在幼儿园课程实施中处于主体地位。教师在幼儿园课程实施前对幼儿有比较全面的了解，熟悉幼儿的兴趣、已有经验以及幼儿的最近发展区。

这是幼儿园课程实施的基础和前提。教师在幼儿园课程设计过程中要充分考虑到幼儿的兴趣和需要，充分利用幼儿的兴趣和需要进行幼儿园课程设计。

2. 精心设计课程

幼儿园课程是面向全体幼儿的，每个幼儿的兴趣和能力都是不一样的。因此，在幼儿园课程设计过程中，教师要充分考虑到这些因素。因此，在集体教学的基础上，教师可以设计小组和个人的任务，避免幼儿出现无事可干或在规定时间内完不成任务的现象。教师还要充分考虑幼儿的兴趣和经验，给幼儿自身的发展留出时间和空间。

3. 提高实施过程中的指导能力

对幼儿进行指导是提升幼儿能力的途径之一。在指导过程中，教师要树立幼儿主体的理念。教师在幼儿活动时应以观察为主，只有在幼儿有困难或需要帮助时才能介入幼儿的活动或工作。当然，是否需要介入，以什么身份介入，需要教师根据活动中出现的问题和实际情况判断后确定。

思考与练习

1. 幼儿园课程实施的基本取向不包括（　　）。

A. 忠实取向　　　　B. 相互适应取向　　C. 平衡取向　　　　D. 创生取向

2. 教师的角色为创造者的课程实施取向为（　　）。

A. 忠实取向　　　　B. 相互适应取向　　C. 平衡取向　　　　D. 创生取向

3. 把课程实施过程看成是课程计划与现实情境相互调整、改变与适应的过程的课程实施取向为（　　）。

A. 忠实取向　　　　B. 相互适应取向　　C. 平衡取向　　　　D. 创生取向

4. 下列不属于生活活动实施应遵循的原则的是（　　）。

A. 保教结合　　　　B. 建立科学的日常生活制度

C. 教育重于保育的原则　　　　　　D. 建立合理常规

5. 关于教学活动的实施下列描述正确的是（　　）。

A. 只要是有利于幼儿发展的知识，幼儿不感兴趣也要教

B. 在课堂上，幼儿要尽量乖乖地坐在凳子上听教师讲课

C. 教师尽量采取多种形式的活动激发幼儿的兴趣

D. 只要注重幼儿多感官的参与，教学活动不一定要有挑战性

模块二　单元3
云测试

学习笔记

单元 4 幼儿园课程评价

学习任务单

姓名		班级		学习时间			
序号	任务描述		学习建议		完成效果		
					自评	同伴评	教师评
1	识记并理解幼儿园课程评价的内涵		罗列幼儿园课程评价的事例，以事例分析概念				
2	了解幼儿园课程评价的作用		以教师对幼儿的评价为例，讨论评价对幼儿（包括自己）的作用				
3	识记并会判断幼儿园课程评价的类型		收集幼儿园课程评价案例，判断相应类型				
4	识记幼儿园课程评价的要素，并初步学会评价		借助资源平台的经典案例，分析幼儿园课程评价的四要素，初步会对幼儿园课程进行评价				
5	理解幼儿园课程评价的原则及过程		收集幼儿园课程评价中的典型案例，分析典型案例中的幼儿园课程评价行为的适宜性，并进行原则和过程提炼				
学习反思							

学习情境 ▶▶▶▶▶

　　小新和同学们一起在教师的带领下去了一所幼儿园。在听取幼儿园园长细致的介绍之后，他们参观了幼儿园并听了几节公开课。小新感觉这趟幼儿园之行受益匪浅。但回到学校之后，在课堂上，教师让大家对幼儿园和所听的公开课进行评价时，她却不知道从哪些方面说起。

互动交流：

请你谈谈幼儿园课程评价的要素有哪些，小新应该从哪些方面开展评价。

模块二　单元4
互动交流提示

▶▶ 一、幼儿园课程评价的概念 >>>>>>>>

（一）幼儿园课程评价的内涵

在幼儿园课程实施之后，我们经常会听到"这节课很不错""本次活动幼儿的兴趣很高""课堂上师幼互动很好，幼儿得到了发展"。这些都属于幼儿园课程评价的范畴。那么，什么是幼儿园课程评价呢？要厘清这一概念，我们必须先对"评价"进行界定。在生活当中，我们无时无刻不在进行着评价，评价包含着我们对于某些事物的观点、看法和态度等。因此，评价是人们对客观事物进行判断的过程。

课程评价就是对课程的价值进行判断的过程。课程评价对于课程的开发、实施和维护必不可少。近年来，随着幼儿园课程改革的不断深入，课程评价在整个课程系统中的作用日益凸显。它既是课程运作的终点，又是课程继续发展的起点，并贯穿于课程运作的整个过程。

幼儿园课程评价的
概念和作用

幼儿园课程评价是一种以幼儿园课程为评价对象的特殊的认识活动。它是针对幼儿园课程的特点和组成要素，通过收集和分析比较系统全面的有关资料，科学地对幼儿园课程的价值、适宜性、效益做出判断的过程。

（二）幼儿园课程评价的作用

幼儿园课程评价是幼儿园教育教学工作的重要组成部分，是了解幼儿园课程的适宜性、有效性，调整和改进幼儿园课程内容，促进每一个幼儿发展，提高教育质量的必要手段。幼儿园课程评价发挥着如下作用。

一是导向作用。幼儿园课程评价提供了衡量教学过程或结果好坏的标准，自然对整个教学活动具有一种导向作用。它就像一根指挥棒一样支配或引导着幼儿园保教工作的各个环节，包括教育目标的制定、教育内容与方法的选择、教育过程的展开等。

二是诊断作用。幼儿园课程评价作为一种反馈—矫正系统，能够帮助教师发现保教过程中所存在的各种缺陷与问题，能够帮助教师弄清、查明影响

学习笔记

幼儿园课程实施以及保教活动效果的各种因素，从而为幼儿园课程与教学设计、保教工作实施提供依据。因此，幼儿园课程评价能为幼儿园或教师的决策提供诊断性的咨询服务。

三是育人作用。幼儿园课程评价既能促进幼儿的发展，又能促进教师自身的专业发展。对于家长而言，幼儿园课程评价可以反映幼儿的发展程度并帮助确定家庭教育的内容。对于教师而言，幼儿园课程评价可以反映教育中的问题并不断帮助改进教育教学工作，促进教师在专业上不断成长与进步。

四是选择作用。幼儿园课程评价可以帮助教师选择更适合的课程。教师可以在幼儿园课程实施前开展对幼儿的评价以及对幼儿园课程目标的评价，以确定幼儿园课程目标以及幼儿园课程内容是否合适，进而可以优化幼儿园课程目标的设计，选择合适的幼儿园课程内容，使幼儿园课程更加适合幼儿的年龄特征和实际水平，保证幼儿健康发展。

（三）幼儿园课程评价的类型

从开展的时间和所发挥的作用上划分，幼儿园课程评价可以分为诊断性评价、形成性评价和总结性评价。

1. 诊断性评价

诊断性评价是指在课程实施之前，为预测学习者已有的认知、情感、技能方面的准备程度而做的评价。诊断性评价的目的是把握幼儿的已有经验，从而制订更适宜的活动方案。当前一些教师对于诊断性评价重要性的认识还有待增强，在进行诊断性评价时具有一定的随意性。教师需要通过诊断性评价进一步加强对幼儿的了解，在尊重幼儿的兴趣需要及学习特点的基础上，更好地实施课程内容，并达到良好的效果。

2. 形成性评价

形成性评价是指通过诊断教育方案或计划、教育过程与活动中存在的问题，为正在进行的教育活动提供反馈信息，以提高实践中正在进行的教育活动质量的一种评价。比如，教师布置课后小测验，并不是给幼儿评定等级，而是对幼儿的掌握程度进行评估，了解幼儿对各个知识点的掌握和应用水平，从而调整自己的教学内容，查漏补缺，更好地帮助幼儿掌握知识。

3. 总结性评价

总结性评价是指在课程设计和实施结束后，为了对评价对象的整体效益做出价值判断而进行的评价。它的一个重要功能就是确认达成课程目标的程度。

总结性评价的直接目的是对教育效果做出判断，从而分出等级或鉴定合格与否。这个直接目的是与最终的教学效果联系在一起的，它为教师以后的教学提供依据。诊断性评价、形成性评价与总结性评价的区别见表2-5。

表 2-5 诊断性评价、形成性评价与总结性评价的区别

类型	评价时间	评价目的	评价例子
诊断性评价	课程实施之前	预测学习者已有的认知、情感、技能方面的准备程度	摸底考试
形成性评价	教育过程与活动中	发现问题，提高正在进行的教育活动质量	期中考试
总结性评价	课程设计和实施结束后	对教育效果做出判断，从而分出等级或鉴定合格与否	期末考试或高考

▶▶ 二、幼儿园课程评价的要素 >>>>>>>>

近年来，随着幼儿园课程改革的不断深入，幼儿园课程评价由封闭、单一的评价转向动态多元化的评价。从多元化的视角看幼儿园课程评价，幼儿园课程评价贯穿幼儿园课程实施的全过程。幼儿园课程评价的目的是更好地促进幼儿的发展，强调师生互动中幼儿的主动建构与学习体验，从多主体的角度来对幼儿园课程进行分析判断并给出科学合理的建议；尊重教师和幼儿的主体性，并运用多种方式从根本上促进师幼共同发展。幼儿园课程评价要解决以下几个问题：谁来评（评价主体）、评价什么（评价客体）、怎么评（评价标准和评价方法）。

幼儿园课程评价的要素

（一）评价主体

1. 地方行政管理人员

我国的幼儿园管理方式为地方负责、分级管理，因此地方行政管理人员担负着幼儿园课程评价的重要职责。在对当地幼儿园课程进行评价时，地方行政管理人员主要依据中央政府颁布的一系列政策法规文件，对幼儿园课程进行宏观指导。目前，地方行政管理部门的评价对幼儿园的评级分级有着至关重要的作用，会影响幼儿园的经费等直接利益。

在通常情况下，地方行政管理人员作为幼儿园课程评价的组织者和牵头者，代表着当地政府对于幼儿园的某种价值导向，因此更应该从多角度运用多种方法对幼儿园进行评估，并提出恰当的反馈意见。要使评价发挥促进幼儿园发展的作用，就要组织多主体参与到评价当中，客观、真实、自然地收集相关信息和数据，切实促进当地幼儿园的长远发展。

2. 幼儿园园长

园长作为幼儿园课程评价的决策者和实施者，在一定程度上代表了幼儿园课程的价值取向以及对教师课程观的引导。因此，园长在幼儿园课程评价中的作用不可忽视。在通常情况下，园长作为管理者，会从管理效能的角度来对教师进行等级判断，从而把幼儿园课程评价结果与教师的升降奖惩等挂

📝 学习笔记

钩。从发展性教师评价的角度来说，要想真正促进教师发展和实现幼儿园的长远良性运转，园长还需从多角度、多方面了解教师对于幼儿园课程所秉持的观念以及接受和实施程度。只有教师与园长都对幼儿园课程都有清晰明确的认识，才能形成合力，明确前进的方向，从而促进教师不断成长。

3. 教师

教师作为幼儿园课程的实施者，对于幼儿园课程目标、幼儿园课程内容、教学方法、教学效果等有着深刻的切身体验。因此，教师是幼儿园课程评价的重要主体。以教师为主体的幼儿园课程评价既包括教师自评，也包括教师互评。教师作为独特的个体，他们的成长经历、教育背景等都会影响其幼儿园课程理念。因此，教师自身作为评价者可以更直观地对课堂氛围、师幼关系等方面做出分析和判断，并加以改进。但单个教师评价时容易出现观察不够全面、判断失之偏颇的情况；而其他教师作为观察者，能够从教师和幼儿的角度出发，更加客观真实地看到幼儿园课程实施的整个过程，从而提出适宜的反馈，促进师幼共同发展。由此，教师作为评价者，更应保持客观、中立，不应受其他因素的影响而做出不当判定。

4. 幼儿

幼儿既是幼儿园课程评价的对象，也是幼儿园课程评价的主体。幼儿园课程评价的最终目的是促进幼儿的发展。因此，幼儿有对自己的发展进行评价的权利。由于幼儿年龄尚小，在评价方式和途径上有别于成年人，幼儿园课程评价有时会把幼儿这一主体排除在外，但这是不恰当的。幼儿是幼儿园课程的直接体验者，其本身对于幼儿园课程的兴趣和需要是幼儿园课程评价的重要准则。因此，我们可以依据《幼儿园教育指导纲要（试行）》和《3—6岁儿童学习与发展指南》，帮助幼儿对于自身在认知、情感、技能等方面的发展变化进行自评和互评。另外，教师可以用录像、观察记录表、照片等记录幼儿的课程学习情况，从而观察和分析幼儿的行为表现及发展变化，进而不断地改进幼儿园课程。

5. 家长

随着社会的不断发展和家长综合素质的不断提高，家长在幼儿园课程评价中的作用越加凸显。家长作为幼儿的抚养者和监护人，对幼儿的了解会更加全面、深入，而且会对幼儿的观念、行为产生影响。因此，设计促进幼儿全面发展的幼儿园课程时离不开家长的评价。

目前，家长对于幼儿园课程评价的积极性在不断提升。作为评价主体之一，家长主要通过对幼儿园课程内容以及实施情况进行了解并做出相应的判断。但家长评价过程中会出现家长的课程理念与幼儿园课程理念相悖等情况。比如，部分家长会在"要不要把游戏作为教学的基本形式"等问题上提出疑问。因此，教师一方面要重视家长在幼儿园课程评价中的重要作用，积极主动听取家长对于幼儿园课程的意见和建议；另一方面也要采用多种方式帮助家长了解当前学前教育的相关政策法规及幼儿园课程理念。幼儿园可以采取邀请家长参加座谈会或幼儿园课程建设研讨、设立家长接待日、利用布告栏和家长意见箱等方式帮助家长参与到幼儿园课程评价中，并发挥更大的作用。

（二）评价客体

评价客体是评价对象。我们在进行幼儿园课程评价时，不能只是关注教师所传授的内容，还要关注教师为幼儿的发展做了怎样的努力，提供了什么样的支持，采取了什么促进发展的举措。具体来说，幼儿园课程评价的对象主要包括课程方案、课程实施过程和课程实施效果。

1. 课程方案

宏观来说，幼儿园课程方案是指幼儿园依据国家政策文件要求，并结合幼儿园实际，对幼儿园课程所做出的总体规划，体现了幼儿园的教育理念和教育目标。从微观来说，幼儿园课程方案是指具体的教育活动设计，包括素材分析、目标设定、活动准备、活动内容选择及活动组织等内容。

大部分幼儿园都有现成的课程方案，这些课程方案或是幼儿园在长期的实践中逐步借鉴、开发、积累及改造得来的，或是购买并简单调整、置换得来的。评价主体在对幼儿园课程方案进行评价时，一方面是看课程方案的制定是否依据了科学的原理、原则，是否与《幼儿园工作规程》《幼儿园教育指导纲要（试行）》等的要求一致，是否以正确的课程理论为指导；另一方面是看课程结构是否合理，各个要素之间是否具有高度的一致性，是否符合原先的指导思想，是否有效促进了幼儿的学习和发展。没有一个幼儿园的课程方案是完美无缺的，不同幼儿园幼儿的状况、教师队伍、课程资源等都是有差异的，因此没有一个对所有幼儿园普遍适用的课程方案。因此，幼儿园课程方案需要通过评价不断加以完善。

2. 课程实施过程

课程方案作为文本的静态的内容，反映了设计者对于课程的设想和预估。而其是否真正符合预期还需要教师把课程方案付诸实践。对幼儿园课程实施过程进行评价，就是把幼儿园课程方案置于真实的情境中，了解幼儿在活动中的反应，如主动性、参与程度、情绪等；了解教师的态度和行为；了解师幼互动的质量；了解学习环境，如设备设施条件和利用方式等。

3. 课程实施效果

在进行幼儿园课程评价时，评价主体既要对幼儿园课程方案和课程实施过程进行评价，也不能忽视幼儿园课程实施效果。幼儿园课程实施效果是指幼儿园课程实施之后所发生的变化。这种变化既包括幼儿在知识、技能、态度等方面获得的发展，也包括教师的行为表现。课程效果，有的是显性的，有的是隐性的；有的是长效的，有的是短效的；有的是预期的，有的是非预期的。[①] 因此，对于幼儿园课程实施效果，评价主体不能简单地做出评判，应综合幼儿和教师两方面的情况进行判断。

（三）评价标准

评价必须有标准。只有建立统一的评价标准，才能确保评价的可行性和科学性。评价是围绕标准进行的，因此教师一定要在评价前建立明确、具体、全面的评价标准体系。下文从幼儿园课程评价的客体出发，分别对课程方案、课程实施过程及课程实施效果的评价标准进行介绍，如表 2-6 和表 2-7 所示。

表 2-6　课程方案的评价标准

评价维度	评价要点	分值
活动目标的设计	1. 目标的年龄适宜性 2. 目标表述的一致性 3. 目标表述的针对性 4. 目标表述的系统性	20 分
活动内容的选择	1. 内容选择与目标的一致性 2. 内容选择的年龄适宜性 3. 内容选择的生活性 4. 内容选择的科学性 5. 内容选择的兴趣性 6. 相匹配环境、材料、区角的适宜性	30 分
活动方法的选择	1. 能有利于活动目标 2. 与活动内容相匹配 3. 与幼儿相匹配 4. 运用多媒体手段恰当	20 分
活动环节的设计	1. 活动环节设计结构合理 2. 活动环节有层次 3. 活动环节过渡自然 4. 活动过程体现教学目标的实现	20 分
活动设计的理念	体现幼儿主体的思想	10 分
总分		
评语		

---

① 朱家雄：《幼儿园课程》，157 页，上海，华东师范大学出版社，2003。

表 2-7　课程实施过程及课程实施效果的评价标准

评价维度	评价要点	分值
活动目标	1. 目标的年龄适宜性 2. 目标表述的一致性、针对性、系统性 3. 目标的达成度	20分
活动内容	1. 内容选择与目标的一致性、年龄适宜性 2. 内容选择的生活性、科学性 3. 相匹配环境、材料、区角的适宜性 4. 内容的实际完成情况	20分
活动实施	1. 实施过程与目标、内容的一致性 2. 实施过程中是否根据幼儿的兴趣与需要进行适当的调整 3. 实施过程体现幼儿的主体性、主动性、积极性 4. 实施过程中是否因材施教 5. 实施过程是否随机处理突发事件 6. 教师的教态仪表、教学语言 7. 教师的教育智慧	40分
活动成效	1. 幼儿参与活动的程度 2. 幼儿的互动机会 3. 幼儿面临的挑战 4. 幼儿的学习习惯、情感态度 5. 幼儿的行为技能、认知水平 6. 教师教学策略的适宜性 7. 教师对幼儿的关注	20分
总分		
评语		

在对幼儿园课程实施效果进行评价时，评价主体可以从了解幼儿学习之后的发展状况、其发展状况与课程目标的符合程度、产生的非预期的结果、教师发生的变化和有怎样的提高等方面制定统一的评价标准和指标。

（四）评价方法

对于幼儿园课程评价应采取什么样的方法，不同学者秉持不同观点。有人倾向于强调采用定量评价的方式，认为这样更科学、更客观。而有学者认为人是复杂的，定性评价的方式更能获得对幼儿的全面了解。随着评价理论的不断发展，目前大多数人认为在进行幼儿园课程评价时应结合使用以上两种方法。比如，钟启泉指出，评价法必须提高到科学的高度。在传统的教育测量中，主要是追求客观化、数量化的把握。但现代的评价要对人格的一切侧面获得综合的理解，因此未必限于客观化的测量，还得采用质的分析。[1]

---

[1]　钟启泉：《现代教学论发展》，464 页，北京，教育科学出版社，1992。

1.定量评价

定量评价是指评价者收集评价对象的数量性的实证信息，用数量化指标来显示评价结果的评价方法。泰勒认为，评价过程在本质上是一个确定课程与教学计划实际达到教育目标的程度的过程，因此要采用定量评价，力求评价结果的客观化、标准化和精确化。定量评价在一定程度上为评估幼儿的发展水平提供了可视化的标准和依据。比如，《3—6岁儿童学习与发展指南》对各年龄阶段幼儿在某些方面的发展程度做出了详细的量化说明。另外，通常以幼儿讲故事、跳舞、数数、绘画、识字等知识和技能的习得程度来衡量课程实施效果，也是定量评价的一种方式。

2.定性评价

定性评价是指评价者将语言文字作为收集和分析评价资料、呈现评价结果的主要工具的评价方法。在进行幼儿园课程评价时，评价者不仅要采用测量的方法来了解幼儿知识、技能的发展程度，也要对幼儿的学习习惯、态度、行为表现等方面进行评价。而对这些方面的评价很难运用定量评价的方式进行，需要借助定性评价的方法。定性评价侧重对幼儿真实生活情境的观察和记录，如逸事记录、档案袋、教师观察笔记、幼儿代表作品集等。这些形式都有利于教师从根本上去评估幼儿的发展水平和发展需要。

▶▶ 三、幼儿园课程评价的原则及过程 >>>>>>>>

（一）幼儿园课程评价的原则

1.以发展为评价目的

《幼儿园教育指导纲要（试行）》明确指出："教育评价是幼儿园教育工作的重要组成部分，是了解教育的适宜性、有效性，调整和改进工作，促进每一个幼儿发展，提高教育质量的必要手段。"因此，幼儿园课程评价是不断寻求改善的过程，是教师和家长共同努力不断促进幼儿发展的过程。幼儿园课程评价不只是要关注教师所传授的内容，也不单单通过对幼儿发展的测量就能被证明，更不是看课程模式是否标新立异，重要的是关注幼儿园课程对幼儿学习和发展的支持和促进程度。

幼儿园课程评价的最终目的是促进幼儿和教师的发展。从本质上讲，幼儿园课程评价是为了客观地把握幼儿所发生的变化，并尽可能地改进教学以取得良好效果。因此，幼儿园课程评价是为了教育而进行的评价，要从补短走向取长，要以发展为出发点和终点。

教育行政管理人员、幼儿园管理者、教师、家长等评价者在进行幼儿园课程评价时，应明确评价标准和指标只是参照和指导。每所幼儿园都有自己的课程特色和优势，也存在难以避免的问题。相关方面只有深入了解，致力于幼儿园课程和教师的长远发展，并及时给予专业的分析和反馈，才能更好地改进和发展幼儿园课程，并帮助教师实现成长，从而为幼儿的健康全面发展提供保障。评价主体只有在评价目的是促进发展这一点上达成共识，才会齐心协力寻求课程改进的方法。

2.鼓励多主体参与评价

幼儿园课程评价不是对幼儿一般发展的测定，而是对幼儿接受幼儿园课程后所获得的发展的把握。因此，幼儿园课程评价主体要能够从多个专业的角度来评估幼儿园课程对幼儿发展的价值。在幼儿园课程评价的过程中，教师作为评价主体和评价客体的作用极为重要。幼儿园管理人员要对幼儿园课程实施情况进行整体把控。教育行政管理人员、家长和幼儿也应成为幼儿园课程评价主体，全面科学地对幼儿园课程做出评价。

3.评价应结合多种方法使评价结果客观真实

在进行幼儿园课程评价时，评价者要结合多种方法全面地反映幼儿在成长过程中的发展变化。在评价过程中，评价者要尽量做到客观、真实、自然，不带有个人主观意愿和偏见，客观地对幼儿园课程做出判断，并尽可能在自然的情境下进行观察和数据信息的收集。另外，幼儿园课程评价并不是为了对教师和幼儿进行等级划分，而是为了更好地了解他们并提供适宜的改进建议。评价者要结合定量评价和定性评价，全面了解幼儿园课程实施情况。在以往的课程评价中，评价者倾向于运用定量评价来进行数据信息的收集和分析。虽然这种评价的结果较精确、客观，但它更多是呈现一种静态的结果，忽视了课程计划制订及实施过程中的各种相关因素，难免失之偏颇。因此，评价者要结合两种方法进行综合判断，才能更好地了解现状并进行诊断和改进。

4.正确看待评价结果

当评价结果并未有效促进幼儿园课程的改进和教师的发展时，其原因有可能是评价对象对于评价结果的不重视甚至忽视。尤其当评价结果未达到预期的情况下，评价对象会出现抵触或者不满的情绪。因此，评价对象要改变观念，认识到评价的最终目的是促进发展，评价结果反映了幼儿园课程存在的问题。评价对象要去正视评价结果，并依此剖析幼儿园课程存在的不足，不断改进，找出解决问题的方法和策略，切实发挥评价结果的作用。

（二）幼儿园课程评价的过程

幼儿园课程评价一般要经历以下过程。

第一，明确幼儿园课程评价目的。在开展评价时，首要解决的问题就是为什么要进行评价。只有对这一问题进行了解答，评价者才能进一步确定评价的方向和评价的内容。比如，评价是为了改进幼儿园课程内容，还是对现行幼儿园课程内容的实施情况进行跟踪；评价是针对教育活动的教案，还是

学习笔记

针对教育活动的实施过程抑或者实施效果。评价者有不同的评价目的，就会选择不同的评价内容，进而制定不同的评价准则。因此，明确幼儿园课程评价的目的至关重要。

第二，制定幼儿园课程评价标准体系并进行人员培训。在评价目的确定之后，评价者就要依据评价目的对评价内容进行细致分析。评价者对评价内容进行划分并对每一项评价内容要达到什么样的程度进行判断的过程，就是幼儿园课程评价标准体系的构建过程。只有确定了统一的幼儿园课程评价标准，评价主体才能有据可依，摒除个人主观因素的影响，保证评价结果的客观真实。幼儿园课程评价标准的制定有可能是由全体参与评价的人员共同商讨确定的，也有可能是由某一牵头部门或权威部门制定的。不管是哪种方式，都要确保参与评价的全体成员对幼儿园课程评价标准的内容有一致的认识。因此，相关人员在制定好幼儿园课程评价标准之后要进行人员培训，确保评价的公平、公开。

第三，确定幼儿园课程评价方法及人员分工。在幼儿园课程评价实施之前，依据评价内容和评价标准，评价者还需要确定每一项内容的评价所采取的方法。在进行幼儿园课程评价时，要把定性评价与定量评价结合起来。那么，哪些内容采用定性评价，哪些内容采用定量评价，对这一问题要事先进行思考和讨论。在进行评价时，一个人的力量总是有限的，很难兼顾到方方面面，因此就需要人员分工。只要分工明确适宜，就能对评价内容进行全方位的材料搜集和分析，也能使评价结果尽可能全面细致。

第四，收集信息并进行汇总分析。当确定幼儿园课程评价方法和人员分工之后，评价者就需要对所负责的评价内容进行资料的收集整理。这一步是评价较为关键、重要的工作。只有收集到相关资料，评价才能有据可依，后续工作才能继续开展。因此，为了保证评价结果的信度和效度，评价者需要采取多种方法保证信息的全面和准确，如问卷调查、访谈、作品分析、查阅相关文件、测量等。评价者还需对所收集到的资料进行记录和分析，以备后续查阅。

第五，得出结论，及时反馈。评价者要对所收集到的材料和分析结果进行汇总和进一步的解释，从而根据评价内容得出结论。得出结论之后，或是以书面形式，或是以口头形式，评价者都要及时进行反馈并提出合理的建议。如果缺乏这一步，那么整个评价的作用和价值将无从体现。幼儿园课程评价的最终目的是促进发展，因此评价者在评价反馈时给予评价对象恰当的建议至关重要。只有给予恰当的建议，才能使幼儿园课程评价真正发挥其功能，使幼儿园课程不断得以改进。

思考与练习

1. 幼儿园课程评价的目的是（　　）。

A. 区分幼儿的水平　　　　　　　B. 不断改进课程

C. 鉴别教师的能力　　　　　　　D. 确定奖惩

2. 下列不属于幼儿园课程评价的四要素的是（　　）。

A. 评价主体　　　　　　　　　　B. 评价客体

C. 评价标准　　　　　　　　　　D. 评价时间

3. 评价者收集评价对象的数量性的实证信息，用数量化指标来显示评价结果的评价方法是（　　）。

A. 定性评价　　　　　　　　　　B. 定量评价

C. 形成性评价　　　　　　　　　D. 总结性评价

4. 在课程设计和实施结束后，对评价对象的整体效益做出价值判断而进行的评价是（　　）。

A. 定性评价　　　　　　　　　　B. 定量评价

C. 形成性评价　　　　　　　　　D. 总结性评价

5. 在幼儿园课程评价过程中，采用逸事记录、档案袋、教师观察笔记、幼儿代表作品集等形式进行的评价属于（　　）。

A. 定性评价　　　　　　　　　　B. 定量评价

C. 形成性评价　　　　　　　　　D. 总结性评价

实训与反思

实践训练：

训练一：以"中秋节"为主题，针对所在实习幼儿园的某一班级设计一节集体教学活动课的目标。

训练二：了解所在实习幼儿园的课程体系，并对其课程内容选择进行分析。

训练三：到相关幼儿园听取一节集体教学活动课，并进行评价。

模块二 单元4
云测试

学习笔记

学习反思

模块三

幼儿园不同
类型的活动

学习目标

1. 掌握领域活动的发展历史、概念、特点、设计，学会制订领域活动计划。
2. 掌握主题活动的概念、发展历史、选择与开发、设计流程等，学会设计主题活动。
3. 掌握区域活动的概念、特点、设计、指导，学会设计活动区域。
4. 掌握方案教学的概念、特点、起源及理论基础、设计与实施的要点，学会设计主题网络图。
5. 树立以幼儿为主体的理念，有将爱国主义元素融入各类活动的意识。

学习导航

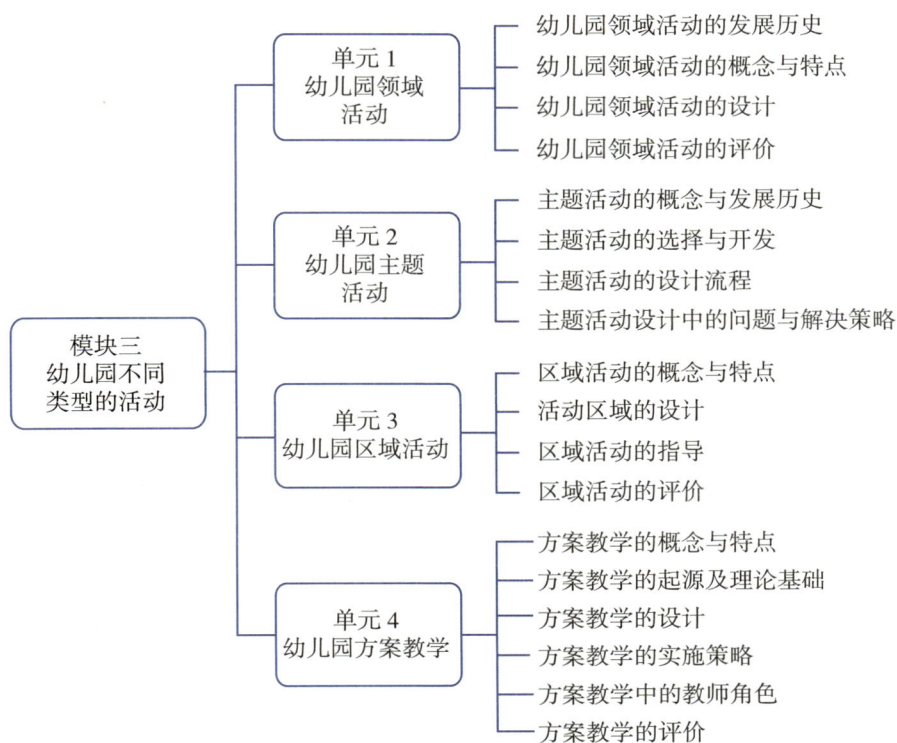

初学体验

　　我们在幼儿园中可以看到有的幼儿在攀爬，有的幼儿在滑滑梯，有的幼儿在操场上跑跑跳跳。当你走进教学楼的时候，你会看见有的幼儿在一个角落搭积木，或者在看书。当然，也有幼儿在听课，教师正在给他们上课。如果由你来设计一项幼儿园活动，你会怎么做？

互动交流

_____

_____

_____

　　幼儿园教育活动不只有我们口头上说的"上课"这种形式。如果我们走进幼儿园，我们就会发现幼儿园的活动有多种类型，如领域活动、主题活动、区域活动等。

单元1　幼儿园领域活动

学习笔记

学习任务单

姓名		班级		学习时间			
序号	任务描述		学习建议		完成效果		
					自评	同伴评	教师评
1	了解幼儿园领域活动的发展历史		阅读相关的指导性文件				
2	理解并掌握幼儿园领域活动的概念与特点		收集幼儿园领域活动的方案，并进行特点分析				
3	深入了解幼儿园领域活动		结合《幼儿园教育活动设计与指导》，进一步阅读《幼儿园教育指导纲要（试行）》				
4	掌握幼儿园领域活动的设计		分析幼儿园某个领域的一个学习活动的计划，归纳计划涉及的要素，并形成设计流程				

续表

学习反思	

学习情境 ▶▶▶▶▶

根据《幼儿园教育指导纲要（试行）》，幼儿园也有类似小学的语文、数学课程，但是幼儿园把这些课程统称活动，涉及健康、语言、社会、科学和艺术五大领域。这五大领域活动与中小学课程相比有着自己的特点。

互动交流：

你认为五大领域活动与中小学的学科课程之间有什么不同？

_____

_____

_____

模块三 单元1
互动交流提示

从 20 世纪 50 年代开始，我国从苏联引进幼儿园课程——注重分科教育。分科教育在一段时间内是我国幼儿园主要的教育方式，也是我们所熟悉的"上课"。

▶▶ 一、幼儿园领域活动的发展历史 >>>>>>>>

领域活动是以科学知识为中心组织起来的活动。它的特点是根据国家规定的培养目标，通过传授较全面系统的知识技能促进幼儿德智体美劳的全面发展。我国于 1952 年颁布了《幼儿园暂行规程》，初步确定了分科教育的地位。该规程暂定幼儿园的教育活动有以下方面。

① 体育：日常生活、卫生习惯、体操、游戏、舞蹈和律动等。

② 语言：谈话、讲述故事、歌谣、谜语等。

③ 认识环境：日常生活环境、社会环境、自然环境等。

④ 图画手工：图画、纸工、泥工、其他材料作业等。

⑤ 音乐：唱歌、听音乐、乐器表演等。

⑥ 计算：认识数目、心算、度量等。

20世纪50年代中期，教育部委托北京师范大学学前教育教研室等编写了《幼儿园教育工作指南》，按分科教育的模式，把教育内容重新分为五科：计算、音乐、美术、体育、认识环境和发展语言。

1981年，教育部颁布了《幼儿园教育纲要 (试行草案)》，把幼儿园教育内容分为语言、计算、常识、音乐、体育、美术六科。

2001年，教育部颁布《幼儿园教育指导纲要 (试行)》，从健康、语言、社会、科学、艺术五大领域，提出了幼儿园的教育内容及指导要点。领域活动是幼儿园保教活动的重要组成部分，能促进幼儿情感、态度、能力、知识、技能等方面的发展。

▶▶ 二、幼儿园领域活动的概念与特点 >>>>>>>>

学科活动是指将某一领域的知识按照一定逻辑体系组织起来的活动。对于幼儿园课程来说，学科活动虽然有一定的逻辑体系，但这种体系并不是那么严密。因此，与中小学课程相比，幼儿园领域活动有着自己的特点。

（一）幼儿园领域活动基本是前学科课程

所谓前学科课程主要是指幼儿园按照一定的学科逻辑体系建构的课程。但是，这种逻辑非常松散，内容也非常简单。因此，幼儿园领域活动的前学科性质表现在以下两个方面。一是幼儿园领域活动内容符合幼儿的发展水平，不是以科学概念为核心而组织起来的理论层次的学科体系，而是以初级概念为核心组织起来的经验层次的前学科体系。二是幼儿园领域活动虽然也是以学科为中心来组织，但学科知识的分类并不精细、严密，而是把与该学科相关的知识囊括进一个相对较大的领域。比如，幼儿园艺术领域包括音乐、美术等学科内容；科学领域包括生物学、物理、化学等学科内容。幼儿园领域活动内容的逻辑体系较松散，除了学科知识的系统性，只简要地提供了与幼儿生活密切相关并符合幼儿认知规律的"有用"知识。

（二）幼儿园领域活动是与生活相联系的

幼儿园领域活动内容不是学科理论知识，不是按照学科知识逻辑体系组织的，而是来自幼儿的生活。幼儿是从自己周边开始认识世界的。因此，幼儿园领域活动内容重视与生活相联系，与实际相联系，又高于幼儿的生活经验水平。

（三）幼儿园领域活动强调幼儿直接经验的获得

领域活动是围绕着幼儿的兴趣和需要，以活动为组织方式，根据心理逻辑而编排的，即以幼儿主体性活动的经验为中心组织的。领域活动重视与生活的联系。从学习的方法来看，幼儿通过与身边环境的互动，直接获得和理解相应的概念。比如，在活动中，幼儿通过对玩具的操作获得知识和能力。

（四）幼儿园领域活动为幼儿终身发展奠定基础

幼儿园领域活动依托幼儿的自身经验展开。虽然幼儿接触的领域范围小，但是幼儿所接触的事物对其发展具有启蒙性质。中小学的学科内容广泛，包含语文、数学、英语、音乐、美术等科目，基本以学科为中心来组织。幼儿园领域活动仍服务于幼儿的一般性发展，即幼儿基本素质的提高。幼儿园领域活动按照知识之间的内在逻辑联系进行组织，构成了幼儿学习的内容。

▶▶ 三、幼儿园领域活动的设计 >>>>>>>>

（一）确定班级领域活动目标

班级领域活动目标的确定受多种因素的影响。教师可以根据《幼儿园教育指导纲要（试行）》和《3—6岁儿童学习与发展指南》，结合本班幼儿的年龄特征和实际经验设计领域活动目标。以下为具体领域活动目标示例。

1. 健康

①身体健康，在集体生活中情绪安定、愉快。

②生活、卫生习惯良好，有基本的生活自理能力。

③知道必要的安全保健常识，学习保护自己。

④喜欢参加体育活动，动作协调、灵活。

2. 语言

①乐意与人交谈、讲话礼貌。

②注意倾听对方讲话，能理解日常用语。

③能清楚地说出自己想说的事。

④喜欢听故事、看图书。

⑤能听懂和会说普通话。

3. 社会

①能主动地参与各项活动，有自信心。

②乐意与人交往，学习互助、合作和分享，有同情心。

③理解并遵守日常生活中基本的社会行为规则。

④能努力做好力所能及的事，不怕困难，有初步的责任感。

⑤爱父母长辈、老师和同伴，爱集体、爱家乡、爱祖国。

4. 科学

①对周围的事物、现象感兴趣，有好奇心和求知欲。

②能运用各种感官、动手动脑，探究问题。

③能用适当的方式表达、交流探索的过程和结果。

④能从生活和游戏中感受事物的数量关系并体验到数学的重要和有趣。

⑤爱护动植物、关心周围环境、亲近大自然、珍惜自然资源，有初步的环保意识。

5. 艺术

①能初步感受并喜爱环境、生活和艺术中的美。

②喜欢参加艺术活动，并能大胆地表现自己的情感和体验。

③能用自己喜欢的方式进行艺术表现活动。

《3—6岁儿童学习与发展指南》和《幼儿园教育指导纲要（试行）》所提供的教育目标是一般性和普遍性的目标。尤其是《幼儿园教育指导纲要（试行）》中的目标是幼儿园教育阶段结束后幼儿所要达成的目标。因此，在设计各领域教育目标时，教师不能照搬照抄上述一般性和普遍性的目标。教师要做到以下几个方面。第一，要根据班级的实际情况制定本学期或学年的目标。在具体领域目标制定过程中，要结合班级幼儿的年龄特征和已有水平或经验，制定科学的领域目标。第二，要注意各时间段和年龄阶段目标的衔接性。领域活动是按照学期或学年开展的，具有很强的连续性。因此，领域活动目标的设计要注意前后的连贯，应该呈现螺旋上升的趋势。

（二）确定学期或学年计划

教师要根据班级各领域活动目标，确定学期或学年计划，就是要安排一学期或一学年班级要开展的具体活动。表3-1展现了某幼儿园大班社会领域活动的安排示例。

表 3-1　某幼儿园大班社会领域活动的安排示例

周数	教育活动名称		教育活动类型	
	活动一	活动二	活动一	活动二
1	我是爸妈的小帮手	我是幼儿园的小主人	人际关系	人际关系
2	家乡的变化	我喜欢……	社会环境	人际关系
3	我有一个幸福的家	梨子小提琴	社会环境	社会文化
4	我是小记者	参观银行	人际关系	社会环境
5	纸工艺品	我们班级荣誉多	社会文化	人际关系
6	美丽的祖国	宝岛台湾	社会环境	社会环境
7	祖国各地	家乡的未来	社会环境	社会环境
8	十二生肖	他为什么哭	社会文化	人际关系
9	参观轮船码头	农民真辛苦	社会环境	社会规范
10	热闹的马路	向谁学习	社会规范	社会规范
11	中秋家家乐	五彩刺绣	社会文化	社会文化
12	我们都很关心她	做个诚实的孩子	人际关系	社会规范
13	温暖的大家庭	夸夸我的好朋友	人际关系	人际关系
14	今天我是值日生	快乐的休息日	社会规范	人际关系
15	一个小宝两个样	做个勇敢的人	社会规范	人际关系
16	让我帮帮他	高兴的事大家听	人际关系	社会规范
17	某某的朋友真多	快乐的元旦	人际关系	社会文化
18	参观电信局	小公鸡历险记	社会环境	人际关系
附加活动	参观文化馆	参观农贸市场	社会环境	社会环境

（三）确定具体活动目标和内容

教师要根据设计的学期或学年计划，确定每一个活动的具体目标并选择相应的活动内容，即根据学期计划，初步规划每一个活动的目标和内容。此处我们以"家乡的变化"为例，初步制定活动目标。

①幼儿知道家乡有了许多新的变化。

②幼儿能够用"……原来是……现在是……"说家乡变化。

③幼儿愿意为家乡做力所能及的事情。

之后教师根据活动目标选择幼儿学习的内容。比如，教师选择带幼儿参观家乡的特定地点，并将该地点的现貌与其原来的照片做对比，让幼儿根据照片和参观的场景说一说"……原来是……现在是……"；或组织幼儿参加社区的活动。

（四）设计活动过程

教师要根据确定的活动目标和选择的活动内容，开展具体活动的设计，包括活动目标、活动准备、活动过程、活动延伸等内容。活动的设计要体现幼儿为主体的教学理念，尽量将教师讲的内容转化为幼儿做的内容。

（五）评价活动方案

活动设计完成之后，教师要对整个活动方案进行评价。教师要根据评价标准，对班级领域活动目标、学期或学年计划、具体活动目标和内容以及活动过程进行评估，确定其能否实现目标、是否有可操作性、能否体现幼儿的主体性，以便能够在实践中开展活动。

▶▶ **四、幼儿园领域活动的评价** >>>>>>>>

幼儿园领域活动有着自己的优势，也存在明显的不足。幼儿园领域活动具有以下优点。

第一，幼儿园领域活动内容的设计具有一定的逻辑性。对于幼儿而言，具有逻辑性的学习内容能够使他们循序渐进地学习。这样他们的学习效率就会有所提高，他们也就有可能在较短的时间内较为系统地获得人类多年积累的知识和经验。幼儿园领域活动一般是有内在逻辑结构的活动，每一领域活动都自成体系。这种主要依据领域内在的结构而展开的活动，能使幼儿按学科逻辑系统地掌握知识和技能。

第二，幼儿园领域活动能为幼儿提供各领域中的相关概念。每个领域都有不同于其他领域的特殊性。每个领域都有其特定的相关概念。对这些关键概念的把握，有益于幼儿对整个世界的认识。领域活动将本领域的关键概念作为核心，能让幼儿把握人类文化和知识的精华，获得与此领域有关的特殊能力。

第三，幼儿园领域活动与综合性课程等其他课程相比较，具有较强的可操作性。即使教师没有太多的教育教学经验，也可在教师参考用书和教材的指导下分门别类地实施教育教学，比较容易地把握教育教学的进程并对教育教学效果进行评价。

第四，幼儿园领域活动的经验丰富。幼儿园领域活动有着相当长的应用历史。人们在应用过程中积累了不少经验，创造了许多相关的材料和方法。这些都可供借鉴。

但是，幼儿园领域活动仍然存在一些缺点。

第一，幼儿园领域活动容易导致幼儿园的小学化倾向。幼儿园领域活动往往会借鉴中小学学科课程的经验，把幼儿园的上课作为唯一的教育活动，从而变成单纯的知识、技能教育，忽视非智力因素的培养，有小学化的倾向。

第二，幼儿园领域活动容易忽视幼儿在活动中的主体性。幼儿园领域活动有时会导致以教师为中心，只注重教师的"教"，忽视学生的"学"；活动过程往往以知识传授为主，忽视幼儿的动手操作及通过游戏和活动的学习。因此，幼儿园领域活动可能会导致幼儿长坐静听，导致教师不重视研究幼儿认识和学习的特点，不能很好地照顾到幼儿当时的兴趣和爱好，忽视幼儿学习的主体性。

第三，幼儿园领域活动容易忽视幼儿的个体差异。在幼儿园领域活动中，全体幼儿同时学习同一内容，有可能会忽视幼儿已有的水平和经验。众所周知，幼儿在发展上存在较大的个体差异。幼儿园领域活动有可能会忽视幼儿间的个体差异，不能因人施教，不能让幼儿在不同水平上获得发展。

第四，幼儿园领域活动容易造成知识经验的割裂。幼儿园领域活动如果过于强调活动的计划性和控制性，还容易造成幼儿获得的知识互不联系、相互割裂，使幼儿不易对知识实现融会贯通。

思考与练习

1. 从课程组织形式看，属于纵向组织形式的课程是（　　）。

A. 学科课程　　　　B. 单元主题活动　C. 项目活动　　　D. 方案教学活动

2. 幼儿园领域活动目标具有一般发展性，应服务于幼儿的一般发展，即注重（　　）。

A. 身体发展　　　　　　　　B. 基本素质的提高

C. 掌握学科知识　　　　　　D. 掌握专门的技能

3. 幼儿园领域活动的主要目的是（　　）。

A. 提高基本素质　　　　　　B. 掌握学科知识

C. 训练基本技能　　　　　　D. 发展智力

4. 关于领域活动说法正确的是（　　）。

A. 知识不系统　　　　　　　B. 重视个别差异、因材施教

C. 有助于掌握较深的学科概念　D. 操作性强

5. 关于领域活动是前学科课程的理解错误的是（　　）。

A. 内容逻辑体系松散　　　　B. 内容简单

C. 依据学科体系组织　　　　D. 与幼儿生活经验相联系

模块三　单元1　云测试

单元 2　幼儿园主题活动

学习任务单

姓名		班级		学习时间			
序号	任务描述		学习建议	完成效果			
				自评	同伴评	教师评	
1	识记并理解主题活动的概念		收集幼儿园主题活动材料，并按照时间顺序进行整理				
2	了解主题活动的发展历史		查阅资料，了解主题活动的发展历史				
3	学会选择主题活动的主题		根据已有的幼儿园主题活动材料，进行主题特点的分析				
4	识记主题活动的设计流程，并学会设计主题活动		为幼儿园某个年龄段幼儿的某个时间段设计一个主题活动				
5	学会解决主题活动设计中常见的问题		总结主题活动中遇到的问题，并尝试解决				
学习反思							

✍ **学习情境** ▶▶▶▶▶

在幼儿园中，我们会看到"中秋节""国庆节""春节""元宵节""端午节"等主题活动。这些活动把幼儿园五大领域活动以主题的形式整合在了一起，使幼儿获得了更完整的经验。

互动交流：

你认为主题活动的鲜明特点是什么？

_____

_____

_____

模块三　单元2
互动交流提示

新中国成立以后，我国的教育深受苏联的影响，强调以学科课程为主，采用分科教学的方式。领域活动是幼儿园常见的教育活动。学科课程在一定意义上割裂了人的经验，脱离了生活，过于强调学科的逻辑性。近年来，综合课程发展推动了幼儿园课程的综合化改革，主题活动也应运而生。

▶▶ 一、主题活动的概念与发展历史 >>>>>>>>

（一）主题活动的概念

主题活动是指在一段时间内围绕一个主题，将健康、语言、社会、科学、艺术领域的教育内容有机地融合在一起组织的教学活动。从主题活动内容来看，其特点就是打破各学习领域之间的界限，将各学习内容围绕一个中心或主题有机地结合起来。主题活动就是根据主题的核心内容确定主题展开的基本线索，再顺着这些基本线索确定活动的具体内容，并创设相应的教育环境，组织开展一系列教育活动，让学习者通过对该主题的学习，获得与主题相关的较为完整的经验。

主题活动的概念及特点

与传统的领域活动或分科教学相比，主题活动不再仅仅表现出纵向系统性，还表现出横向联系性。主题活动的纵向系统性表现在各主题内部都有着一定联系，不是杂乱无章的，尤其是在各主题的目标设计、内容的难易程度上都会呈现从易到难、螺旋上升的趋势。从一定意义上讲，主题活动遵从学科活动或领域活动的学科逻辑，只不过这种逻辑比较松散。主题活动的横向联系性不仅表现为一种有机联系下的整合，而且具体到实施主题活动的时候往往是以一个领域活动内容为主，将其他领域活动内容有机渗透，而不是将一些学科内容机械地等分并组合。主题活动的横向联系性是科学发展的要求。许多重大的科学问题，尤其是当代人类面临的全球问题，都具有跨学科的关联性质，需要跨学科知识解决。主题活动的横向联系性还是幼儿生活对幼儿园教育提出的要求。幼儿所接触的社会不是用单一领域知识所能解释的，而是知识综合化的体现。主题活动就是要从幼儿实际的认知水平、经验和兴趣

思考：
主题活动和领域活动的区别。

出发，加强领域知识之间的横向联系。五个领域的结构如图 3-1 所示。

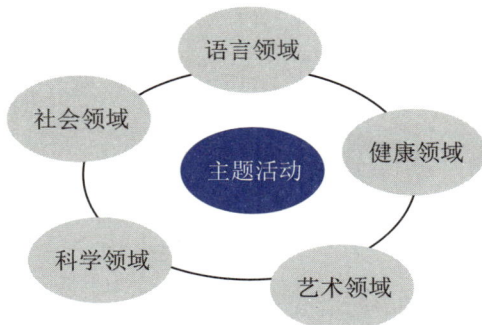

图 3-1　五大领域的结构

（二）我国主题活动的发展历史

1. 起步阶段（20 世纪 20 年代至 50 年代）

我国幼儿园主题活动发展借鉴了欧美国家的经验。幼儿园主题活动的相关研究始于 20 世纪初，与进步主义教育思潮有关。克伯屈提出的方案教学法，以及近年来备受关注的意大利瑞吉欧教育体系都可以说是幼儿园主题活动的有效探索。而在 20 世纪初，我国幼儿园课程只是一些蒙学，还有部分幼儿园是美国教会和日本人创办的。因此我国当时还没有真正的幼儿园课程。20 世纪 20 年代，陈鹤琴从美国哥伦比亚大学回国后，在南京创办了鼓楼幼稚园，开始研究幼儿园课程，并且创编了五指活动课程。这是国内较早的与幼儿园主题活动有关的研究。

2. 探索阶段（20 世纪 80 年代至 90 年代）

20 世纪 80 年代，随着我国改革开放的进行，幼儿教育改革也不断向前推进，西方先进的儿童心理及教育理论逐渐被引入我国，对我国原有的幼儿园课程理念产生了极大的冲击。幼儿教育领域在更新、评价、学习、探讨陈鹤琴与陶行知等人的教育思想的基础上，注重广泛吸收、借鉴国外先进的教育理念和经验，试图以建设适合我国文化和发展需要的幼儿园课程为宗旨，通过实践构建适合我国国情的幼儿园课程。当时比较成形的课程有"幼儿园综合教育课程""单元教育课程""幼儿园综合性主题教育课程"。时至今日，幼儿园主题活动在基础框架上高度体现了开放的特点，主题活动展开的形式也充分反映了其多样性。主题也成为了幼儿园单元活动的起点。在理论层面上，不同的学者对幼儿园主题活动进行了不同的界定和论述。在实践层面上，许多幼儿园受国外瑞吉欧教育、方案教学的影响，也相继尝试开展了各种类型的主题活动。

3. 发展阶段（21 世纪初至今）

进入 21 世纪以来，各地幼儿园对领域活动和主题活动有了更深层次的认识。尤其是在 2001 年《幼儿园教育指导纲要（试行）》颁布以后，科学教育理念得到了很大程度的普及。幼儿园主题活动处在一个新的发展阶段，呈现以下几个方面的特征：一是部分幼儿园结合新纲要开展了主题活动课程的探索建设。2003 年，吉林省开始研究幼儿园主题活动课程，并完成了吉林省幼儿园主题活动课程研究建设，开发了包括小班、中班、大班各年龄阶段的幼儿活动操作材料及教师参考用书。二是部分幼儿园结合传统节假日，组织开展幼儿园主题活动课程建设，开发了相应的主题活动课程。三是部分幼儿园吸收了瑞吉欧教育的主题网辅导教学的理念，将主题网引入主题活动。

主题活动的选择与开发

▶▶ 二、主题活动的选择与开发 >>>>>>>>

（一）选择主题的出发点

主题活动的主题一般来自幼儿的生活，可以有多个出发点，一般包括以下几个方面。

1. 从课程目标出发

课程目标是幼儿发展的方向，课程目标的实现需要有相应的活动来支持。可以说课程目标也是活动的"灯塔"，为活动的开展提供方向。因此，教师可以从课程目标出发来确定主题活动的主题。

2. 从幼儿的兴趣和需要出发

幼儿感兴趣的事物和需要是教育最好的契机和基础。如果幼儿的需要和兴趣包含丰富的教育价值，教师就可以将其选作主题活动的主题。这就要求教师在平时工作中细心观察幼儿的活动和行为，发现幼儿的真正兴趣和需要所在。

3. 从现有材料或内容出发

现有材料是主题活动可利用的最好资源。一般来说，主题活动有多种材料和内容可以利用。一是有些学习材料或学习内容会有规律地呈现，如季节和节日。按照这两条线索选择主题，发掘其中的教育价值，是主题活动设计经常采用的方法。二是利用当地资源。每个地方都有着各自的特色资源，可以是自然、人文景观以及特产等。每个幼儿园都有着丰富的资源，这些资源可以作为选择主题活动的主题的依据。

4. 从不期而至的事件出发

生活中有许多不期而至的事件，这些事件是主题活动难得的素材来源，如下大雪、地震、火灾等。

（二）选择主题的依据

一个好的主题有利于主题活动目标的实现和幼儿的发展。好的主题必须回答以下五个问题。

学习笔记

学习笔记

第一，主题能否得到幼儿的喜欢。幼儿的兴趣是主题活动开展的基础，兴趣在很大程度上决定了主题活动开展的深度和广度。因此，教师应该考虑到幼儿的经验、兴趣以及年龄特征，选择与幼儿兴趣相匹配的主题。

第二，主题蕴含着什么样的教育价值。在选定主题后，我们必须思考该主题有什么样的教育价值，能促进幼儿哪些方面的发展。比如，"春天"这一主题包含哪些知识点，同时能教给幼儿什么样的技能，以及培养幼儿什么样的情感。只有"春天"主题包含的价值被明确了，我们才能将其确定为主题。

第三，主题涵盖哪些教育内容。选定主题后，教师要思考主题可能引起幼儿哪些方面的学习，可以给幼儿提供什么样的学习经验。"春天"这一主题包含语言领域中的诗歌《春天来了》、艺术领域中的歌曲《春天在哪里》《美丽的春天》，以及其他领域的内容。这样就保证了主题能涵盖所需要的教育内容。

第四，主题是否可行。我们要考虑两个方面的因素。一是主题所需要的材料是否容易获得。比如，在"春天"主题活动中，是否给幼儿提供野外参观的条件。若这一主题活动在秋季学期开设，这就是不合适的。二是教育内容是否容易转化成让幼儿直接参与的具体活动。由于幼儿园课程是活动，我们不能以学科课程思维组织活动内容，而是要将传授的知识、技能和情感转化为活动，以活动为载体，使幼儿主动参与到活动中，在活动中得到发展。

第五，本主题与相邻主题是否连贯。有些主题之间是没有内在逻辑关系的，有的是以某些线索串联起来的，如节假日或其他形式。从幼儿发展的角度出发，幼儿的发展是连续的、有规律可循的。因此各主题的内容以及发展目标应该符合幼儿发展目标，是连续的、有逻辑可循的，并呈螺旋上升的趋势。

（三）常见主题的开发与选择

根据主题选择的原则，幼儿园常见的主题有以下几个方面。

第一，关于幼儿自身方面的主题。这一类主题涉及幼儿自身的发展，包括幼儿生理和心理方面的内容。可探讨的主题有"我从哪里来""我长大了""我不高兴了"等。

第二，关于社会环境方面的主题。这一类主题是与幼儿生活联系比较密切的社会环境，包括各种人际关系和社会环境等。可探讨的主题有"我的家""快乐的幼儿园""我的朋友""爸爸的工作""超级市场""警察叔叔辛苦了""家乡小游"等。

第三，关于自然环境方面的主题。这一类主题是幼儿能够感受到的、与幼儿生活紧密联系的自然环境。可以探讨的主题有"动植物""空气""水""沙子""石头""自然现象""季节变化""科学技术与人们的生活"等。

第四，关于节假日方面的主题。这一类主题是幼儿亲历的或幼儿需要知

想一想

在幼儿园里开展"我是小小一粒米"的主题活动可行吗？为什么？

道的，也是幼儿园常见的主题，包括传统节日和假日。可以探讨的主题有"春节""元宵节""端午节""'六一'儿童节""中秋节"等。

第五，关于其他方面的主题。在生活中，我们会遇到一些突如其来的事件，如地震、下雪等。这些都能够成为主题活动的主题。甚至幼儿经常讨论的问题以及疑惑经过转化都可以成为主题活动的主题。

▶▶ 三、主题活动的设计流程 >>>>>>>>

在选定主题后，我们就可以进行主题活动的设计。主题活动的设计有如下五大步骤。

（一）列出单元名称

在这一步骤中，教师需要列出单元名称，列出选择这一主题的理由，明确活动开展大体需要的时间以及活动开展的年龄阶段。以主题活动"我"为例，单元名称设定举例如表 3-2 所示。

表 3-2　单元名称设定举例

主题名称	我（大班 5 ～ 6 岁，大约 3 周）
设定理由	大班幼儿的自我意识已经开始在生活过程、人际交往中自发地形成；自我意识往往会自觉、不自觉地影响幼儿对人、对事的态度，影响他们的行为；引导幼儿全面地认识自己、以积极的态度对待自己、学习适当地控制和调节自己的行为，形成对人、对事、对己的正确态度是十分必要的

（二）确定主题活动总目标

由于主题的确定已经是多方面考虑的结果，教师已经相当了解该主题的教育价值，因此将这种教育价值转写成目标不应是一件困难的事。由于一个主题活动往往需要在较长的时间里开展，教师要特别注意主题活动目标的全面性。以主题活动"我"为例，主题活动总目标举例如表 3-3 所示。

表 3-3　主题活动总目标举例

主题名称	我（大班 5 ～ 6 岁，大约 3 周）
总目标	1. 知道自己的出生日期、相貌特征、兴趣爱好等 2. 了解自己随年龄而发生变化 3. 认识自己的能力，喜欢做自己能做的事 4. 知道引起情绪的原因，能用适当的方式表达情绪 5. 了解自己与他人的异同，接纳自己，尊重和欣赏他人 6. 知道自己需要他人的关爱和帮助，也知道应该关爱和帮助他人

（三）拟订主题活动纲要

主题活动是由具体的活动组成的。因此，在设计主题活动时，教师要考虑组成主题的系列活动具体有哪些，内容是什么，涉及哪些教育领域，每个

主题活动的设计流程

✎ 学习笔记

活动可能有助于达到哪些总目标，促进幼儿哪些方面的发展。主题活动具体设计举例如表3-4所示。

表3-4　主题活动具体设计举例

具体活动名称	领域	目标
我的出生日	社会、科学、艺术	1. 知道自己的生日 2. 知道自己是妈妈生的 3. 对妈妈怀有感激之情，并会表达 4. 会做简单的统计，感受数学的用途
我在不断长大	社会、语言、科学	1. 了解自己随年龄而发生的变化 2. 感受父母养育自己的辛苦 3. 领悟"以前"和"现在"两个词的含义 4. 按成长过程排序
我很能干	社会、科学、健康	1. 能说出自己会做的事 2. 知道哪些事自己可以学会，并愿意学 3. 主动做自己能做的事并努力做好 4. 会做简单的统计，感受数学的用途
我快乐，我不快乐	健康、社会	1. 知道人有不同的情绪 2. 了解情绪的产生是有原因的 3. 能够用适当的方式表达情绪
我们一样，我们不一样	科学、社会、语言	1. 能说出自己的相貌、喜好等方面的特点 2. 知道自己和他人有相似之处，也有不同之处 3. 喜欢自己的同时知道欣赏他人 4. 能用流畅的语言表达，并愿意听他人讲话 5. 能在教师的帮助下进行简单的调查和统计
我们需要相互帮助	语言、社会	1. 知道有困难时向他人求助 2. 知道在有能力时应该帮助他人 3. 理解相互帮助的道理 4. 能用清楚流畅的语言表达 5. 注意听他人讲话
我们需要相互关爱	语言、社会	1. 能体会他人对自己的关爱 2. 对关爱自己的人怀有感激之情 3. 能主动关心他人，并能用适当的行为表达 4. 理解大家既需要他人关爱，也应该关爱他人

（四）逐一设计每个活动

逐一设计每个活动是对每个具体活动的再展开。每个活动的设计框架仍然包括活动名称、活动目标、活动准备（包括材料和情境等方面的准备）、活动内容、活动方法和大概实施的步骤、注意事项等。没有特别需要注意的事项也可以不写。以主题活动"我"中的"我的出生日"为例，其主要内容和实施步骤具体如下。

①邀请怀孕的亲友到班上，由她向幼儿说出肚里怀有未出生的胎儿。

②利用胎儿在母体里的透视图，向幼儿讲解每个人都曾经留在妈妈肚子里，是妈妈生的孩子。

③请幼儿回家问妈妈是在哪年哪月哪日生下自己的，并记下自己的出生日期，回幼儿园向同伴报告。

④和幼儿共同制作生日月份统计表，统计每个月份生日的人数、班上最多人和班上最少人出生的月份，并安排同月出生的幼儿相互握手。

⑤安排幼儿制作爱心卡片送给妈妈，向妈妈表达谢意。

（五）主题活动方案预评估

主题活动设计好以后，教师可以进行主题活动方案预评估，并根据评估结果修订主题活动设计。主题活动方案预评估标准如表3-5所示。

表3-5　主题活动方案预评估标准

主题名称		班级	
项目	描述	是	否
主题的选择	1. 是否符合幼儿的兴趣和需要		
	2. 是否包含多方面教育内容，有助于达成多项教育目标		
	3. 是否涉及各个学习领域		
	4. 是否具有可行性		
目标	1. 目标是否符合幼儿教育的目的和课程总目标		
	2. 目标是否符合幼儿的发展水平		
	3. 目标是否包含认知、情感、动作技能三大教育目标		
	4. 具体目标是否能支撑总目标		
内容	1. 内容与目标之间是否对应		
	2. 内容的难度是否符合幼儿的发展程度		
	3. 内容是否符合幼儿的兴趣与需求		
	4. 内容是否包含幼儿园课程的五大领域		
	5. 内容是否顾及动静态的活动		
	6. 内容是否顾及地方性和季节性		
	7. 内容是否顾及文化传承及介绍		
	8. 内容是否含有歧视性倾向		

方法	1. 教学方法是否充分反映内容的特点		
	2. 教学方法是否符合幼儿的学习方式和年龄特征		
	3. 活动流程转换是否合适		
	4. 教具以及教学资源准备和运用是否恰当		
	5. 对活动过程中可能出现的问题是否准备充分		

根据主题活动方案预评估标准，教师对主题活动方案进行修改，直至主题活动方案更加科学和可行；并根据主题活动的实施步骤，设计出合理的主题活动方案。

▶▶ 四、主题活动设计中的问题与解决策略 >>>>>>>>

主题活动设计过程中主要存在以下两个问题。

第一，主题活动脱离幼儿的经验。实施主题活动的幼儿园都比较重视幼儿的经验，整个主题活动也都力图围绕幼儿的经验开展。可实际情况是，部分幼儿园对幼儿经验的重视往往停留在口头上。在主题活动开展中，主题一般都是由教师选择的。虽然教师会考虑到幼儿的经验，但是幼儿没有参与到主题选择的过程中。这样主题活动没有根据幼儿的经验来开展，一些幼儿园实际上还是采用传统的学科课程形式按部就班地开展活动。这导致整个活动的实施并不会根据幼儿经验的实际情况进行调整。

第二，主题活动内容整合形式化。目前部分幼儿园在主题之下关注到多领域教育内容，但还是缺乏对这些内容的整合，使主题活动仍然是在主题之下的分学科教学活动。部分教师尚未摆脱长久以来的思维定势，习惯于从教材、文本这类指向性强的内容中寻求思路，忽视对幼儿需求的询问。这就导致主题活动内容整合更多的是形式上的整合或者机械的整合，并没有试图从幼儿生活的视角去观察生活，然后在这一基础上选择合适的主题活动内容，形成主题活动方案。

要提升主题活动设计的质量，教师可以以如下三个方面为中心开展主题活动设计。

第一，以幼儿的发展为中心开展主题活动设计。它指的是以幼儿某一阶段的发展为中心整合各学习内容。"我上中班了"主题活动围绕幼儿发展的四个方面——身体与动作、社会性、认知、情感组织活动。每一个方面的发展都可以有几个次级主题，每一个次级主题都可以用于组织幼儿分小组从多方面开展活动。因不同阶段幼儿的发展特征不一样，这类主题活动在目标设置上也容易体现出层次性和渐进性。

第二，以幼儿的心理逻辑顺序为中心开展主题活动设计。它指的是从幼儿在日常生活中认识事物的心理出发，把与某事物相关的其他事物整合在一起。"街心花园"主题活动按照幼儿进入街心花园时的所见、所闻、所想来设计主题网络，使各项活动成为幼儿经验的连续体。

第三，以幼儿的生活为中心开展主题活动设计。陈鹤琴先生认为课程与教学最重要的是帮助儿童生活。课程整合的目的不是在形式上追求主题教学，而是使幼儿以自然的方式去发现生活中的事物间自然、真实的内在联系。据此，幼儿生活中的自然环境与社会环境可以成为幼儿园课程的主要内容。比如，动物、植物、风雨雷电、四季变化、节令、纪念日、家庭、店铺、公共机关、风俗、疾病、游戏等都可纳入主题活动内容的范围。"马踏湖的芦苇"主题活动结合端午节的日常生活习俗来开展，各个活动本身就是生活的一部分，因生活而自然整合了起来。

思考与练习

1. 单元活动设计的起点是（　　）。

A. 主题　　　　　　B. 幼儿　　　　　　C. 教材　　　　　　D. 活动

2. 单元活动的特点是（　　）。

A. 注重系统化的知识

B. 不预先设定每一活动的具体目标

C. 强调游戏与活动的教育价值

D. 打破各领域的界限，围绕一个中心组织学习内容

3. 一个较好的主题应有的特点是（　　）。

A. 涵盖较窄的课程领域　　　　　　B. 所需的活动材料容易获得

C. 蕴含单一的教育价值　　　　　　D. 内容整合形式化

4. 设计主题活动时应特别注意的问题是（　　）。

A. 主题活动的整体性、综合性应该是自然的、有机的

B. 主题活动应向儿童传授系统知识

C. 主题活动应注意教育要走在儿童发展的前面

D. 主题活动应将游戏作为主要的教学形式

5. 选择主题的出发点不包括（　　）。

A. 从课程目标出发　　　　　　B. 从现有材料或内容出发

C. 从社会要求出发　　　　　　D. 从幼儿的兴趣和需要出发

模块三　单元2
云测试

学习笔记

📝 学习笔记

单元 3 幼儿园区域活动

学习任务单

姓名		班级		学习时间			
序号	任务描述		学习建议		完成效果		
					自评	同伴评	教师评
1	识记并理解区域活动的概念与特点		利用典型案例分析区域活动的特点				
2	掌握活动区域设计的要点，并学会为幼儿园设计活动区域		通过学习活动区域设计知识，为某个班级设计活动区域				
3	掌握区域活动的指导策略，并学会指导区域活动的开展		在幼儿园实训中尝试进行指导				
4	掌握对区域活动的评价		通过观察了解教师和幼儿在活动中的发展				
学习反思							

✍ **学习情境** ▶▶▶▶▶

　　在幼儿园，我们经常会看到有的幼儿在教室的角落里看书，有的幼儿在画画，有的幼儿在开"超市"；也会看到有的幼儿到"银行"取钱。幼儿从这些活动中习得了相应知识和技能。

互动交流：

区域活动有什么样的特点？

_____

_____

_____

模块三　单元 3
互动交流提示

近年来，随着幼儿教育改革的不断深入，幼儿是教育的主体这一认识越来越成为人们的共识，集体教学活动已不再是幼儿园教育活动的唯一形式。区域活动作为幼儿园实施个别化教育的重要组织形式正越来越受到关注。区域活动也叫活动区活动，于 20 世纪 70 年代被引入我国。在我国，该概念更多地被称为区角活动。这一活动组织形式的出现对集体教学活动是有益的补充，成为幼儿园教育活动的重要组成部分。

▶▶ 一、区域活动的概念与特点 >>>>>>>>

（一）区域活动的概念

区域活动指教育者以幼儿感兴趣的活动材料和活动类型为依据，将活动室的空间划分为不同活动区域，让幼儿自主选择活动区域，在其中通过与材料、环境、同伴的充分互动而获得学习与发展的活动。在幼儿园中，我们经常能看到有阅读区、建构区、美工区等不同的活动区域。在这些区域中开展的活动就被称为区域活动。

区域活动的教育价值主要附着在区域内的操作材料、情境及相应的活动上。区域活动要求教师通过材料的投放创设活动环境。实际上，在材料的投放过程中，教师有意识地将关键经验物化为互动材料和活动情境。幼儿在区域活动中与环境互动，既是在游戏，又是在学习。但此时的"学习"不是传统意义上的"教学中的学习"，没有"教师讲、幼儿听"的概念，而是幼儿在区域活动中通过充分地与材料、环境、他人互动获得的发展。

（二）区域活动的特点

我们根据下列案例分析区域活动的特点。

✐ 案例 ▶▶▶▶▶▶

今天涵涵来到娃娃家。她来到卧室里选择了一个娃娃，然后来到厨房里拿了一个盆，在水龙头下放点水，拿条小毛巾返回卧室。她把盆放在地上，抱起娃娃，脱下娃娃身上的衣服，把娃娃放在盆子里，用毛巾帮娃娃洗澡。洗了一会儿，她给娃娃擦干、穿衣服。她拿起一条短裙从娃娃的脚上想套上去，费了好大的劲终于穿上了；接着拿了一件套头衫开始穿衣服，可是由于娃娃的头大，衣服怎么也套不进。她没有耐心了，想放弃。

这时教师走到涵涵的身边，装着随便看看的样子，看到涵涵手中的娃娃没穿衣服，问道："涵涵，娃娃怎么没穿衣服啊？"她答道："我穿了，穿不上。"她把衣服拿给教师看。教师一看就知道衣服太小了，试着拿件大一点的衣服说："涵涵，试试这件衣服，这件好像更漂亮。"涵涵拿过衣服没两下就穿好了。

1. 自选性

活动区域一般是根据幼儿的发展目标和兴趣而设计的，多个活动区域的

区域活动的概念与特点

📖 学习笔记

存在为幼儿的自由选择提供了可能性。这就意味着幼儿可以根据自己的兴趣和需要来决定选择什么样的区域，开展什么样的活动。如果没有出现"偏区"和争抢入区的现象，教师一般都不会干涉幼儿的选择。

2. 自主性

在选择活动区域后，幼儿在活动区域中的活动都是自主的。幼儿自己主导自己的活动过程，在活动过程中自己决定用什么材料以及完成什么样的工作。比如，在建构区中，一个幼儿用积木做了一辆"小汽车"；而另一个幼儿利用积木做了一个"金箍棒"。两个幼儿各自利用材料做了自己想要的东西。当然这种自主行为并不是一开始就形成的，教师应有意识地引导和逐步培养幼儿的自主性。引导幼儿在区域活动中建立和执行规则是培养幼儿自主性的有效手段。这些规则包括"学会尊重他人""学会倾听""不干扰别人""做事有始有终"等。

3. 教师指导的间接性

集体教学活动主要是以教师讲授、幼儿静听为主的一种活动形式，教师处于主导地位。从理论上讲，幼儿是学习主体。但是实践中会出现幼儿处于被动地位的现象。而在区域活动中，教师对幼儿的指导不是直接指导，更不是传授，而是间接指导。在幼儿需要帮助或有某种教育契机的时候，教师才会以适当方式介入活动。

4. 多为小组活动

区域活动是幼儿的小组活动。在各种活动中，幼儿需要相互配合，以达到交往的目的。区域活动的主题一般都来自社会或者幼儿日常接触的事物。这些事情需要幼儿与他人配合完成。

▶▶ 二、活动区域的设计 >>>>>>>>

活动区域的设计是区域活动的基础。活动区域的设计要回答好四个问题。一是多少数量的活动区域才能满足需要；二是设计哪些类型的活动区域；三是各个活动区域的具体位置在哪里；四是不同活动区域投放哪些材料。

（一）活动区域的数量

影响活动区域数量的因素主要有两个。一个因素是教室空间的大小。一般来说，空间越大，可以设计的活动区域越多；空间越小，可以设计的活动区域就越少。另一个因素是幼儿人数。幼儿人数多，需要的活动区域比幼儿人数少的班级要多。但是，由于幼儿人数多，占用的教室空间多，可以设计的活动区域就少。因此，我们需要考虑好这一因素。究竟设计几个活动区域，要根据活动区域的特点来决定。比如，美工区可以容纳比较多的幼儿，这种类型的区域的数量可以相对少一些。当然，如果活动区域容纳人数少，其数量就需要相对多一些。

因此，对于很多幼儿园来说，拓展区域活动的空间是一件重要的事情。一般来说，活动区域可以安置在教室的各个角度或者就安置在教室里。但是由于班级空间不够，或者为了给幼儿提供更多的活动区域，有的幼儿园会把活动区域设计在走廊或者幼儿园中相对大的空间里；甚至有的幼儿园还会创设单独功能教室，如美工教室、科学发现室等。

（二）活动区域的类型

1. 活动区域类型的影响因素

第一是幼儿的年龄特征。幼儿园应以幼儿的活动为中心，根据不同年龄幼儿的需要设置不同类型的活动区域。比如，小班幼儿喜欢动手操作，爱模仿成人的生活劳动，而且注意力集中时间不长。因此活动区域的安排就偏重角色区和带有游戏性的生活技能练习区。中班幼儿的思维有所发展。幼儿园可以为幼儿创设学习操作区和社会模仿区，满足他们游戏与学习的需要。大班幼儿的思维发展迅速，知识面也拓宽了。活动区域的安排就偏向与教学活动相联系的区域，注重探究精神的培养。这使活动区域的目的性更强，也让幼儿在不同的活动中获得经验与体验。第二是幼儿的经验。随着主题活动的开展，根据主题内容设计的相应的活动区域成为主题活动的实施场所。主题活动与区域活动相结合是部分幼儿园正在尝试与研究的一个课题。两者的结合既能让区域活动为主题活动服务，激发幼儿的兴趣和求知欲，并生成新的学习内容；又能让区域活动成为主题活动的延伸，让幼儿在参与主题活动后，再通过区域活动中的实践操作，不断探索、发现并持续学习。例如，在某幼儿园的大班开展"树""叶子"的主题活动后，教师开发出"森林茶吧""摩登原始人"等活动区域。又如，该幼儿园大班的另一主题活动为"农民丰收了"。教师经过讨论又开发出"磨坊"活动区域，让幼儿在磨米、磨豆中了解常吃的点心的由来。

2. 活动区域的种类

幼儿园中较为常见的活动区域有阅读区、美工区、"娃娃家"、建构区、角色扮演区等。活动区域示例如图3-2所示。

图3-2 活动区域示例

（三）活动区域位置的设计

确定活动区域的类型之后，教师要将这些活动区域安置在教室的某个位置，便于幼儿开展活动，促进幼儿的发展。活动区域位置的确定要遵循以下几个原则。

第一，根据活动区域的需要确定空间位置。不同的活动区域有着不同的需求，这就要求教师在确定空间位置的时候照顾到这些区域的需求。比如，幼儿在开展美工活动的时候，尤其用颜料画画时就需要用水来调颜料。这就要求美工区离水源近一些。又如，植物角最好被安置在向阳的一面，并能方便地通往阳台、院子等地方。

第二，动静尽量分开，避免相互干扰。比如，阅读区和表演区要分开。这是因为阅读区需要安静，而表演区则显得热闹一点；两个区相邻，就会相互干扰。

第三，封闭性和开放性相结合。每个活动区域都有自己的特点。比如，阅读区比较安静。因此阅读区要适当封闭，可以将各种玩具柜、书架、地毯等现有设备作为与其他活动区域的分界线或屏障。建构区或美工区需要的空间比较大。这种类型的活动区域可以做成开放型的。不管是封闭还是开放的区域，都不能相互干扰。这就需要建立"交通路线"，规划好各活动区域幼儿的行进路线。

第四，相关活动区域相邻。不同区域的活动是不一样的，但是从社会分工角度出发，不同的活动又是相互联系的。相关活动区域相邻有助于幼儿拓展活动。比如，"巧手区"与"小卖部"相邻。这样"巧手区"的作品可以提供给"小卖部"，当然"小卖部"也可以向"巧手区"定制"产品"。

第五，避免死角。有些幼儿园将活动区域设置在楼梯拐角的小平台上，或者教师照看不到的地方。这些地方很容易出现安全问题。此外，将活动区域安排在教师照看不到的角落，也不利于教师对区域活动的观察和指导。

第六，各个门口最好不要设置活动区域。这主要考虑到如果活动区域被安排在教室门口，进进出出的人员比较多，在活动区域的幼儿可能会受到打扰。因此，我们不建议将活动区域设置在教室的门口。

（四）活动区域的材料投放

材料是区域活动的核心要素。幼儿是通过与材料以及与其他幼儿的互动获得发展的。

1. 材料投放存在的几个问题

第一，材料投放过乱。活动区域的材料应该是丰富多彩的。但是，有些教师为了丰富活动区域材料，倾其所能，尽其所有，投放的材料可谓五花八门、杂而无序。过多过杂的材料投放，尽管能吸引幼儿投入活动，但也易造

成幼儿玩得分心,一会儿关注一种材料,一会儿又关注另一种材料。显然这与我们投放材料的初衷是相反的。

第二,材料投放过于精致。精致的材料能吸引幼儿,激发幼儿参与活动的兴趣,这一点无可非议。然而,我们更应注意材料自身是否会有促进幼儿学习、探究的价值,绝不能仅看外表。如果材料只是外表精致,幼儿一开始觉得新鲜,把玩之后又迅速对其失去兴趣,那么再精致的玩具也不能促进幼儿的学习。事实上,一些其貌不扬的材料,如饼干盒,在幼儿的手中,可能会是用于制作"机器人"或"高楼大厦"的原材料。材料并非越精致越好。

第三,材料投放不注重层次性。不同年龄阶段的班级投放的材料应该有所区别。在一些幼儿园中,大、中、小班活动区域投放的材料是没有区别的。比如,建构区投放的都是积木或雪花片,连大小、硬度都一模一样;阅读区投放的绘本也是一样的。就是在同一年龄阶段,投放的材料也是没有层次性的。比如,建构区没有成品、半成品作品,只有一些低结构材料;而且材料都被混乱地投放在材料箱里,或放在架子上。这样不利于幼儿的发展。

2. 材料投放的原则

活动区域的材料投放要有利于幼儿的发展。教师给幼儿投放材料时要遵守如下一些原则。

第一,投放有安全性的材料。安全是材料投放的第一原则和基础。活动区域所投放的材料要符合国家相关安全卫生标准,没有安全隐患,不会影响到幼儿的发展。当然,教师在追求安全的同时也不能"因噎废食",也要从幼儿发展的角度投放材料。

第二,投放有操作性的材料。有操作性的材料为幼儿与材料深度互动提供了可能。比如,在"餐厅"中,教师不仅要投放餐盘、"鸡腿""蔬菜"等材料,还要更多地投放报纸、黏土等操作性材料,使幼儿通过对报纸、黏土的操作,促进自身动作的发展。同时,教师还应该投放一些辅助性的半成品材料,以给幼儿更大的创造空间。又如,在手工操作区,我们在有目的地投放创作材料的同时,还要投放较多的辅助材料,如蛋壳、瓜子壳、牙签、毛线、包装袋等,以满足幼儿的创造需要;在建筑区,除提供建筑用的积木外,教师还可以给幼儿提供鹅卵石、瓶盖和用纸做的小树、小花等,同样为幼儿的创造留出更大的空间。

第三,投放有体验性的材料。不管是学习区还是社会区,投放的材料都应是能与幼儿互动,能被幼儿接纳与喜欢的。比如,"农民丰收了"主题创设后,幼儿园开发出活动区域"磨房"。石磨总使幼儿兴致盎然,因为它能使幼儿产生通过自己的劳动"使物质变化"的成效感和对怎样引起物质变化的探究欲。另外在社会区，一般来说，社会交往是社会区的重要游戏内容。部分幼儿园在实践中发现，社会区不仅能发展幼儿的社会性，也能提升幼儿的其他学习能力，增强游戏性。又如，在"餐厅"，如果教师仅给幼儿提供一些成品材料，幼儿开展的一直是简单的语言活动，如"欢迎光临""请问要什么"等。游戏内容显得单一枯燥。有时没有"顾客"时，幼儿更无事可做。而幼儿园在社会区中将社会生活技能与社会交往技能整合起来，一是让幼儿有事可做，二是让他们有成功的体验，三是让他们经历劳动技能的训练，真是一举多得。于是在"餐厅"教师投放海绵纸，让幼儿自己做"薯条"；提供玉米芯和小棒，让幼儿自己做"玉米棒"。在"菜场"，教师提供用布做的"包子皮"和各种"馅"（各种豆等），让幼儿自己来做"包子"。在表演区，教师提供一些各种各色的纸和工具，让幼儿发挥想象力进行装扮。

第四，投放有层次性的材料。由于幼儿是有个体差异的，各年龄阶段幼儿又有各自的特点和实际水平，在同一种活动区域里，教师提供材料时千万不能"一刀切"，而应考虑到幼儿本身的能力不同，使材料体现出层次性，以满足不同幼儿的活动需要，使幼儿得到较好发展。比如，在锻炼手部小肌肉的"夹豆"游戏中，教师不仅可以给幼儿提供较大的花生、大豆，还可以提供较小的绿豆；在投放的容器的选择上，教师不仅可以投放口较大的容器，还可以投放口较小的容器供幼儿选择。另外，有层次性材料的选择与投放要参照幼儿的表现。当教师观察到幼儿能顺利操作现阶段所投放的材料时，我们就要考虑投放更深层次的材料。

第五，投放有参照性的材料。幼儿能认的字很少。为了能让幼儿玩得更好，教师可以提供图解材料，以便让幼儿在游戏遇到困难时有所参照。如美工区的折纸图示、小制作成品图、探索步骤图等，无不给幼儿的游戏提供经验，为幼儿的再创造提供条件。

3. 常见活动区域的材料投放

积木区：中大型号的积木。需要的话，还可以提供一些辅助性的材料，如易拉罐、各种小动物造型积木的搭建参考图等。

角色扮演区：各种可以根据需要而变化其用途的服装、道具、家具等。

科学区：放大镜、天平、尺子等工具和各种适合幼儿探索的材料。

操作区：桌面积木、塑料雪花片等各种拼插玩具，串珠和七巧板以及各种拼图等。

语言区：图书、录放机等。图书可以分为故事类、科普类等。如有可能，也可准备一些小木偶、小幻灯机，另设一个小剧场。

美工区：纸、笔、画架、橡皮泥、胶水、剪刀、空纸盒等。

（五）活动规则的制定

活动规则是活动区域设计中必不可少的要素。区域活动的自由是相对的，不能妨碍他人。活动规则保障了区域活动正常、顺利开展。活动规则的制定要遵守以下几个原则。

第一，保证活动正常开展的必要规则，由教师在活动前明确规定。由于幼儿年龄较小，出于对安全、秩序、卫生等方面的考虑，更出于对活动能正常开展的保证，教师在区域活动开展之前就要制定规则，以保证区域活动的正常开展。例如，在大班沙区，幼儿可进行沙画、筛沙、漏沙等活动。如果没有必要的规则来保证，就会出现这样的情景：沙子满地，幼儿的眼睛、鼻子、衣服里都是沙子，幼儿打沙仗等，使幼儿的安全受到威胁。这就要求教师在幼儿活动前提出明确要求：玩沙时必须蹲下来，不能扬沙子；掉到地上的沙子要及时清扫等。这样从大局上保证了区域活动的顺利开展。

第二，以解决区域活动中出现的问题为目的的规则，由师幼共同制定。幼儿园要打破过去单纯由教师制定活动规则的状况，倡导幼儿做自己的主人。如果幼儿在区域活动中面临问题，无法自行解决，教师需要及时组织幼儿讨论解决方案，制定新的规则，保证幼儿游戏的继续。例如，在益智区的棋类游戏中，幼儿对飞行棋、五子棋、斗兽棋等产生了浓厚的兴趣。可是好景不长，幼儿下棋丢骰子、损坏棋子，没几天几副棋就不能玩了。针对这一问题，教师召集幼儿看看损坏的棋子，让幼儿讨论怎样解决这一问题，引导幼儿萌发为下棋建立活动规则的愿望。在讨论中，教师抛出问题："为什么会出现这样的情况？怎样保证这些棋子不丢失、不损坏呢？"通过讨论，幼儿各抒己见，并达成一致意见，如进入益智区下棋要挂牌；每次只能允许下棋的幼儿和两名观棋者进入益智区；每次玩三局要轮换；最后下棋的幼儿要把棋子整理好送回原处等。幼儿相互监督，如果不遵守规则下次停止玩棋一次。幼儿经过教师引导而讨论制定、修改的规则，让幼儿感受到区域活动的顺利开展关系到他们每个人的切身利益。这会使幼儿主动寻求各方面利益的平衡，在这种平衡中满足自身活动的愿望。因此这种规则对幼儿而言不是约束，幼儿一般都能自觉遵守。

第三，出现争执时规则应该由幼儿自行商讨、修正。区域活动中幼儿之间常常会产生一些争执，或是出现告状的现象。当幼儿产生争执后，教师没有必要告诫幼儿或劝说幼儿彼此谦让合作。合理的争执过程实际上是幼儿观点的碰撞过程，也是幼儿在保持自我、展示自我的过程。正是双方的争执甚至是较量，才能使幼儿逐渐认识到他人的存在，感受到他人利益的存在。活动规则是从大家的利益出发而制定的，排除了个人的倾向。这样的规则可以

活动规则的制定

使幼儿学会从他人的角度来思考与解决问题。例如，中班语言区新投放了一台带麦克风的录音机，让幼儿可以跟着讲故事。可活动中出现了幼儿抢麦克风的现象，来告状的幼儿不少，争执很多："老师，二宝不让我听故事！""老师，他抢录音机！""老师该轮到我了，可是他不肯把麦克风还给我。"于是教师适时地把问题抛给幼儿。一开始争执的几个幼儿经过讨论后，一致同意每个幼儿只能讲或听一个故事（其他幼儿是观众）。可是这一规则一实行，问题又出现了——故事的长短不一，有的时间长，有的时间短，导致幼儿很难控制，不平衡又出现了。幼儿继续讨论，最后决定，参加语言区活动的幼儿要排队，排到前面的幼儿先参加活动；以五分钟为一个单位，轮流听说（教师监督），不管故事是否结束，时间一到就要传到下一个人；每次参加的幼儿限制在四人（给参加活动的幼儿发进区卡）。这样语言区在幼儿的商讨下形成新的规则，游戏恢复了相互礼让、相互监督的氛围。

区域活动中的教师角色

学习笔记

▶▶ 三、区域活动的指导 >>>>>>>>

（一）区域活动中的教师角色

与集体教学活动相比，区域活动中的教师角色有着明显不同。在区域活动开展前，教师是活动区域的设计者和创建者。在区域活动中，教师是区域活动的观察者、记录者、指导者和支持者。在区域活动结束后，教师是评价者。

在区域活动开始前，教师是区域环境的创设者，为幼儿创设适宜的活动区域并提供适合的活动材料，为区域活动的开展奠定基础。

在区域活动开展过程中，首先，教师是区域活动的观察者和记录者。教师在幼儿的活动之外或参与到活动中，以现实中的教师身份或其他角色身份观察幼儿的活动。观察是教师在区域活动中的重要工作，也是保教活动的基础工作。教师在区域活动中要观察以下四个方面的内容。

①幼儿的兴趣和行为表现。

②幼儿的学习特点和个性特征。

③幼儿的活动过程和操作纪录。

④活动区域人数及材料的适宜性。

教师通过对以上内容的观察并进行记录，根据记录分析幼儿通过区域活动是否得到发展，分析教育目标是否实现。

其次，教师是指导者。在观察的基础上，教师要适时地对幼儿进行指导。在不同的情境中，教师介入的时机和方式都是不同的，教师切勿盲目地进行指导。

最后，教师是支持者。教师作为一个支持者，应支持幼儿有创意的想法，鼓励幼儿为实现自己的想法收集材料，必要时也应该帮助幼儿共同准备。

在区域活动结束后，教师是评价者，要对活动全过程进行评价。教师要评价以下几个方面的内容。

①活动区域设置、内容、材料的合理性，包括活动区域的位置、活动区域的类型、活动区域的空间大小以及材料投放等方面。

②区域活动过程，包括区域活动中幼儿的矛盾冲突、幼儿操作的情况、幼儿表现的闪光点以及活动过程中出现的问题等。

③幼儿是否获得发展，包括预期的和非预期的发展。

④教师自身是否获得经验，包括教学经验、知识以及技能等方面的经验。

在区域活动评价过程中，教师不是评价的唯一主体，幼儿也是评价的主体。在区域活动结束后，教师更应该将评价的主动权交给幼儿。

区域活动中教师的
指导策略

（二）区域活动中教师的指导策略

在当前的区域活动中，教师的指导仍存在一些不良的现象。

1. 常见的无效指导

第一，高控制的指导。部分教师在幼儿区域活动中采用直接指导，常常主观判断幼儿的行为表现，缺少必要的观察和等待，对幼儿的信心不够，控制着幼儿的活动，造成幼儿依赖教师，独立性较差。这种现象主要出现在年龄小的幼儿身上和按照主题建设的区域活动中。

第二，放任自流的指导。部分教师把区域活动等同于自由活动，借此放松自己或打发时间，让幼儿随意玩。没有教师的参与、指导，区域活动完全成了一种无目的、无计划的活动。

第三，蜻蜓点水式的指导。教师在区域活动中没有对幼儿的活动进行观察，直接以指导者的身份介入游戏，并对活动进行指点。比如，在大班美工区活动中，教师没有经过观察，径直走向一个正在捏橡皮泥的男孩，问道："你做的是什么啊？"男孩："做大饼。"教师接着说："小班的弟弟妹妹都会做大饼，你还做大饼啊？"幼儿未给予理睬。教师也没多问，就走开了。这样的"指导"不仅不能起到指导的作用，还可能会打击幼儿的积极性。

2. 教师介入活动的情境

对区域活动的指导并不是时时刻刻都要进行的。当幼儿不需要指导的时候，教师只需要做好观察、记录。有的时候幼儿需要教师的指导，这时教师应当以适当的方式介入活动，具体见表3-6。

学习笔记

表3-6　教师介入活动的方式

情境	介入方式	教师行为
缺乏活动材料	及时介入	提供游戏材料
遇到困难	等待、观察	以教师、其他角色或旁观者身份介入
与同伴发生冲突	打架及时介入 一般冲突等待观察	以教师身份介入
出现教育契机	及时介入	以教师、其他角色或旁观者身份介入
不符合教育目标	等待、观察	以教师、其他角色或旁观者身份介入

3. 教师的指导策略

我们将教师的指导策略分成三种：平行式指导、交叉式指导和垂直式指导。

第一，平行式指导。教师在幼儿附近，和幼儿操作相同的活动材料，起暗示指导作用。比如，强强在手工区遇到了小麻烦，他不能很好地做"馄饨"（一种折纸作品）。由于强强生性好强，爱面子，若教师直接去教，会伤害他的自尊心。（因之前手工课教师已教过，且大部分幼儿已掌握。）于是教师坐到强强的旁边也做起"馄饨"，边做边自言自语："将这个角与这个边粘在一起，然后用力捏两下……"这种方法不仅让旁边的强强间接掌握了动作要领，也顾及了他的感受。

第二，交叉式指导。当幼儿有让教师参与活动的需要或教师认为有指导的必要时，教师以角色的身份参与幼儿的活动，通过师幼互动起到指导作用。比如，在"小卖部"的活动中，由于"小卖部"开张没多久，"顾客"很少，生意冷冷清清，两个"售货员"无事可做。教师发现问题后就走过去，以顾客的身份要求买件衣服。幼儿急忙说："我们不卖衣服，没有衣服可卖。"教师启发道："那你们可以去进货啊，去美工区联系，去定做衣服不就有了吗？"两名幼儿觉得可行，就到美工区。美工区的幼儿也很配合。不久美工区的幼儿做好了"衣服"，"小卖部"的"售货员"把它交到了教师手里。教师夸赞道："不错，衣服做得很合适，我很喜欢。"两个幼儿很开心，忙说："欢迎下次光临。"教师以角色身份介入游戏，推动了活动的进程。

第三，垂直式指导。当幼儿在活动中需要教师的直接指导或在活动中有违规、攻击性行为时，教师应直接对幼儿进行干预。比如，在"建筑工地"活动区域中，该区域规定6人参加。当教师说幼儿可以到各个活动区域游戏时，好多幼儿走向建筑区，出现了混乱现象。大家都不想退出，吵吵嚷嚷的声音惊动了教师。了解完情况后，教师说："你们告诉我，建筑区规定是几个人玩的？"幼儿说道："6个。"教师问道："那现在怎么办呢？"幼儿相互看看，都没有说话。看样子是没有人愿意退让。教师继续说："好，那你们集体讨论商量，到底该如何解决这个问题？"有幼儿喊道："投票解决，我们投票。"其他幼儿附和着。最后，幼儿决定自己进行投票。但无论幼儿怎样投票，教师始终未干涉，只是微笑着在一旁给予关注。（因为建筑区是在楼梯的一个拐角处，这里的争执并不干扰其他幼儿的活动。）最终，6个幼儿去建筑区玩，4个幼儿选择了其他游戏，剩下4个幼儿继续观望。教师开始安慰，后来这些幼儿也去了别处游戏。

因此，要提高区域活动的质量，必须进行有效的指导。有效的指导必须以观察为基础和前提，并且教师要以适当时机和合适身份介入活动。这是指导的关键。

▶▶ 四、区域活动的评价 >>>>>>>>

（一）拓展了课程的组织形式

多年来，幼儿园课程主要通过单一的集体教学组织形式来落实教育任务并实施教育活动。因而某些教师认为，集体教学活动是幼儿园课程的主要载体或唯一载体。仅用集体教学活动形式来实施课程并促进幼儿发展有着较大的局限性。区域活动是对原有课程组织形式的一种拓展，它能够为每个幼儿提供更个别化、更有针对性的教育方案。区域活动作为一种以幼儿个别化学习为主的活动形式，可以保证幼儿在得到教师提供的丰富材料和指导的前提下，能够真正地获得发展。

（二）发挥了幼儿的主体地位

区域活动是最大限度地促进儿童自主性和主动性发展的途径。在区域活动中，幼儿能根据自己的兴趣和能力进行自主活动，学习环境宽松、自由。在一个半封闭的活动区域中，幼儿可以自由地选择、摆弄、操作、探索，通过实践和积累构建自己的经验与感受。此外，区域活动还具有空间和时间上的特性，有助于促进幼儿的自主学习。在空间上，区域活动允许每个幼儿在一定的空间内自由走动、自主选择区域；在时间上，区域活动允许每个幼儿按照自己的学习速度开展活动，既可以一次操作若干种不同的学习材料和内容，也可以多次操作同样的学习材料和内容。这正是幼儿充分享受自主学习的重要体现。

（三）有助于教师的专业成长

由于区域活动是一种个别化或小组式的活动形式，因此在区域活动中教师所面对的是每一个幼儿。在区域活动过程中，教师可从幼儿的发展需要和利益出发，努力提升自己的教育行为和能力，从幼儿学习的教导者变为幼儿学习的引导者，充分发掘幼儿的学习潜能。区域活动为教师提供了一个在有限的时空环境和积极的师幼互动中通过积极反思促进自主思考并提升专业能力的途径。

但是，在实践中，区域活动仍然存在一些问题。比如，设计区域活动的时候，幼儿的参与比较少。这样的问题在一定程度上削弱了区域活动的价值。

模块三　单元3
云测试

思考与练习

1.关于区域活动的说法正确的是（　　）。

A.区域活动是幼儿的自主活动

B.区域活动大多是由教师选择的

C.区域活动多为幼儿单独活动

D.区域活动的教育价值主要体现在教师的指导上

2.区域活动的教育价值主要附着在（　　）上。

A.活动区域内的操作材料　　　　　　B.教师的指导

C.教师的讲解　　　　　　　　　　　D.活动区域内的特殊心理氛围

3.关于区域活动和集体教学活动的关系的说法正确的是（　　）。

A.区域活动是集体教学活动的延伸

B.区域活动是集体教学活动的铺垫

C.区域活动是集体教学活动的补充

D.两者是平等的

4.活动区域的材料投放的首要原则是（　　）。

A.丰富性　　　　　B.安全性　　　　C.探索性　　　　D.可操作性

5.活动区域的材料投放应该注意（　　）。

A.材料应高档、逼真化　　　　　　　B.材料应成品化

C.材料应成人化　　　　　　　　　　D.材料投放应从实际效果出发

学习笔记

单元4 幼儿园方案教学

学习任务单

姓名		班级		学习时间			
序号	任务描述		学习建议		完成效果		
					自评	同伴评	教师评
1	识记并理解方案教学的概念与特点		利用方案教学的案例，分析方案教学的特点				
2	了解方案教学的起源及理论基础		阅读方案教学的相关研究资料				
3	掌握方案教学的设计与实施		为幼儿园设计一个活动的方案				
4	了解方案教学的实施策略		利用方案教学的案例，分析方案教学实施的过程				
5	理解方案教学中的教师角色		利用方案教学的案例，分析方案教学中的教师角色				
6	了解方案教学的价值		对比主题活动，与同学讨论其优缺点				
学习反思							

✍ **学习情境** ▶▶▶▶▶

　　有一天，教师走进教室，看见幼儿在讨论周末下雪的事。有的幼儿说："我和爸爸堆了个雪人。"有的幼儿说："我和爸爸打雪仗了。"教师看到幼儿讨论得很热烈，于是带着幼儿到外面欣赏雪景，并让幼儿把看到的、听到的用自己的方式记录下来。在接下来的几周，教师和幼儿都围绕"下雪"开展活动。

幼儿园方案教学产生于 20 世纪初期的美国，是以美国学者杜威为代表发起的进步主义教育运动的一个重要组成部分。受到以杜威为代表进步主义教育思想的影响，克伯屈于 1918 年发表了《方案教学法》一文。他在文中提出并倡导推行这种教学法。后来方案教学又经过了欧美国家的推广运用和系统化发展，在 20 世纪 60 年代至 70 年代，英国许多幼儿园曾广泛运用方案教学。1989 年凯兹等人出版的《探索儿童心灵世界：方案教学》特别引起了学前教育工作者对方案教学的关注；之后在 1991 年评选的世界十佳学校中，以方案教学为特色的意大利瑞吉欧·艾米利亚市市立幼儿园成功入选。之后，方案教学越发受到人们的关注，现已成为世界上颇具代表性的幼儿园活动方式。

▶▶ 一、方案教学的概念与特点 >>>>>>>>

"方案"一词是美国哥伦比亚大学劳作科主任理查特提出来的。他主张劳作的训练应让学生按照自己的计划去进行，而不是照着教师的规定依样画葫芦。方案包括从头到尾整个活动的过程以及最后所形成的成品，即先有计划，次有设计，再有发展，最后才形成一个成品。成品完成后，方案也谓之完成。

方案教学是根据儿童的兴趣和发展需要设计主题，并组织儿童围绕主题独自或分组探索和研究的活动方式。[①] 方案教学对偶然性、不确定性、生成性的强调，在一定程度上增加了研究的难度。因此，方案教学的特点可以概括为以下几点。

（一）活动主题具有多样性

方案教学的主题内容主要来源于幼儿、教师和环境三个方面。幼儿对周围发生的事情充满了兴趣，他们喜欢探索生活中的事物，自主发起各种活动。教师选择的主题通常以幼儿的生活经验为基础，符合幼儿的身心发展规律。

方案教学的概念

① Katz，L.G. & Chard，S.C.，*Engaging Children's Minds: The Project Approach, 2nd ed.*，Stamford，C.T.，Ablex Publishing，1999，p.1.

幼儿的生活环境是主题的重要来源。来源于环境的主题既包括即时发生的趣事，也包括生活中常见的人文或科学现象。特别是与幼儿生活密切相关的节庆类主题、自然类主题和生活类主题是方案教学的重要主题。

主题来源的多样性使方案教学既可以保证其主题贴近生活、内涵丰富，又能够整合幼儿学习活动的多个领域。

（二）活动内容具有生成性

方案教学强调以幼儿的兴趣和需要为导向，注重由教师与幼儿共同发起深层次的探索活动。活动内容既包括教师预设的确定性的主题内容，也包括特定情境下师幼共同建构的不确定性的经验。不同的个体在不同的教育情境中必然会生成不同的经验。方案教学不是机械地执行静态的预设内容，而是在预设内容的基础上动态地调整计划，注重幼儿在方案教学过程中提出的问题，将幼儿的想法和问题巧妙地结合在预设内容中，生成新的教育情境，观照不同发展水平幼儿的发展。生成性将教师从对活动材料的依附中解放出来，也将幼儿从对教师的依附中解放出来，反映出师幼双方平等对话的关系，让教师和幼儿在互动中生成经验。[①]

生成并不排斥预设，生成与预设是相辅相成的。充分的预设为生成高质量的问题奠定基础；有效的生成有助于培养幼儿的学习能力和创造性，促进幼儿掌握预设内容。

（三）实施过程具有记录性

记录贯穿方案教学的整个实施过程。幼儿既是记录的客体，也是记录的主体。幼儿以照片、绘画、文字、录像等记录自身及同伴在方案教学中的疑问、发现与成果。教师也会从不同的视角记录幼儿的表现。记录包括逸事记录、观察记录、常规记录等。逸事记录体现了幼儿互动中有价值的事件或幼儿在发展节点的行为表现；观察记录再现了方案教学一步步深化推进的过程；常规记录是对每周、每月、每年方案教学的总结。

这三种记录各有侧重。以此为基础，一种特别的记录方式——方案教学叙事被开发出来。它以幼儿参与方案教学的过程为剧情，随着方案教学的推进，将每个阶段如实呈现出来，叙述幼儿自己的故事。方案教学叙事通常由教师和幼儿一起完成。当幼儿遗忘重要细节时，教师会与其一起看逸事记录、观察记录以及常规记录，唤起幼儿的记忆。因为方案教学叙事是以方案教学的开展为蓝本来编写的，所以幼儿希望故事有何种走向，就要如何规划并实

---

① 谢梦雪、陈时见：《幼儿园方案教学的基本特征与实施策略》，载《全球教育展望》，2018（4）。

学习笔记

施方案。因此方案教学叙事促进了幼儿的深度参与。

记录的意义不仅是评价，还是一种探索和研究。对于教师而言，记录为理论和实践之间搭建了一座桥梁。教师得以用研究的视角看待幼儿的日常生活，反思自己对于教学的理解，在实践中检验并修正教育理论。对于幼儿而言，记录使幼儿在方案教学每个阶段的学习可视化，使幼儿能够回顾不同阶段自己对于方案的理解，更新认识，从而更好地吸纳经验，为下一个方案教学的开展做准备。

（四）活动环境具有审美性

环境是方案教学必不可少的组成部分，环境的情况与幼儿的学习效果紧密相关。方案教学认为，环境能够与幼儿互动，促进幼儿的情感体验与认知发展，是幼儿的第三位老师。

首先，审美性体现在环境传递出的信息不仅让幼儿愿意亲近，而且能够让幼儿感受到自己是被尊重和支持的。在这样的环境氛围中，幼儿能够放松地融入，自由地进行各种探索。这就要求幼儿园建筑的颜色、选材、采光以及园内的区域规划都要考虑幼儿的生理与心理特点，并符合安全及学习要求。例如，教师在"娃娃家"有镜子的梳妆台上摆一盏暖色的灯，就可以透露出欢迎幼儿的信息；幼儿园用环形的连续空间取代传统的方方正正的活动室，就能观照不同幼儿的需要。环形的设计将活动空间连为一体，既有透明玻璃的封闭空间可供幼儿在其中不受打扰地独立创作，也有大片的公共空间可供幼儿奔跑、躲藏、触摸，还有适合幼儿身形尺寸的低矮狭小的趣味空间。

其次，审美性体现在各类资源的融入。环境如同媒介，将幼儿与自然、社会联结在一起。幼儿通过环境感知世界，通过环境提供的材料表达自己的体会和思想。比如，以植被代替围墙，可以使幼儿园与外界保持畅通的互动。幼儿园内部的互动格局也能促进幼儿的沟通协作。又如，建在幼儿园中心的活动广场，面向每一间教室。透明的玻璃墙连通室内外的活动空间，使不同年龄阶段的幼儿可以相互交流。[①]

最后，审美性体现在多种多样的装置和材料方面。装置将抽象的原理直观地展现出来。例如，教师可运用废旧光碟使白光折射出彩虹的七色，帮助幼儿深化认识。又如，不同尺寸、不同颜色、不同材质的纸张可以给幼儿不同的体验。幼儿可以自由地选择并组合纸张，实现二次创作。

具有审美性的活动环境不仅强调幼儿作为主动学习者的地位，尊重幼儿

---

① 谢梦雪、陈时见：《幼儿园方案教学的基本特征与实施策略》，载《全球教育展望》，2018（4）。

的自由与个体差异，而且支持幼儿进行有深度和广度的探索。教师为幼儿提供丰富的材料和工具，更能引导幼儿用感官探索世界，通过多元的表征方式呈现自己的理解。

▶▶ 二、方案教学的起源及理论基础 >>>>>>>>>

（一）发展起源

德国学者克诺尔就方案教学的起源及其发展进行了跨国比较与考证，并将方案教学在数个世纪以来的发展区分为五个阶段。

第一阶段：1590—1765 年，方案教学在欧洲建筑学校出现。

第二阶段：1766—1880 年，方案教学逐渐被视为一种正常的教学方法，并被移植到美国。

第三阶段：1881—1915 年，方案教学在手工训练及一般公立学校得到普遍应用。

第四阶段：1916—1965 年，方案教学获得新界定，且其内涵又从美国回传到欧洲。

第五阶段：1966 年至今，方案教学重新受到关注，并且得到了国际性的概念移植。

（二）理论基础

方案教学的整个实施过程是将杜威、克伯屈、皮亚杰、维果茨基等人的理论运用于教育实践的生动典型。皮亚杰的教育理论对方案教学的影响最大。皮亚杰认为知识既非来源于主体，也非来源于客体，而是来源于主客体的相互作用。主客体相互作用的过程就是活动的过程。方案教学提倡的互动是这一思想的直接体现。在方案教学中，儿童正是在与人、事交互作用的过程中产生认识上的不平衡，并产生进一步认识的动力而不断得到新的发展。

▶▶ 三、方案教学的设计 >>>>>>>>>

方案教学的开展具有很强的生成性，没有固定不变的模式。这就需要教师因地制宜，创造性地开展活动。这里我们为了分析方便，将方案教学粗略划分为三个阶段，即规划阶段、探索阶段和结束阶段。

（一）规划阶段

1. 选择主题

方案教学主题的产生十分灵活，来源不限，也没有固定的模式。主题可以是教师预先设定的或幼儿自发产生的，也可以是通过幼儿聊天或师幼交谈产生的，还可以是来自生活中的热点现象。

方案教学主题的选择应遵循以下几条原则。[①]

①贴近儿童的生活，并能被儿童用于日常生活中。

②能引起儿童的兴趣，并促使儿童运用已学技能。

③能为儿童未来的生活做准备。

④有益于幼儿园课程的平衡。

⑤能充分运用幼儿园和社区的资源。

🔗 **资料链接** ▶▶▶▶▶▶

主题的产生

一天下午吃加餐的时候，班上某个幼儿将他过生日时吃的蛋糕带来给大家分享。其他幼儿都非常兴奋。有的说自己吃过双层蛋糕，有的说自己吃过草莓蛋糕等。幼儿对蛋糕产生了浓厚的兴趣。许多幼儿还收集了超市广告纸中的蛋糕图片，并讨论附近的蛋糕商店，还会和同伴一起再现过生日的场景。于是该班的教师抓住幼儿的兴趣点，根据幼儿已有的经验和认识水平，编制了蛋糕主题网络图，开展了"蛋糕甜蜜蜜"方案教学。

2. 协商编制主题网络

主题网络是由许多与主题相关的下位概念或主题编织而成的。教师可以调动自身与主题相关的知识经验编制主题网络；也可以参考或直接使用他人编制的优秀主题网络；还可以通过师幼协商的方式编制主题网络。以"装饰房屋"的主题为例，其主体网络可做如下设定：在实施过程中，根据幼儿的兴趣和经验，教师可对预先设定的网络进行调整，即对某些分支予以扩展，让幼儿深入探讨和研究；而对某些分支则予以缩小，不加以扩展。例如，在实施"装饰房屋"这一方案教学时，如果幼儿对材料中的木头感兴趣，教师可将这一概念进行分化和扩展，探讨木头的来源、种类、加工和运输问题。另外，在编制主题网络时，教师可采用头脑风暴、拉近技术、特殊化等策略。[②]

①头脑风暴是一群人围绕一个主题通过联想和想象产生新观点的方法。这一方法在运用中要遵循自由畅谈、延迟评判、禁止批评、追求数量等原则。

②拉近技术（zooming in）是放大主题网络中的某一内容，如"小狗"主题网络中的"食物""外形"等，使其成为一个新的主题网络。

③特殊化是用来确定主体范围的一种技巧。例如，"小狗"—"动物"—"生物"。"小小一粒米"主题网络示例如图3-3所示。

学习笔记

---

① 朱家雄：《幼儿园课程》，265页，上海，华东师范大学出版社，2003。

② 王春燕：《幼儿园课程概论》第2版，181～182页，北京，高等教育出版社，2014。

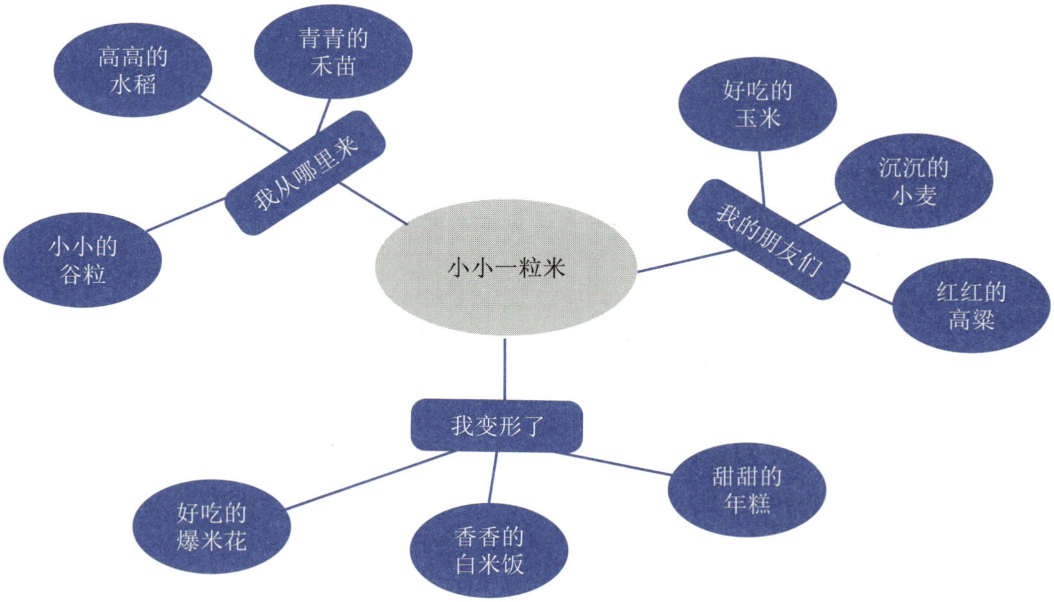

图 3-3　"小小一粒米"主题网络示例

（二）探索阶段

1. 表达与分享

通过表达与分享环节，幼儿陈述自己的相关经验与经历。这样可以使幼儿产生参与活动的兴趣，同时也帮助教师更加全面而具体地了解幼儿的现有经验，为探索活动的开展做好准备。

2. 确定空间并调查研究

教师以讨论的方式围绕核心问题寻找对应资源，提前考察参观地并与该地负责人协商安全保障、参观流程等。之后教师带领幼儿实地考察、访问专家、参加讲座学习等，通过开展多种类型的活动进行探究，保证和幼儿处于积极互动状态。凯兹等人按活动目的将方案教学分为三类：调查活动、建构活动、戏剧扮演活动。

（1）调查活动

调查活动的基本目的是让幼儿利用各种方法获得资料、形成概念。调查活动的策略主要包括行动式和接受式两种类型。行动式策略主要包括提问、假设、估算、实验、探究与实物操作；接受式策略主要包括观察、阅读、倾听、看图书、触摸实物等。

（2）建构活动

建构活动指幼儿利用木头、厚纸板、盒子、积木、棍棒等开展的木工绘画、素描、剪纸、粘贴和道具制作等活动。

（3）戏剧扮演活动

戏剧扮演活动指扮演和方案教学主题相关的角色的活动。对于幼儿而言，戏剧扮演主要是即兴的，可以边演出边修改剧本。经过戏剧扮演，幼儿可以将在方案教学中获得的新知识与旧经验融合起来。

🔗 **资料链接** ▶▶▶▶▶▶

探索阶段

第一步，团体讨论。

探讨主题：教师与幼儿一起讨论要学习的主题。（幼儿回忆自己曾经见过的蛋糕。）

分享经验：分享自己对蛋糕的了解情况，可以选择谈话、讨论、绘画等方式。

提出问题：教师与幼儿共同提出关于蛋糕的问题，教师将问题收集起来进行归纳选择。

家长工作：教师向家长宣传主题内容，让家长了解并积极参与。教师将收集的有关各类问题及所需帮助的资料汇总放到家园公用信箱，与家长一起确定解决方案。

第二步，实地考察与探究活动。

首先，教师带幼儿到附近蛋糕房去参观蛋糕制作所需要的工具、蛋糕制作的过程以及售卖情况等。

其次，教师和幼儿分别收集有关蛋糕的资料，家长可以帮助幼儿上网查阅或者浏览相关书籍。

再次，教师与幼儿观看相关录像，了解蛋糕的不同种类、不同做法。

最后，教师引导幼儿阅读与蛋糕相关的绘本，加强幼儿对蛋糕的兴趣。

第三步，发表。

首先，教师与幼儿准备太空泥、彩纸、剪刀、胶水、画纸、泡沫、画报等，开展美工、图书制作、环境建设活动。

其次，教师与幼儿开展表现、体验活动，如语言活动、音乐活动等。在语言活动中，幼儿在"蛋糕店"分别扮演不同角色，如店长、员工、顾客等。这可以让幼儿通过角色扮演积极主动地交流，学会用清楚连贯的话来表达。在音乐活动中，教师教幼儿唱与生日有关的歌曲，让幼儿感受与同伴相处的快乐以及集体的温暖。唱歌还可以锻炼幼儿的动感和乐感，让幼儿积极主动参加生日庆祝活动。

（三）结束阶段

在本阶段，教师可引导幼儿以举办作品展览等多种形式与他人分享成果。幼儿也需总结和反思自己在活动中学到的新办法、遇到的新困难以及克服困难的方法。教师除了引导幼儿反思，还需要进行自我反思。每个活动结束后，教师都要总结组织活动方面的经验并评价每个幼儿的成长情况。

🔗 **资料链接** ▶▶▶▶▶▶

结束阶段

第一步，展示活动。

首先，教师与幼儿一起制作请帖邀请家长来欣赏幼儿的作品，并将做好的蛋糕放到蛋糕房区域角展示，将制作好的蛋糕图画书放到图书角展示。

其次，教师让家长了解幼儿在蛋糕主题活动中学到的知识与技能。

最后，教师指导幼儿为家长演唱歌曲，如《妈妈给我一块蛋糕》《祝你生日快乐》等。

第二步，总结与反思。

▶▶ 四、方案教学的实施策略 >>>>>>>>

方案教学给幼儿教育带来了新的活力。幼儿园实施方案教学，就需要将方案教学的思想观念转化为行动。教师需要更新二元对立的教育观念：教师与幼儿之间应建立以工作为基础的"言之有物"的关系，幼儿之间需要以小组合作的形态开展活动。[①] 具体来说，方案教学的实施应采取如下几个策略。

（一）转变非此即彼的教育观念

实施方案教学，教师首先要转变非此即彼的教育观念。方案教学旨在有效协调幼儿自由与班级纪律的关系。幼儿拥有探究感兴趣的话题、展示作品的自由，同时必须遵守专心聆听、尊重其他成员的纪律。这对教师提出了较高的要求。教师只有在思想上理解和接受了方案教学的理念，才能在自身的专业水平上得到提升。

教师转变非此即彼的教育观念，一方面要尊重幼儿的学习规律，重视幼儿的生活经验，根据幼儿的兴趣和需要创设适宜的情境；另一方面要根据教育目的和规律进行科学的预设，让幼儿在方案教学中有效地学习。例如，在开展"风筝"为主题的方案教学时，有的幼儿因为急于获得成果而停止了现阶段的探索。有的幼儿兴趣浓厚，在风筝制作手艺人来为幼儿答疑解惑的互动中接连发问。在这种情况下，教师既要考虑部分幼儿迫切想获得成果的情绪，也要满足各个阶段不同幼儿追根问底的认知需要，适当调整计划，在每个阶段添加小制作的环节，让幼儿看到阶段性的成果，以保持对方案教学的兴趣。

教师转变非此即彼的教育观念，以有机融合的理念指导教学，观照幼儿不同层次的需要。这既能发展幼儿的社会性，也能发展幼儿的个性。

📝 学习笔记

---

① 谢梦雪、陈时见：《幼儿园方案教学的基本特征与实施策略》，载《全球教育展望》，2018（4）。

（二）统整基于主题的教育资源

实施方案教学需要多方力量的支持。我们只有将家长、社区与社会资源统整进幼儿教育系统，建立高效互动的团体，才能使幼儿教育超越狭义的教育，形成一个融洽稳固的体系。统整基于主题的教育资源，要求我们既尊重幼儿的兴趣和需要，也要发挥教师的组织、促进作用，同时将各种社会资源纳入幼儿教育系统。

（三）建立以工作为基础的师幼关系

方案教学倡导师幼关系以工作为基础。这种类型的师幼关系是言之有物的。这里的"物"就是具体的方案。

探索方案的过程于师幼双方是一段由未知趋向已知的旅程，教师更多的时候是一位帮助幼儿发现矛盾点、协助幼儿创造性解决问题的人。教师不再依靠身份的权威驱动幼儿行动，而是唤醒幼儿的潜在学习力，促使幼儿产生自发的学习探索力量。幼儿萌发的每一个想法都能得到教师的回应，幼儿的作品被仔细研读并成为方案教学开展的基础；教师也在这个过程中提升了专业能力。因此，教师和幼儿之间是双向互动的共赢关系。

（四）构筑小组合作学习的组织形态

方案教学注重改变师幼之间的单向联系，使小组合作学习常态化，从而调动幼儿巨大的潜力。方案教学既非教师中心主义，也非幼儿中心主义，而是以师幼之间的互动为圆心，以幼儿在方案教学过程中兴趣的延展为半径，与幼儿一起勾勒出方案的圆，形成纵横交错的多维交互合作形态。在此过程中，方案教学强调所有动态因素之间的互动合作，包括师幼之间、教师之间以及幼儿之间的互动合作。方案教学尤其重视增加幼儿之间的人际交往时间与频度，将幼儿活动从局限于师幼的双边互动中解放出来，复归幼儿本身，为幼儿创设"利人利己"的学习情境；既使同等发展水平的幼儿在互动中交流各自的理解、有效地推进方案，又使不同发展水平的幼儿在协商和摩擦中探索方案的节点，跨越最近发展区，从而螺旋式地达到共同进步的目的。

▶▶ 五、方案教学中的教师角色 >>>>>>>>

教师在方案教学的每一个阶段都扮演着不同的角色，包括倾听者、组织者、引导者、准备者、参与者、记录者、研究者等。

（一）倾听者

倾听在方案教学的每个阶段都十分重要，尤其在确定主题的时候。教师通过倾听幼儿间的谈话、幼儿与教师的谈话、幼儿与家长的谈话发现幼儿的兴趣。

（二）组织者

在主题网络的编制中，教师通过组织幼儿进行头脑风暴，协商与主题相关的问题、概念及各个问题的具体内容；在调查研究过程中，教师要联系地点，安排并组织幼儿到达指定地点着手调查；在活动结束后，教师还需要组织幼儿将作品进行展览并反思总结这次活动中自己的体悟。

（三）引导者

在探索前，教师引导幼儿回顾主题与主题网络，再次激发幼儿探索的兴趣。

（四）准备者

在主题确定前及主题确定后，教师都要做好相关主题网络所需的物质准备或精神准备。

（五）参与者、记录者

教师要参与到方案教学的所有活动中。在参与过程中，教师要观察并记录幼儿行为的变化，包括幼儿在活动中遇到的问题以及幼儿解决问题的方法。

（六）研究者

教师在活动结束后将幼儿的作品、参观照片、对幼儿的记录与有关幼儿收获的资料一起放入幼儿的档案袋，之后反思本次活动是否达到目标，总结对幼儿有益的关键经验，完善主题网络。最后教师把相关的材料整合起来进行研究，以促进幼儿身心更好地发展。

▶▶ **六、方案教学的评价** >>>>>>>>

幼儿教育是应该顺应幼儿的自然发展还是应该满足社会需要，这是一个两难问题。方案教学在一定程度上解决了这一问题。

方案教学强调以问题解决的逻辑为主线开展活动。问题解决具有很大的不确定性，可以有不同的角度和难易程度，是一个开放的"文本"。因此，幼儿在问题解决过程中，可以按照自己喜欢的学习方式、需要和发展水平等选择感兴趣的角度和适宜的难度，按照自己的速度进行探究。同时，问题解决又为幼儿和教师之间的相互作用提供了一个很好的平台。在相互"抛球"和"接球"的过程中，师幼双方均可以不断超越自我，并在此超越中获得精神的满足。

但是，方案教学具有很强的弹性和生成性，不拘泥于一定的操作模式，需要教师运用智慧把握教育过程，因地制宜，创造性地开展活动。这就对教师提出了更高的要求，也在一定程度上制约了方案教学在实践中的开展。[①]

---

① 王春燕：《幼儿园课程概论》第 2 版，183 ～ 184 页，北京，高等教育出版社，2014。

学习笔记

思考与练习

1. 在方案教学实际开展时，主题网络应该（　　）。

A. 由教师操纵　　　B. 由幼儿决定　　　C. 固定不变　　　D. 适时调整

2. （　　）强调课程的"动态设计""随机生成"。也就是说，课程方案或计划不完全是预先确定的，而是先有一个大概的框架，再根据客观实际与师幼的教学互动不断调整。

A. 项目活动　　　B. 单元主题活动　　C. 个别教学　　　D. 集体教学

3. 以下不属于方案教学要点的是（　　）。

A. 团体讨论　　　B. 实地考察　　　C. 讲解　　　D. 探究

4. 下列不属于主题网络的编制策略的是（　　）。

A. 命名　　　B. 头脑风暴　　　C. 拉近技术　　　D. 特殊化

5. 方案教学与单元主题活动的区别在于（　　）。

A. 方案教学强调儿童的兴趣和经验，单元主题活动忽视这些

B. 方案教学主张生活化，单元主题活动主张课程系统化

C. 方案教学的方案不是预先确定的，单元主题活动的方案是预先确定的

D. 方案教学以单方面的学习促进幼儿某方面的发展，单元主题活动以完整的学习促进完整的发展

实训与反思

实践训练：

训练一：设计某班级一个学期的单个领域的活动计划。

训练二：为幼儿园某个年龄阶段幼儿设计一个主题活动。

训练三：为某个班级设计活动区域。

训练四：根据给定方案教学的主题"小小一粒米"设计主题网络。

学习反思

学习笔记

模块四
中国经典课程方案

学习目标

1. 掌握五指活动课程方案的理论基础、基本理论及价值。
2. 掌握行为课程的发展历程、理论基础、基本理论及价值。
3. 掌握安吉游戏的发展历程、理念、基本理论及贡献。
4. 萌发对上述中国教育家、知名经典课程的崇敬之情。

学习导航

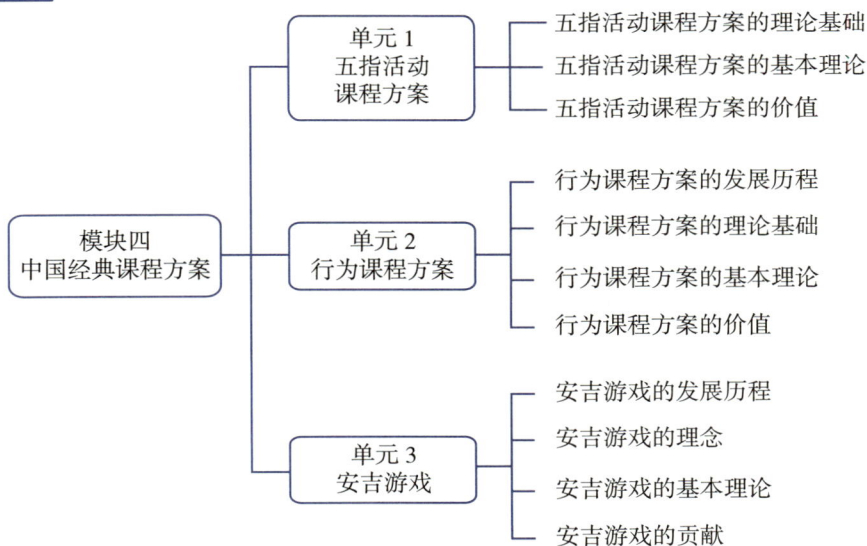

初学体验

以陈鹤琴为代表的中国幼教人，为幼儿教育事业付出了毕生精力，研制了五指活动课程。如今，安吉游戏也为广大幼教人所熟知，能让幼儿在游戏中得到发展。你知道我国本土的幼儿教育课程有哪些吗？

· 互动交流 ·

　　我国的幼儿教育课程并不只采用集体教学活动来实施。以陈鹤琴为代表的教育家研制的课程充分尊重幼儿的年龄特征，使幼儿通过动手操作、游戏等形式开展学习活动。下面将具体介绍我国本土的幼儿教育课程的具体内容。

单元1　五指活动课程方案

学习任务单

姓名		班级		学习时间			
序号	任务描述		学习建议		完成效果		
					自评	同伴评	教师评
1	理解五指活动课程方案的理论基础		观看由某电视台制作的陈鹤琴纪录片				
2	掌握五指活动课程方案的基本理论		学习陈鹤琴《开学了》的内容编排				
3	了解五指活动课程方案的价值		对比与五大领域活动在组织实施等方面的异同，对五指活动课程方案进行评价				
学习反思							

📝 学习情境　▶▶▶▶▶

有一天，章老师在给幼儿园教师开展培训。章老师讲道："我们现在使用的《幼儿园教育指导纲要（试行）》和《3—6岁儿童学习与发展指南》都隐含了五指活动的优点。换句话说，《幼儿园教育指导纲要（试行）》和《3—6岁儿童学习与发展指南》是五指活动精神的延续。大家想想，哪些内容是一脉相承的？"听课的幼儿园教师不知如何回答，茫然地看着章老师。

互动交流：

为什么说《幼儿园教育指导纲要（试行）》和《3—6岁儿童学习与发展指南》是五指活动精神的延续？

模块四　单元1
互动交流提示

20世纪初，在美国留学的陈鹤琴受到美国黑人教育家布克·华盛顿的影响，从美国回到中国，毅然投身到了中国的教育事业中来。当时，中国的幼儿园课程存在不统一问题：有教会幼稚园实施宗教课程，有蒙养园实施日式课程，也有少数幼稚园实施福禄培尔、蒙台梭利课程。陈鹤琴建立了南京市鼓楼幼儿园，并以幼儿园为基地编制了既适合中国国情又适合幼儿身心发展特点的课程。他提出了活教育理论，五指活动课程就是活教育理论的具体体现。

2014年，南京市鼓楼幼儿园教师集体撰写的课程成果《幼儿园单元课程的实践构建——陈鹤琴活教育思想的传承与发展》荣获国家级教学成果奖一等奖。这是在20世纪20年代五指活动课程的基础上，历经近百年的持续探索而荣获的最高荣誉，也是国家对幼儿园课程建设的高度肯定。在本单元中，我们来认真回顾一下陈鹤琴当年基于实践与理论而形成的五指活动课程。

▶▶ 一、五指活动课程方案的理论基础 >>>>>>>>

五指活动课程方案的
理论基础

（一）新的儿童观

陈鹤琴以自己的儿子为研究对象，采用观察和实验的方法，从其出生开始做了两年多的详细记录，从中得出结论。他发现幼儿并不是成人的缩影，而是有着自己独特的生理、心理特点的。他总结出幼儿心理的七个基本特点：好动、好模仿、易受暗示、好奇、好游戏、喜欢成功、喜欢合群。因此，幼儿期不仅作为成人之准备，而且应具有它本身的价值。成人应尊重幼儿的人

格，尊重幼儿期的价值。这些观点在当时来说无疑是幼儿教育的一大进步。

（二）活教育理论

针对旧教育理论脱离实际，学校脱离社会，教学脱离儿童实际的弊端，陈鹤琴提出活教育理论，并根据陶行知批判旧教育"教死书，死教书，教书死，读死书，死读书，读书死"的格言，从正面提出"教活书，活教书，教书活，读活书，活读书，读书活"的口号。活教育理论体系主要包括活教育的目的论、课程论、方法论三个部分。

1. 活教育的目的论

陈鹤琴说过，人与人之间必定相互发生关系；所以活教育要讲做人，应努力学习如何做人，如何求得社会的进步、人类的发展。[1] 继而，陈鹤琴指出："活教育"要讲的第一层次是做人。此处的"人"是指一般意义上的人，是最起码的。"活教育"要讲的第二层次是做中国人。他说，今天我们生活在中国，是一个中国人，做一个中国人与别的国家的人不同。"活教育"要讲的第三层次是做现代中国人。[2] 现代中国人必须具有五个条件：健全的身体、创造的能力、服务的精神、合作的态度、世界的眼光。

2. 活教育的课程论

活教育的课程是把大自然、大社会作为出发点，让儿童从中直接去学习。所谓"活教材"是指大自然、大社会这一直接的"书"。儿童与自然、社会直接接触，从亲身观察中获取直接的知识和经验。这样课程内容的选择要源于儿童真实的生活环境，并以大自然、大社会为中心。

因此，活教育的课程论有如下观点：活教育的课程应以大自然、大社会为主要的教材，以课本为参考资料；各科应混合或相互关联；活教育的课程不应受时间的限制，没有分节的时间表，时间为功课所支配；活教育的课程应内容丰富、生机勃勃；活教育的课程内容一定程度上由幼儿自己决定；活教育的课程内容是整个的且目标明确的；活教育的课程内容有意义且为儿童所了解。

3. 活教育的方法论

陈鹤琴说，活教育有一个基本原则，即做中教，做中学，做中求进步。活教育的教学不重视班级授课制，而重视室外活动；着重生活体验，以实物为研究对象；以书籍为辅佐和参考，注重儿童直接经验的获得，而非间接知识的传授。活教育把直接经验作为儿童进步的最大动力，把"做"作为教学基本的原则。因此，"做"是活教育方法的核心。活教育主张，凡是儿

---

[1] 陈鹤琴：《陈鹤琴全集》第五卷，62页，南京，江苏教育出版社，1991。
[2] 陈鹤琴：《陈鹤琴全集》第五卷，62页，南京，江苏教育出版社，1991。

童能够自己做的，就应该让他们自己去做。例如，儿童自己倒水喝。虽然
儿童有时候会将水洒在地上，但是既然能做，就让儿童自己做。

▶▶ 二、五指活动课程方案的基本理论 >>>>>>>>

五指活动课程方案是指课程由五个方面的内容组成，而这些内容又是以
一种整体的、相互贯通的方式组织起来的。就好像人的手，虽有五指之分，
但彼此联系，共存于一个手掌。

（一）课程目标

陈鹤琴认为，课程是为目的服务的；而确定目的前，首先要确立"儿童是
主体"的思想。教育者应先了解幼儿，才能明确应对他们的进步抱有何种程
度的期望。陈鹤琴以活教育的目的为基础，逐步建立起五指活动课程的目标
体系。他提出，五指活动课程目标在于发展幼儿的心智和身体。具体目标包
括以下四个方面。

第一，做人，即有合作的精神、同情心和服务的精神。

第二，身体，即有健康的体格、良好的卫生习惯和相当的运动技能。

第三，智力，即有研究的态度、充分的知识和表意的能力。

第四，情绪，即能欣赏自然美和艺术美，快乐，不惧怕。

（二）课程内容

陈鹤琴一贯倡导活教材的观点，要求幼儿园课程内容要与幼儿的实际生
活相结合，以五指活动来规定课程内容。五指活动课程内容主要包括以下五
个方面。

第一，健康活动，即饮食、睡眠、早操、游戏、户外活动、散步等。

第二，社会活动，即朝夕会、周会、纪念日、集会、每天的谈话、政治
常识等。

第三，科学活动，即栽培植物、饲养动物、研究自然、认识环境等。

第四，艺术活动，即音乐、图画、手工等。

第五，语言活动，即故事、儿歌、谜语、读法等。

陈鹤琴认为，虽然这五种活动是分离的，但它们就像人的五个手指一样
构成了具有整体功能的手掌，使幼儿园课程的全部内容都被包括其中。因为
儿童的生活是整个的，课程内容相互连接为整体。正如陈鹤琴所言，五指是
活的，可以伸缩，相互联系。课程是整个的、连贯的。依据儿童身心的发展，
五指活动在儿童生活中结成一个教育的网。这个教育的网有组织、有系统，
合理地编织在儿童的生活上。

怎么样选择课程内容？陈鹤琴提出了三条标准。

五指活动课程方案的
基本理论

第一，幼儿能够学的东西就有可能作为幼儿园的课程，但同时还应考虑幼儿学习的代价。如果幼儿现在的学习会妨碍今后的学习，就不要勉强幼儿现在学。

第二，凡教材必须以幼儿的经验为依据。

第三，凡能使幼儿适应社会的就可取为教材。

这三条标准不是截然分开的，而是互为一体的。

（三）课程组织与编制

1.课程组织

五指活动课程包含五个方面的内容，这五个方面是不可分割的。幼儿园课程要从大自然、大社会中选择幼儿感兴趣同时又适合其发展的人、事、物的相关内容作为中心，以单元主题的方式组织起来。各项活动都围绕单元主题开展，使健康、社会、科学、艺术、语言领域构成内在联系，成为一个整体。这时候大自然和大社会就如同人的手掌，将"五指"自然地连成一个整体。教育者从幼儿周围的自然环境与社会环境中选择幼儿感兴趣且又适合其学习的物和事作为主题，组织、融合幼儿的健康、社会、科学、艺术、语言活动，从而使这些活动成为一个相互联系的整体。这就是五指活动课程的"整个教学法"或"单元教学法"。

在课程组织中，陈鹤琴认为要注意如下问题。

①在本星期教师会议上，教师可以讨论下星期大约可以做些什么。

②教师把要做的活动拟订好以后，商议其内容以及这些内容大约分几个步骤可以做到。

③教师详细预备各活动应用的材料和可以参考的书，但不是替幼儿样样准备好。

④教师应寻找或布置一个适当的环境来引起这个设计。

⑤如果幼儿对某方面内容感兴趣，教师可以顺着幼儿的兴趣，开展各方面的活动，并使活动与各科相联系，但不强求课程组织内容合乎预定的设计。

⑥教师完全不限制幼儿的完成时间。幼儿能多做就多做；幼儿少做，教师就引起别的设计来。

⑦如幼儿不能坚持到做完，教师需考虑是什么缘故，能否补救。

⑧如幼儿临时产生特定兴趣，教师要尽力去指导，有时可以改变预定的设计，先就特定兴趣展开教学。

⑨幼儿希望尽快看到结果，所以教师应将各个设计分为许多小段落，以维持幼儿的兴趣。

⑩在同一设计单元，各方面的活动很多，幼儿愿意做任何一方面，教师应该让幼儿自由去做。不过教师应鼓励每个幼儿将各方面都做到。

⑪在同一设计单元，有活动需要几个人合作，有活动只需独自做。教师可以做所有幼儿的领袖，同时可以训练几个幼儿来做领袖，组织活动安排。

⑫每个设计单元的每个阶段或一方面的活动得到结果之后，教师应当对该阶段或活动有极短的、简单的批评与讨论。

2. 课程编制

1951 年，陈鹤琴发表了《幼稚园的课程》一文，提出了适合我国国情的课程编制的十大原则和三种课程编制方法。其课程编制的十大原则如下。

①课程的民族性。课程应是民族的，不是欧美的。

②课程的科学性。课程应是科学的，不是封建迷信的。

③课程的大众性。课程应是大众的，不是资产阶级的。

④课程的儿童性。课程应是儿童化的，不是成人化的。

⑤课程的连续发展性。课程是连续发展的，而不是孤立的。

⑥课程的现实性。课程应符合实际需要，而不能脱离现实。

⑦课程的适合性。课程应适合儿童身心发展，促进儿童健康。

⑧课程的教育性。课程应培养儿童的公德和团结、勇敢等优良品质。

⑨课程的陶冶性。课程应陶冶儿童的性情，培养儿童的情感。

⑩课程的言语性。课程应该培养儿童的说话技能，以表达自己的思想和情感。

关于如何将选择的内容编制成幼儿可以学习的课程，陈鹤琴先生提出了圆周法、直进法和混合法三种课程编制方法。

①圆周法：幼稚园每个年龄班预定的教育单元内容相同，研究的事物也相同，但所选教材的难度和分量应根据幼儿年龄的不同而有所变化，各班要求也要由浅入深。比如，研究轮船时，每个年龄阶段幼儿研究的主题和事物都是相同的，但每个年龄阶段幼儿所研究事物的难度和分量是不一样的。

②直进法：将幼儿生活中接触的事物，按照事物的性质和内容的深浅而分布在各个不同的年龄班中。比如，小班研究鸡鸭，中班研究牛羊，大班研究狮子、老虎。即每个年龄阶段幼儿研究的事物是不一样的，按照事物难度进行分布。

③混合法：在编制课程的时候，以上两种方法均采用，但课题和要求有相同或不同之处。混合法是编制课程时采用较多的一种方法。

学习笔记

（四）课程实施

在课程实施方面，陈鹤琴强调幼儿园要注意以下几个方面。

1. 采用游戏式的教学方法

游戏是幼儿生来就喜欢的，幼儿以游戏为生活。幼儿园应当采用游戏式的教学方法教导幼儿，以自动代替被动。幼儿园如果使幼儿在游戏中学、在活动中学，往往会收到事半功倍的效果。

2. 采用小团体式的教学方法

幼儿都是具有差异的不同个体，每个幼儿都是相对独立的，他们的智力发展水平不一、兴趣不同。因此幼儿园应采用小团体式教学，使处于不同发展水平的幼儿在相互作用中都获得长进。

3. 注重物质环境的创设和材料的提供

教师如果希望幼儿做某种活动，或希望幼儿理解某种观念，就需要布置环境、投放材料以激发幼儿学习。

4. 多提供户外教学的机会

户外活动不仅能够让幼儿接触到真实的环境，还有利于幼儿的身心发展。

5. 教师应该成为幼儿的朋友

教师应当成为幼儿的朋友，使幼儿不害怕教师，愿意接近教师。教师应当和幼儿同游同乐，在玩中教，在玩中学，在玩中求进步。

（五）教育评估

陈鹤琴认为，幼儿园应当有随时可以考查幼儿学习成绩的标准。幼儿园只有知道幼儿的学习状况，才可以实施相当的教育，扬长补短，使他们各自都能够得到适宜的教育。教育评估标准是实施优良教育的依据。

▶▶ 三、五指活动课程方案的价值 >>>>>>>>

陈鹤琴的五指活动课程方案有着重要的价值。第一，五指活动课程方案创立了从课程理论到课程目标、课程内容、课程实施等一系列的理论体系，并在实践的基础上提出了单元式整体教学方法等方法。这为建立我国本土化的学前教育课程体系奠定了良好的实践基础。第二，五指活动课程方案对我国学前教育理论与实践也产生了极其深远的影响，对我们当下的教育工作有划时代的指导意义。尤其是活教育思想的理论基础雄厚，又结合了我国国情，在理论中有突破，在实践中有发展，其创新价值是不可低估的。

五指活动课程方案也存在一定的局限性。第一，它主张对幼儿实施整个教学法，认为幼儿认识的世界是整体的，强调其分出的五个方面的课程内容是像五根手指一样相互联系、相互影响的，但不免给人造成一种错误的引导，即在确定教育内容时应将其分为各个不同的部分。第二，它虽然注重实践，

但是实践层面仍然比较注重教材。在理论层面，五指活动课程方案想要努力避免知识中心倾向，力求向幼儿靠拢；但在实践层面，它仍然比较重视教材，对幼儿的反应重视不够。

思考与练习

1.五指活动课程是由（　　）提出的。

　　A.陈鹤琴　　　　　　B.张雪门　　　　　C.陶行知　　　　　D.张宗麟

2.五指活动课程内容的语言方面在《幼儿园教育指导纲要（试行）》中对应的内容为（　　）。

　　A.语言　　　　　　　B.言语　　　　　　C.文化　　　　　　D.说话

3.下列不属于五指活动课程实施的是（　　）。

　　A.采用游戏式的教学方法

　　B.采用小团体式的教学方法

　　C.注重物质环境的创设和材料的提供

　　D.多提供室内教学的机会

4.五指活动课程组织方式是（　　）。

　　A.整个教学法　　　B.主题教学法　　　C.完整教学法　　　D.综合教学法

5.不属于五指活动课程编制方法的是（　　）。

　　A.圆周法　　　　　　B.直进法　　　　　C.混合法　　　　　D.直线法

模块四　单元1
云测试

学习笔记

单元 2　行为课程方案

学习任务单

姓名		班级		学习时间			
序号	任务描述		学习建议		完成效果		
					自评	同伴评	教师评
1	了解行为课程方案的发展历程		阅读相关文献，了解行为课程方案的来龙去脉				
2	了解行为课程方案的理论基础		阅读相关文献，厘清理论基础与行为课程方案之间的关系				
3	掌握行为课程方案的基本理论		学习经典案例，理解行为课程方案				
4	了解行为课程方案的价值		基于案例，讨论并思考行为课程方案的价值				
学习反思							

学习情境 ▶▶▶▶▶

　　张雪门是享有盛誉的行为主义课程首创者与践行者。他的学习、工作背景与境遇为建构具有现代中国意义的行为主义课程提供了基础。

互动交流：

简述张雪门先生思想发展的四个阶段及其思想。

模块四　单元 2
互动交流提示

在我国百年的学前教育历史长河中，张雪门与陈鹤琴齐名，二人被合称为"南陈北张"，为我国幼儿教育的本土化、科学化做出了卓越贡献，奠定了我国现代幼儿园课程的基石。张雪门早年在宁波创立幼儿园，开启了一生执着追求的幼儿教育事业生涯。当代我国幼儿教育事业能有现在的成就，张雪门先生功不可没。

张雪门先生的著作良多，包括《幼稚园的研究》《幼稚园行政》《儿童保育》《幼稚园课程活动中心》《幼稚园行为课程》等。

▶▶ 一、行为课程方案的发展历程 >>>>>>>>

行为课程方案的发展历程是伴随张雪门的幼儿园教育思想逐渐延展而不断发展的，依次划分为"儿童本位"阶段、"民族本位"阶段、爱国主义教育阶段、文化复兴阶段。[①]

（一）"儿童本位"阶段

行为课程方案发展的最初阶段是"儿童本位"阶段。此阶段的发展与张雪门最初担任幼儿园园长期间的课程管理有关。1918年，张雪门先生参加了浙江省教育参观团，参观南京、上海、无锡、苏州等地的幼儿园。也恰恰是在这个参访历程中，他发现每个地区幼儿园的教学方法完全不同。比如，无锡的蒙养园采用固定的课程表，严格遵照课程表，以教师为中心开展各类活动。但是苏州的蒙养园则是以教师的琴声引导，让幼儿玩游戏、给幼儿讲故事。无锡和苏州两个城市比邻，但是两个城市的幼儿教育模式不同，使用的课程不同。这引发了张雪门对哪一种课程适合幼儿发展的漫长探索。1924年，张雪门进入北京大学教育系担任注册职员。他边工作边读书，有机会阅读了福禄培尔、蒙台梭利等人的书籍，学习了"儿童本位"的理念，即尊重儿童的独特性，强调儿童与环境的交互作用，强调自然重于社会方面。张雪门从儿童的生活中寻找课程素材，注重儿童生活的完整性，让儿童通过动作与环境发生作用，鼓励儿童自然而然地发展。

（二）"民族本位"阶段

1931年，九一八事变改变了张雪门对幼儿园课程的想法。当时，他发现一些幼儿在幼儿园被教日本话、日本礼仪，他们的中国精神越来越稀薄。这种状况让他格外担忧。他认为亟需一种新的幼儿园教育，唤起人民的民族意识，将儿童本位的课程转变为民族本位的课程。这一阶段的课程强调将社会

[①] 方晨瑶：《张雪门行为课程的发展及其现实意义》，硕士毕业论文，南京师范大学，2016。

需要建立在儿童生活之上，民族意识需要从儿童阶段就开始培养，强调选择有价值的经验。例如，张雪门组织幼儿开展了"总理诞辰"的主题活动，在总理诞辰这一天悬挂了总理的照片，讲总理年轻时候的故事。幼儿需要计划如何邀请客人，请客人看什么，如何布置寿堂，接待客人注意什么，在这个历程中逐渐领会总理为国家做贡献的精神。

（三）爱国主义教育阶段

本阶段的课程发展是张雪门先生在台湾进行的中国化教育。张雪门到台湾后，首要任务是肃清奴化思想，摒弃日本的教育，发扬爱国主义教育，培养儿童的民族自尊心。1952年，张雪门在《幼稚园行为课程》一书中正式使用了行为课程这个概念。他使用单元活动的形式组织课程，主要是为了改变儿童原有的奴化思想，唤起他们的自主自发的精神，培植他们平等博爱的观念。

（四）文化复兴阶段

张雪门认为文化是人类的重要经验积累，与教育紧密相关。儿童的生活不能离开中华文化的传承与创新，中华文化也不能离开儿童的生活而进步。他主张把中华文化中的伦理、民主和科学思想融入幼儿园的行为课程。例如，在伦理方面，张雪门倡导幼儿要和父母、兄弟、姐妹相亲相爱，一家人应该分享、共享。在民主方面，张雪门注重教师尊重幼儿，幼儿尊重教师，教师尊重幼儿家庭并和幼儿家庭合力助推幼儿成长。在科学方面，张雪门强调幼儿要利用各种感官在生活环境中感受、体验，与外界事物接触，获得直接经验。

▶▶ 二、行为课程方案的理论基础 >>>>>>>>

张雪门从事幼儿教育受到很多教育思想家的影响，包括福禄培尔教育思想、蒙台梭利教育思想、杜威教育思想等。

（一）福禄培尔教育思想的影响

张雪门先生历经一年的时间熟读、研究福禄培尔的教育思想，他的著作中会经常引用福禄培尔的学前教育思想。张雪门认同福禄培尔教育中的一些观点。首先，福禄培尔认为游戏是幼儿的本能，幼儿在游戏中、操作中学习。张雪门先生将福禄培尔的思想和自身在我国多地参观幼儿园的实际结合起来，认为游戏是幼儿较好的活动方式，游戏应该是幼儿园教育中重要的一环，因为只有在游戏中幼儿才会忘了自己、忘记现实，获得心灵的放松。

其次，福禄培尔曾设计了完整的恩物以供幼儿操作、游戏。恩物是有系统、有操作顺序和层次的一套操作材料，可以反映幼儿在活动中的思维。张雪门把恩物当成一系列操作的课程放在活动中，让恩物成为幼儿园的教具。张雪门并非全盘接受福禄培尔的恩物。他对福禄培尔改造恩物的幼儿适用性进行过评论，批判了调整的不适宜性。他对福禄培尔的教育思想是在批判中吸纳，在吸纳中思考，审慎地参考与借鉴。

（二）蒙台梭利教育思想的影响

张雪门是最早研究蒙台梭利教育思想的中国学前教育学者，他借鉴了蒙台梭利教育思想中的重要观点。首先，蒙台梭利认为幼儿在工作中探索求得内在的心理满足，不需要成人的干涉。张雪门认同这个观点，他也主张要尊重幼儿，让幼儿在充分的活动中自我吸收、自我成长；认为成人不要以个人的爱好和标准来安排幼儿的活动。其次，蒙台梭利对幼儿有充分的信任。她给幼儿充分的自由去工作，同时也给予必要的限制，那就是幼儿互不打扰。张雪门赞成蒙台梭利的观点，他认为要给幼儿自由活动的空间，提供适宜的教育环境。最后，蒙台梭利认为教师是幼儿的导师，应引导幼儿自主学习与工作。张雪门在蒙台梭利强调的教师角色方面有进一步发展，他认为教师要"亦师亦友"；在幼儿有困难的时候教师要提供指导、安慰，给予鼓励；在幼儿没有困难的时候教师要静观幼儿的发展。张雪门对蒙台梭利的教育思想也是既有吸收也有批判的。

（三）杜威教育思想的影响

张雪门阅读了大量杜威的书籍。杜威的教育思想对张雪门有潜移默化的影响。杜威提到，教育即生活，教育即生长，教育即经验的改造。[①] 张雪门在自己的课程中广泛使用了这个教育命题。行为课程方案就是从生活中来，在生活中进行，为了幼儿的未来美好生活而延展的。所以行为课程方案是对教育即生活的最好诠释。杜威倡导"教学做合一"；张雪门吸收了这一思想，从幼儿的行动—探究中设计适合幼儿的幼儿园课程。杜威在中国讲学时，张雪门听了不少杜威的报告，认同以儿童为中心的教育。当时"教学做合一"和"设计教学法"开始产生，以教育改造社会的运动开始兴起。杜威的这些重要教育思想为行为课程方案之所以被命名为"行为"奠定了基础。

---

① 赵祥麟、王承绪：《杜威教育名篇》，123 页，北京，教育科学出版社，2006。

▶▶ 三、行为课程方案的基本理论 >>>>>>>>

（一）行为课程方案的概念界定

张雪门借鉴了杜威的经验论，提出课程源于人类的经验；教材和方法是一件事，其凭各种的方法，以引起儿童的反应和活动。[①] 张雪门认为幼稚园的课程就是给"三足岁到六足岁的孩子所能够做而且喜欢做的经验的预备"[②]。在张雪门看来，课程就是由经验串联起来的有预备的活动。这些经验不是零散的、孤立的，而是相互联系、有目的、有组织的。张雪门受杜威的"教育即生活"理念的影响，设计了"行为课程"，强调课程以"经验"和"行为"为本质，重视自然经验；认为课程就是经验，而且这个经验是人类的经验，是经过选择的、有价值的。他用行为确定课程的核心概念，认为行为是指儿童所做的每件事、每个动作；指出行为课程方案是根据儿童生活环境和需求设计的，以儿童的实际行动为中心的实践。这份课程方案包括工作、游戏、音乐、故事等材料，从生活而来，从生活中而开展，在生活中结束。[③]

张雪门为了贯彻"从做中学"的理念，编制了 5 次课程。他的课程架构是一次次从编写过程中衍生出来的。

（二）行为课程方案的目标

行为课程方案的目标随着张雪门生活阅历的丰富化、社会动荡的复杂化、当时幼儿教育的窘迫化而不断变化。在九一八事变之前，张雪门强调行为课程方案的目标主要是从幼儿个人发展需求的角度考量的：①满足幼儿身心发展的需要；②养成扩充经验的方法与习惯；③培养生活的能力与意识。[④]

九一八事变带给张雪门极大的冲击，他在战火连绵中亲眼看到了祖国被侵略。他本人的民族意识非常强烈，认为教育应该和社会结合起来；因此幼儿教育不仅是从儿童本位出发，还要有客观远大的目标，让幼儿有国家、民族的情怀，成为国家未来的公民。这样行为课程方案的目标就不再只关注幼儿的个人发展需求，还开始关注培养人才对于社会、国家需求的契合性。依据当时的国情，张雪门将行为课程方案的目标调整为：①铲除我民族的劣根性；②唤起我民族的自信心；③养成劳动与客观的习惯态度；④锻炼我民族为争中华之自由平等，而向帝国主义作奋斗之决心与实力。1966 年，

---

① 张雪门：《张雪门幼儿教育文集》上卷，24 页，北京，北京少年儿童出版社，1994。
② 张雪门：《张雪门幼儿教育文集》上卷，24 页，北京，北京少年儿童出版社，1994。
③ 张雪门：《张雪门幼儿教育文集》下卷，1088 页，北京，北京少年儿童出版社，1994。
④ 方晨瑶：《张雪门幼儿园行为课程及时代价值》，89 页，南京，南京师范大学出版社，2018。

张雪门又将行为课程方案的目标修改为：①增进幼儿身心的健康；②提高民族精神；③训练民权初步；④培养劳动生产兴趣与习惯。

（三）行为课程方案的内容

行为课程方案的内容是从目标而来的。张雪门提出："儿童到幼稚园要学些什么？幼稚园教师须教些什么？教和学又怎样地联络起来？这三个问题就是幼稚园教材研究的中心。"[①] 张雪门用"教材"来指幼儿园课程内容。这里的"教材"不是我们通常所说的书本，而是由经验串联的活动。教材分为游戏、音乐、故事、手工几种。行为课程方案的内容随着张雪门对课程研究的深入而逐渐变化。20世纪30年代，行为课程方案内容选择的标准为：①须顾到我国现实劳动意义的需要；②须注意儿童团体生活的重要；③须比后期的儿童多注意其生理的发展；④须根据儿童直接的经验；⑤各科的界限须混合而不分。[②] 20世纪50年代，这个标准有所调整，强调从现实社会生活、儿童生长阶段与学习能力的维度选择教材。

张雪门先生把课程内容划分为三类。①儿童自发的诸般活动，即儿童自身发展中所进行的一些活动；②儿童的自然环境，即儿童周围生活中一切有关自然的事物；③儿童的社会环境，即儿童现在生活与未来生活相关的社会生活知识。[③]

行为课程方案的内容依据上述维度分为常识、故事、音乐等内容。这是因为张雪门认为生活是整个的，课程的编制要依据生活，并且要将自然和社会进行联系。[④] 课程实施中若没有儿童的行为活动，儿童所得到的经验就是表面的、机械的。因此，课程组织要遵循儿童探究事物的方式，有三个原则：①宜联系多种感官；②动作宜反复；③宜注重感情和智能方面。[⑤]

行为课程方案的组织遵循如下三点：①课程是整体的，要把所有内容围绕某个中心组织起来，打破内容之间的界限；②课程注重个体的反应；③课程注重儿童的直接经验。表4-1为幼稚园秋季课程单元表（部分）。

---

① 方晨瑶：《张雪门幼儿园行为课程及时代价值》，91～92页，南京，南京师范大学出版社，2018。

② 方晨瑶：《张雪门幼儿园行为课程及时代价值》，94～95页，南京，南京师范大学出版社，2018。

③ 王春燕：《幼儿园课程概论》第2版，216页，北京，高等教育出版社，2014。

④ 张雪门：《张雪门幼儿教育文集》上卷，342页，北京，北京少年儿童出版社，1994。

⑤ 方晨瑶：《张雪门幼儿园行为课程及时代价值》，97页，南京，南京师范大学出版社，2018。

📝 学习笔记

表4-1　幼稚园秋季课程单元表（部分）[1]

目次	设计的大中心	分设计	分设计中的设计
一	入园的指导	欢迎新同学，调查新生家庭职业和路程，幼稚园里的情形	
二	中秋	节日习俗、月饼、兔儿爷、月亮、中秋的故事、庆祝中秋	
三	秋天的改变	偶人的家庭	收藏夏衣、添置被单、拆卸天棚或帘子
		秋日的园地	收花子、采桂花做饮食料、秋叶的变化
		秋分	天日渐短，秋风
		秋日的市场	夏布店改卖皮货，扇子店改卖帽子等
		秋日的昆虫	知了、蚂蚁、萤火虫等
		秋日的鸟类	燕子、鸿雁、鹰等

（四）行为课程方案的实施

行为课程方案的实施是以行为为核心，也就是"做"。这是"做中学"的写照。张雪门说："所以我们所提倡的幼稚园课程，首先应注意的是实际行为，凡扫地、抹桌、熬糖、炒米花以及养鸡、养蚕、种玉蜀黍和各种小花，能够实在行动的，都应让他们实际去行动。"[2] 张雪门幼时在私塾学习，知晓"死读书"的痛苦，也明白学习"死知识"的无奈，所以他尤为重视行为的实施。他曾说："事怎么做必怎么学，怎么学必怎样教，做学教打成一片，才能完成行为课程。"[3] 在他看来，只有通过行为尝试、体验和探究所进行的学习才是真正的学习，所获得的知识才是真正的知识。所以，行为课程方案的实施必须注意下列原则。[4]

①课程固然源于自然的行为，却还需经过人工的精选。

②课程固然源于劳动行为，却需要在劳力上劳心。

③课程固然是从儿童生活中取材，但还需有远大的客观目标。

依据这三个原则，张雪门将行为课程方案的实施划分为三个阶段：课程

---

① 方晨瑶：《张雪门幼儿园行为课程及时代价值》，98～99页，南京，南京师范大学出版社，2018。

② 张雪门：《张雪门幼儿教育文集》下卷，1089页，北京，北京少年儿童出版社，1994。

③ 张雪门：《张雪门幼儿教育文集》下卷，1456页，北京，北京少年儿童出版社，1994。

④ 方晨瑶：《张雪门幼儿园行为课程及时代价值》，106～107页，南京，南京师范大学出版社，2018。

实施前的准备、课程实施中的指导、课程实施后的进展。[①]

首先是课程实施前的准备。行为课程方案在实施前需要教师有充分的准备，包括以下几个方面。

①知识的准备：教师需要对课程内容做好充分的研究。

②技术上的准备：教师对于课程中的技术要有所筛选和转变。

③作业程序分析的准备：教师需要从客观上分析作业先后的次序。

④工具、材料的准备：教师需要准备好各种工具和材料。

⑤集中心力的准备：教师要集中心力，关注课程与幼儿，才能顺利展开教学。

其次是课程实施中的指导。教师要在课程实施中给予幼儿不同的指导，包括计划上的指导、知识上的指导、技术上的指导、兴趣上的指导、习惯上的指导、态度上的指导。

最后是课程实施后的进展。教师要在课程实施后关注具体的进展情况，包括幼儿在知识上的学习、兴趣上的延续、态度上的变化等。

（五）行为课程方案的评价

行为课程方案实施后需要借助评价才能知晓行为课程方案实施的效果。张雪门用检讨与批评来解释课程的评价，具体包括以下四个方面的内容。

①对幼儿的行为应有检讨。行为课程方案实施后，教师需要对全体幼儿有一个总的评价。评价要简单清晰，使幼儿有一个清楚的印象。张雪门曾说："行动终了，接着便须检讨，不论做得好做得坏，都应像审判一样的来考查：好的在哪一点？坏的在哪一点？为什么好？更为什么坏？幼儿如果明白了好或坏的所在和好或坏的原因，然后才能将成功失败的原因组织在自己经验中，更可以加强下次活动趋避的倾向。"[②]

②对幼儿的行为应有持续的注意。行为课程方案实施中教师需要对幼儿的行为有持续关注；持续关注的目的在于恰当引导幼儿进入下一个活动阶段，让幼儿在持续的行动中获得经验。

③对幼儿的行为应有记录。教师要对幼儿的行为有所记录，翔实记录的目的在于为未来的计划提供可参考的文本。教师可以从中发现教学的优劣，进而改进。

④对幼儿的行为应有估计。每一个单元教学结束后，教师应该根据事实

细心分析，然后梳理价值，再把这些价值综合，比照之前预定的目标，从中寻找目标实现的程度。

▶▶ 四、行为课程方案的价值 >>>>>>>>

张雪门所处的历史时代和经历的历史事件对其教育思想和行为课程方案影响极为深刻。行为课程方案从诞生到如今一直焕发着耀眼的光辉，其在现代幼儿园教育中依然具有重要意义。

第一，行为课程方案强调课程目标要兼容社会需要和个人需要。在现代，幼儿园课程同样要关注我国社会发展的新需求、新诉求以及现代儿童的生理、心理发展合理需求。

第二，行为课程方案是尊重儿童的，合乎儿童目前的能力，根据儿童的学习特点设计的。在现代，幼儿园课程仍然强调以儿童为本，尊重儿童的现有发展水平和未来发展水平，提供具有挑战性的教育。

第三，行为课程方案强调让儿童在探索中学习。在现代，幼儿园课程积极响应《3—6岁儿童学习与发展指南》中直接感知、实际操作、亲身体验等获取经验的方式，鼓励教师提供丰富机会让儿童做中学。

第四，行为课程方案是生活的，所有内容都来自儿童的生活。幼儿园课程强调内容源自儿童的生活，在儿童的生活中学习，服务于儿童的未来生活。

第五，行为课程方案是整个的，不分学科地将不同领域的内容整合在一起。在现代，幼儿园课程多是单元主题或项目活动，均是围绕某个核心实施的，但与各个学科均有全面的、千丝万缕的经验联系。

第六，行为课程方案是注重儿童过程性评价的。在现代，幼儿园课程同样倡导教师要持续、细心地关注儿童的探索，包括儿童探索的材料、探索的方式、探索的行为，并从中分析儿童的未来发展水平。教师所做的儿童发展记录既可以为教师的教学提供基础，也可以为儿童发展的推进提供参考。

总之，张雪门所创建的行为课程方案在时代更替中逐渐深化和具体化，对我国幼儿园课程的发展具有极为重要的指引作用。

模块四　单元2
云测试

思考与练习

1. 行为课程方案的创立者是（　　）。

A. 陈鹤琴　　　　　　B. 杜威　　　　　　C. 张雪门　　　　　　D. 张宗麟

2. 行为课程方案的理论基础不包括（　　）。

A. 蒙台梭利教育思想　　　　　　B. 福禄培尔教育思想

C.杜威教育思想 D.卢梭教育思想

3.行为课程方案的特点不包括（　　）。

A.重视直接经验 B.尊重儿童的个性反应

C.完整性 D.孤立性

4.行为课程方案的实施是以（　　）为核心。

A.做 B.教 C.学 D.做与学

5.行为课程方案的目标是（　　）。

A.只注重社会需求

B.只注重个体需求

C.关注社会需求和个体需求

D.关注社会需求、个体需求和家长需求

单元 3　安吉游戏

学习任务单

姓名		班级		学习时间			
序号	任务描述		学习建议		完成效果		
					自评	同伴评	教师评
1	了解安吉游戏的发展历程		阅读相关文献，了解安吉游戏的发展历程				
2	理解安吉游戏的理念		阅读相关文献，讨论安吉游戏的理念				
3	掌握安吉游戏的基本理论		观看安吉游戏视频				
4	了解安吉游戏的贡献		阅读相关文献以及利用视频学习，讨论安吉游戏的价值				
学习反思							

✍ **学习情境** ▶▶▶▶

　　世界学前教育诞生了两大奇迹：一个是意大利瑞吉欧·艾米利亚小镇的"瑞吉欧教育"，另一个是中国安吉的"安吉游戏"。安吉游戏自诞生到现在经历了无游戏—假游戏—学游戏—真游戏的发展历程。2018 年，浙江省教育厅在省内部分幼儿园推广安吉游戏模式。这些幼儿园历经多年的时间，在安吉游戏团队的精心指导下，完善游戏环境，调整游戏场地，放手给幼儿充分的机会玩游戏。

互动交流：

说一说你所知道的安吉游戏。

_____

模块四　单元 3
互动交流提示

游戏是幼儿的天性，是幼儿生活和学习的特有方式。安吉幼教人抱着"让游戏点亮孩子的生命"的坚定信念，进行了一场历时多年的"把游戏还给孩子"的革命。早晨9点，幼儿分区域在户外进行各种游戏。这些区域包括沙水区、大型建构区、户外冒险区等。当幼儿兴奋地投入游戏探索时，教师拿着手机或者相机站在幼儿的身边，时刻关注着幼儿的游戏表现，并翔实而持续地记录幼儿的游戏表现。一个小时后，游戏接近尾声，幼儿自行收拾好游戏材料，换回服装后回到活动室，开始了游戏故事分享。安吉游戏不只是游戏，实际上安吉教育局在将安吉游戏逐渐转化为课程。下面我们简要介绍安吉游戏的相关理论。

安吉游戏是浙江省安吉县在全县范围内开设的幼儿园游戏课程的简称。近年来，安吉县由于安吉游戏而闻名全国乃至全世界。全世界有多个国家在学习安吉游戏。安吉游戏也成为可以与意大利瑞吉欧教育相媲美的中国幼教模式。

▶▶ 一、安吉游戏的发展历程 >>>>>>>>

安吉游戏的诞生与发展离不开其创始人——程学琴老师。程学琴老师是安吉游戏及安吉游戏公益组织创始人、世界真游戏联盟发起人，任安吉幼儿教育研究中心主任，致力于全球推广安吉游戏。2014年，由程学琴老师率领团队研究的课题"'安吉游戏'模式的实践与探索"荣获教育部基础教育国家级教学成果一等奖。[①]

在程学琴老师的引领下，安吉游戏历经20多年的探索和实践，实现了由单一的集体教学向以游戏为基本活动的转变。这个历程中有颇多波折：教师从高控到放手，逐渐学会了观察和解读幼儿的游戏行为，成为将游戏经验转化为教学资源的能手；家长不再反对幼儿游戏，取而代之的是对游戏的理解和认同、接纳和支持；幼儿更是从教室走向大自然，成为自信、专注的探索者和学习者。

安吉游戏的发展主要经历了三个阶段：无游戏阶段、假游戏阶段、真游戏阶段。[②]

（一）无游戏阶段

20世纪70年代至80年代，当时的安吉县学前教育水平较弱，办园条件

---

① 程学琴：《源起与发展：一场深刻的儿童游戏革命》，载《学前教育》，2019（3）。
② 程学琴：《源起与发展：一场深刻的儿童游戏革命》，载《学前教育》，2019（3）。

比较薄弱，游戏材料匮乏，课程主要以小学化的方式实施，幼儿没有真正的游戏。这种状况从 20 世纪 80 年代一直持续到 2000 年。当时程学琴老师刚从调研员的岗位来到幼教行政管理的岗位。她在深入幼儿园调研的过程中发现，这种小学化的方式给幼儿带来巨大压力和危害，使教师产生较多的负面情绪。这些都不是一个幼儿园理想的教育生态。就是这样的困境和问题迫使程学琴老师下定决心带领幼儿园教师重建教育生态。

（二）假游戏阶段

程学琴老师在撰文中回忆，安吉县学前教育机构尝试为幼儿提供游戏肇始于 2001 年《幼儿园教育指导纲要（试行）》颁布以后。当时，安吉作为湖州地区的贯彻纲要试点县，开始了去小学化、开展区域活动、实行多样化教学的改革。2000—2003 年，安吉游戏教育团队的教师帮助幼儿园的教师开始关注让幼儿怎么玩，关注应该为幼儿提供哪些材料，帮助他们树立朴素资源观，将安吉县充满本土气息的材料转化为幼儿在游戏中使用的蕴含教育价值的材料。[①] 具体而言，安吉县以竹子闻名于全国，所以教师利用竹子为幼儿制作了各类材料。虽然当时的游戏材料丰富，幼儿园看似有了游戏区域和更多的游戏材料，但教师思考的是如何规定游戏玩法，如何制定游戏规则。按照程学琴老师的观点，教师设置好游戏环境，甚至制定了游戏规则与操作步骤；幼儿就只能按照教师的规定玩游戏，使游戏本身最珍贵的"自主性"魅力逐渐暗淡。与此同时，教师开始对自己的专业定位产生疑惑：如此精心设计的游戏材料若被幼儿搞坏了怎么办，游戏设计和环境设计的意义何在。诸如此类的问题困扰着一线教师，他们深感付出心血为幼儿发展提供支持，但效果并不如预期理想。严谨且追求卓越的安吉游戏研究中心发现游戏本身的特质没有发挥出来，将此阶段界定为假游戏阶段。

（三）真游戏阶段

程学琴老师撰文写到，2007 年，她开始有计划地对各个年龄阶段的人进行访谈，从中梳理出游戏的本质特征。这种自下而上的渠道让她发现真游戏的真谛是没有成人的干预；幼儿自由选择伙伴和材料，按照自己的意图玩游戏。在这样的游戏真谛的引导下，程学琴老师带领团队做了如下几个改变。

---

① 简楚瑛：《幼儿教育课程模式》第 4 版，190 页，南京，南京师范大学出版社，2018。

第一，鼓励教师放手游戏，让教师发现儿童，更新儿童观。教师多拿着手机或相机关注幼儿的游戏，持续观察幼儿在游戏中遇到了什么困难，获得了什么经验，如何讨论与分享，如何解决问题，游戏水平如何。在这个历程中，教师真正走近幼儿，发现幼儿可以在游戏中焕发巨大的力量，产生惊人的表现。教师的儿童观和游戏观就是在日复一日发现幼儿的惊人表现中逐渐积累和形成的。这种儿童观坚若磐石，远远胜过口耳相传或书本背诵。

第二，鼓励教师在不断观察游戏的过程中看懂游戏，理解儿童，改变原有的教育观。安吉游戏和瑞吉欧教育有一点共同之处，那就是特意安排时间进行统一的园本教研。每周五下午3点，安吉县教研骨干共同对照《3—6岁儿童学习与发展指南》，解读儿童的游戏表现中所折射的发展价值，就每个园所的问题集思广益，共同分析游戏的发展导向和分析角度。

第三，鼓励教师回应游戏，学习追随儿童，改变课程观。历经两个阶段的游戏探索，教师放弃了纸本化的、高结构的课程，更关注从幼儿本身衍生出的课程。程学琴老师介绍道，在此阶段，教师在更为了解幼儿的游戏水平和其蕴含的价值后，开始将游戏这种形式作为课程实施的重要渠道，以适宜时机和方式回应游戏，生成与《3—6岁儿童学习与发展指南》目标一致的教学，推动幼儿基于游戏和生活的深度学习。深度学习一方面体现在教师放手让幼儿大胆游戏，同时细致观察幼儿的游戏发展脉络；另一方面体现在教师引导幼儿反思自己的游戏，从游戏中绘制出连续的故事。故事其实就是幼儿思维的绵延，是幼儿的发展脉络。教师追随幼儿，进行游戏后的反省和调整，完全颠覆了传统的先备课再开展活动的次序，诞生出如瑞吉欧教育一样的生成课程。在这个阶段，幼儿真正体验了游戏带来的满足感、挑战性、新奇感，真正在游戏中发现了获得成长的自己。

▶▶ 二、安吉游戏的理念 >>>>>>>>

安吉游戏是在科学合理的教育理念引领下诞生的。在安吉，当我们参观幼儿园的时候，就会发现安吉游戏极为推崇的几个关键词：爱、喜悦、冒险、反思、投入。

①爱：爱是一切关系的基础，教师像爱自己的孩子一样爱着每一个幼儿。幼儿之间、教师之间、幼儿园与家庭之间、幼儿园与社区之间的关系也充满了爱。教师在游戏过程中的一个眼神、一个动作、一个微笑，都传递

着爱。

②喜悦：没有喜悦，游戏就不可能是真游戏。喜悦的精神状态不断滋养着幼儿的生命。在幼儿的脸上，我们可以看到真正的快乐、毫无掩饰的喜悦。这也是安吉游戏的魅力所在。

③冒险：幼儿根据自己的能力、时间选择挑战。在探索能力到达极限时，幼儿会发现并克服困难。教师作为观察者，保障幼儿最大程度的冒险。

④反思：幼儿以多种方式反映和表达他们在一日生活中的经验，在已有经验的基础上不断调整自己对世界的认识。

⑤投入：真正的投入产生于幼儿充满激情的探索以及发现物理世界和社会的过程中。安吉游戏赋予幼儿最大程度的自由，使他们获得在开放空间运动的能力，充分地活动、探索、体验并投入周围的环境。

这些理念是教师在反复探索中提炼的游戏精髓，也是指引安吉游戏建设的核心要义。

▶▶ 三、安吉游戏的基本理论 >>>>>>>>

（一）课程目标

安吉游戏的课程目标是帮助幼儿通过直接经验去发现直接经验之间的关系，进而获得能力和智慧。[①]

（二）课程内容

安吉游戏的课程内容和瑞吉欧教育一样，没有预先规定的高结构课程内容，而是依照《3—6岁儿童学习与发展指南》，把课程内容划分为健康、语言、科学、社会、艺术五个领域，依照每个领域的发展关键指标来确定幼儿在游戏中的发展价值。幼儿的学习内容附着在幼儿园内部的空间和环境中。比如，户外游戏设计了沟壑、山坡、滑道，室内建了各种游戏场地，满足幼儿各个领域的发展需求。

（三）课程实施

安吉游戏的课程实施主要是通过自主游戏的方式开展。幼儿园每天都会给幼儿安排充足的游戏时间。安吉幼儿园的作息时间按照幼儿的自然节律灵活调整，具有高度的弹性，可确保幼儿游戏过程的完整性。一日作息表示例如表4-2所示。

---

① 简楚瑛：《幼儿教育课程模式》第4版，196页，南京，南京师范大学出版社，2018。

表 4-2 一日作息表示例

时间	内容
8:00—9:00	入园
9:00—11:00	生活、游戏、学习
11:00—12:00	午餐及生成性活动
12:00—14:30	午睡
14:30—15:30	自我服务
15:30 以后	生活、游戏、学习、离园

安吉游戏的课程实施主要包括以下两部分。

1. 自主游戏

教师给幼儿提供了丰富的、充满刺激的游戏环境和游戏材料。安吉游戏的环境有两个部分：一部分是户外——充满野趣的户外环境，另一部分是室内——充分留白的室内环境。室外多是保留大自然的原生态，或者仿造大自然的生态环境建设。幼儿按照时间——两个月或一个月——轮换场地，充分接触大自然，充分使用低结构、开放式、易组合的材料进行各种冒险游戏。活动室内和走廊、门厅等空间设置了多个游戏角落。教师可以提供不同区域的各类低结构游戏材料，让幼儿持续进行游戏探索。

2. 游戏故事绘画

教师在每个游戏区提供了笔、纸，可以让幼儿把自己的想法记录下来。游戏结束后，教师引导幼儿用言说或绘画的方式去记录、抒发、建构各自的情感和想法。教师可以用文字详细描写幼儿的表述。

幼儿可以利用游戏故事的方式，分辨、整合和借鉴他人的有益经验，反思自己的经验，提高自己的后设认知能力。教师借助游戏故事了解幼儿的发展水平，分析其五大领域的发展价值。

例如，大班的幼儿被分到了塑胶运动场玩自主游戏。他们用各种材料构建了一个闯关游戏，后来游戏渐渐演变到滚球游戏。幼儿发现了滚球游戏的困难，那就是足球不能撞倒所有木块。其原因有足球无法转弯；足球太软了，冲击力不够；还有足球撞击后就减速了等。他们尝试了一些方法，包括把足球换成篮球、增加球的数量等。之后，幼儿发现效果还是不够明显，就对轨道形状、游戏规则进行了调整。幼儿在每次游戏后都把自己的想法用画笔记录下来，再和教师及同伴分享，共同商讨解决问题。幼儿进行游戏、解决问题的步骤如图 4-1 所示。

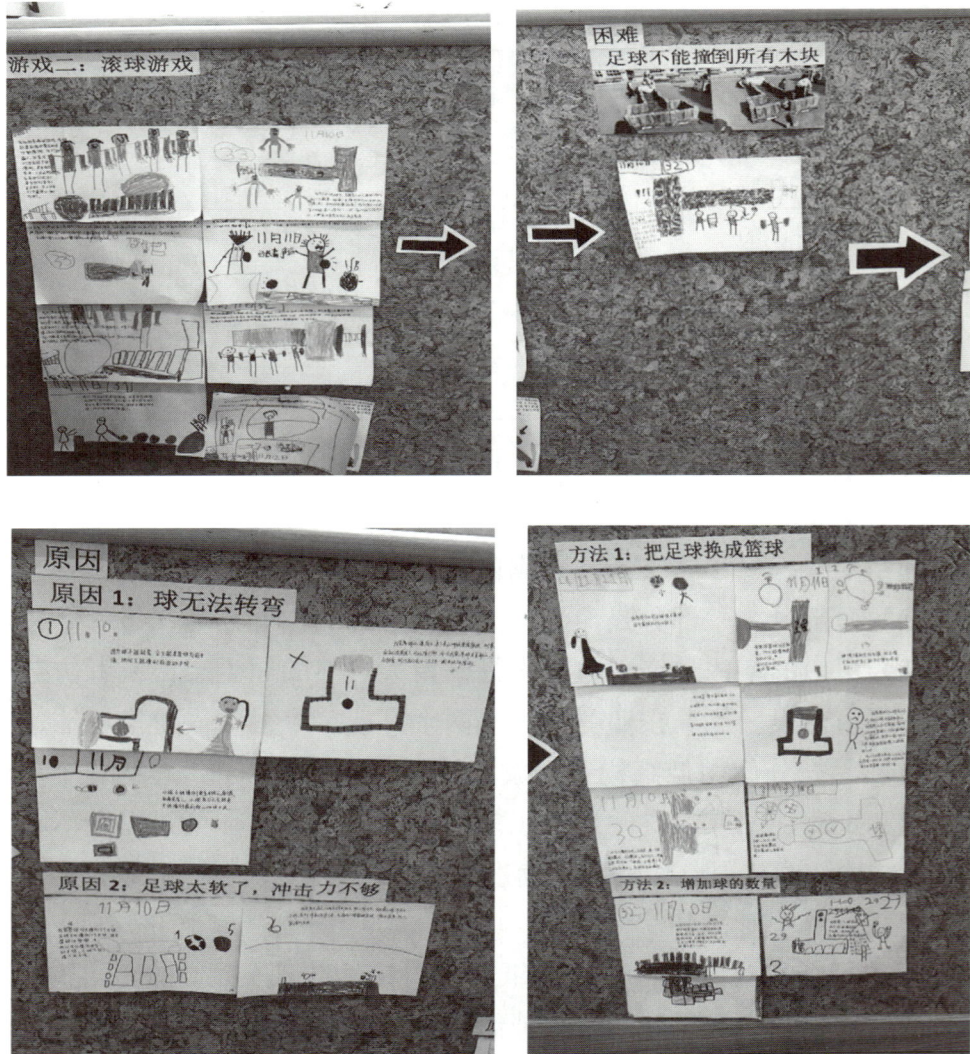

图 4-1　幼儿进行游戏、解决问题的步骤

（四）课程评价

安吉游戏的课程评价是真实性评价。教师使用照片、录像和文字将观察到的幼儿在一日活动中的情况进行深入细致的分析。分析的角度有两个：一是分析幼儿的行为，记录幼儿发现了什么、得出了哪些结论、进行了哪些应用；二是分析幼儿的能力发展，如一种或几种能力的连续变化过程和相互之间的关系。在安吉县部分幼儿园中，教师每个月会主动把幼儿游戏的视频和照片发给家长，家长可以和教师就幼儿的发展情况进行相关讨论。

▶▶ 四、安吉游戏的贡献　>>>>>>>>>

安吉游戏是安吉的教师在程学琴老师带领下创造的教育史上的奇迹。未来安吉游戏也必将在我国学前教育史上书写浓墨重彩的一笔。安吉游戏对我国学前教育的贡献如下。

第一，安吉游戏真正体现了把游戏还给幼儿，让幼儿在游戏中成长。维果茨基曾说：幼儿在游戏中会比平常高一个头。之所以"高一个头"是因为游戏是较为放松的情境，其自由的氛围无形中给予幼儿充分的权利做自己想做的事情。当幼儿的兴趣和自主性完全被激发，他们能够表现出超乎想象的能力，获得更丰富的直接经验。

第二，安吉游戏是真正的生成课程。安吉游戏没有预先的课程计划，和瑞吉欧教育类似。教师必须了解每个年龄阶段幼儿能够发展什么，应该发展什么，在游戏中追随幼儿的兴趣、合理需求与变化，提供足够的挑战，让幼儿达到最近发展区。在游戏结束后，教师需要分析幼儿的游戏表现，从中分析幼儿在五大领域的发展进步。安吉游戏的课程目标、课程内容都包含极大的开放性与生成性。

第三，安吉游戏充分体现了幼儿在前、教师在后。安吉游戏中的作息较为弹性化。教师应尊重幼儿的节奏，给予幼儿充分的游戏时间和空间深入探索。幼儿的自主游戏在前，教师的观察与决断在后。教师完全尊重幼儿自我成长的需求，并为其提供各种支持。这与世界各国的理想幼儿教育有异曲同工之处。

第四，安吉游戏充分体现了社区、城镇为幼儿发展提供的支持。安吉游戏的成功因素之一在于安吉形成了完整的管理系统。程学琴老师将其称为"镇村一体化管理模式"。县教育部门联合卫生、计划、财政、物价、人事和城乡建设等部门，管理下设的幼儿教育管理培训中心，由乡镇政府管理乡镇幼儿园，再由乡镇幼儿园负责管理村教学点。如此完整的系统为安吉游戏的深入发展提供了坚实的后盾。

综上所述，安吉游戏是我国安吉县在本土资源的基础上发展出的幼儿园课程，在未来若干年必然会获得更好的发展。

思考与练习

1. 安吉游戏发源于（　　）。

A. 安吉　　　　　　B. 德清　　　　　　C. 杭州　　　　　　D. 宁波

2. 安吉游戏的课程评价是（　　）。

A. 形成性评价　　B. 终结性评价　　C. 真实性评价　　D. 局部评价

3. 安吉游戏的课程是（　　）。

A. 生成课程　　　B. 领域课程　　　C. 学科课程　　　D. 单元课程

4. 安吉游戏发展没有经历的阶段是（　　）。

A. 无游戏阶段　　B. 假游戏阶段　　C. 真游戏阶段　　D. 虚拟游戏阶段

模块四·单元3
云测试

安吉游戏

5. 安吉游戏是（　　）。

A. 被安排的游戏 　　　　　　　　B. 自主的游戏

C. 教师主导的游戏 　　　　　　　D. 自由的游戏

实训与反思

实践训练：

训练一：收集陈鹤琴五指活动课程的案例，并对其进行分析。

训练二：观摩安吉游戏，总结对安吉游戏的认识和理解。

学习反思

模块五
西方经典课程方案

📅 **学习目标**

    1. 掌握蒙台梭利课程方案的理论基础、基本理论及评价。

    2. 掌握华德福教育的基本理论及评价。

    3. 掌握高宽课程方案的理论基础、理念、基本理论及评价。

    4. 掌握瑞吉欧教育的理论基础、基本理论及评价。

    5. 能够将西方课程理念运用在幼儿园活动设计中。

    6. 有吸收西方幼儿园课程中科学理念的意识。

学习导航

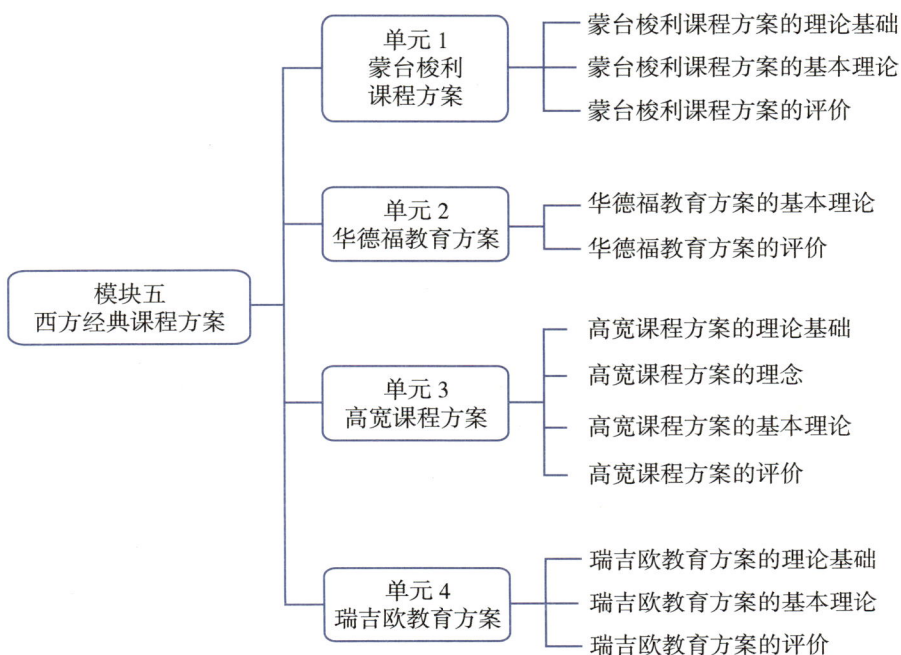

同学们在学前教育学等课程的学习中，经常会听教师讲到蒙台梭利课程方案、瑞吉欧教育方案等西方课程方案。请举出一种你熟悉的西方幼儿教育课程，向同学们做介绍。

互动交流

_____

_____

_____

_____

西方国家的幼儿园课程是什么样的？是集中起来上课，还是自由活动？西方幼儿园课程和我国幼儿园课程有什么样的区别？除了意大利，在其他国家是不是也有蒙台梭利课程方案？教师所说的瑞吉欧教育方案究竟是什么样的？它为什么这么受欢迎？它是不是非常完美的课程？

✎ 学习笔记

单元1 蒙台梭利课程方案

学习任务单

姓名		班级		学习时间			
序号	任务描述		学习建议		完成效果		
					自评	同伴评	教师评
1	识记并理解蒙台梭利的儿童观和教育观		观看蒙台梭利教育视频，讨论并思考为什么要这么做				
2	识记并理解蒙台梭利课程的组织与实施		观摩蒙台梭利教育，总结概括蒙台梭利课程方案的目标、内容以及要素				
3	理解蒙台梭利课程方案的评价		基于对幼儿园的观摩，讨论并思考蒙台梭利课程方案的价值				
学习反思							

✍ **学习情境** ▶▶▶▶▶

　　我们经常听到蒙台梭利课程方案或蒙氏课程方案；也经常听有的家长说我的孩子在蒙台梭利班级，班里有很多玩具。也有家长会说经过蒙台梭利教育，孩子的动手能力和秩序感提高了很多。每个人对蒙台梭利课程方案都有着不同的理解。

互动交流：

说一说你所知道的蒙台梭利课程方案。

模块五　单元1
互动交流提示

　　蒙台梭利是继福禄培尔后一位杰出的幼儿教育家。蒙台梭利儿时受到严格的家庭教育，中学时对数学产生浓厚的兴趣，并表现出卓越的才能，后考入罗马大学医学院，并于1896年获医学博士学位，成为意大利第一位女医学博士。毕业后不久，罗马大学医学院聘她为精神病诊所的助理医生，承担身心缺陷和精神病患儿的治疗工作。蒙台梭利通过对智力障碍幼儿进行教育训练和实验研究，使他们有所发展。这使蒙台梭利开始思考普通幼儿的教育问题。

　　1907年，罗马贫民区开办了一所招收3～6岁贫民幼儿的新型学校，命名为"儿童之家"。蒙台梭利受聘照管这所学校。她制定了一套教材、教具和方法，系统地进行了教育实验，并取得了巨大成功，引起了世人的关注。1909年，蒙台梭利写成了《运用于"儿童之家"的幼儿教育的科学教育方法》(英译本将书名简化为《蒙台梭利方法》)，全面介绍自己的教育方法。这本著作很快被译为20多种文字，在世界各地广为流传。许多国家兴起了学习蒙台梭利方法的热潮，而且在美国和欧洲的一些国家形成了蒙台梭利运动。

　　蒙台梭利毕生探索科学的教育学，建立了自己独特的幼儿教育理论和方法，对促进世界学前教育理论和实践的发展做出了重要贡献。她对幼儿的基本观点是其建构教育思想的基石，而她对教育的理解则是其进行教育实践的前提和指南。澳大利亚教育家康内尔认为，蒙台梭利对20世纪教育的主要贡献不在于她的建议之便于实行，而在于她的思想更普遍地影响了教育界对儿

✎ 学习笔记

童和对教育过程的态度。[①]

▶ 一、蒙台梭利课程方案的理论基础 >>>>>>>>

蒙台梭利深受卢梭、裴斯泰洛齐、福禄培尔等人的自然教育和自由教育的影响，并根据自己多年的教育实践与实验，形成了自己独特的儿童观与教育观。

（一）儿童观

1. 儿童具有吸收性心智

蒙台梭利在其著作《童年的秘密》中指出，存在一种神秘的力量，它给新生儿孤弱的躯体一种活力，使他能够生长，教他说话，进而使他完善；生长，是由于内在的生命潜力的发展，使生命力量呈现出来；它的生命力就是按照遗传确定的规律发展起来的。[②] 一方面，蒙台梭利十分注重遗传和内在的生命力。她认为，正是这种内在的冲动力，促使幼儿不断地发展。儿童的意志与自然的意志是一致的，儿童在一条一条地遵循自然的规律。[③] 另一方面，蒙台梭利也相信环境对幼儿发展所起到的作用。所以她在其另一本著作《有吸收力的心智》中指出，这种内在冲动力表现为儿童在 6 岁之前就具有一种吸收知识的自然能力，即吸收性心智。借助这种吸收性心智，儿童通过与周围环境的密切接触和情感联系，在自发的活动中获得了各种行为方式；他们的生命力和个性也得到了进一步的发展。

2. 儿童发展具有敏感期

蒙台梭利认为敏感期是指生物具有特殊能力，即一种积极的活动力量的一段时期。[④] 蒙台梭利指出，儿童的敏感期是跟生长紧密相关的；在不同的年龄阶段，儿童都表现出特殊的敏感性。这种敏感性是在生命早期仍处在发育过程中获得的。它只是一种暂时的倾向，只能让儿童获得一种特殊的品质。一旦儿童获得这种品质，这种特殊的敏感性就消失了。所以，儿童会在某一时期内表现出对某种事物或活动的特殊兴趣和爱好，学习也特别容易且迅速。这一时期就是敏感期，也是教育儿童的最好时机。

蒙台梭利对儿童的敏感期进行了划分：语言发展敏感期为 0～5 岁；行为规范的敏感期为 2～6 岁；肢体协调敏感期为 2 岁半～5 岁；感觉发展敏感

---

① ［澳］W.F. 康内尔：《二十世纪世界教育史》，张法琨、方能达、李乐天等译，297 页，北京，人民教育出版社，1990。
② ［意］玛丽亚·蒙台梭利：《童年的秘密》，马荣根译，30 页，北京，人民教育出版社，1990。
③ 《蒙台梭利幼儿教育科学方法》，任代文主译校，405 页，北京，人民教育出版社，1993。
④ 王春燕：《幼儿园课程概论》第 2 版，222 页，北京，高等教育出版社，2014。

蒙台梭利课程方案的理论基础

学习笔记

期为 0～5 岁。蒙台梭利认为，儿童的发展有不同的敏感期，所以教育必须与敏感期相符合，从而促进儿童心理的正常发展，并避免由于延误时机而带来的儿童心理发展的障碍。[①]

3. 儿童发展具有阶段性与连续性

蒙台梭利受斯特恩、彪勒、琼斯、格塞尔和弗洛伊德等人的影响，认为儿童自出生至大学的成长过程中具有不同类型的智力，据此可将儿童的成长划分为不同的时期。

第一个时期是 0～6 岁。这一时期又可划分为两个阶段，即 0～3 岁和 4～6 岁。第一个阶段（0～3 岁）又称"无意识发展阶段"。此时儿童具有一种成人所不能接近的心理，没有形成有意识记。所以成人无法对其施以直接的影响，但成人要满足儿童动手的欲望并丰富其生活环境。在第二个阶段（4～6 岁）中，儿童仍然保持着相同的心理类型，但是他们的意识逐步觉醒，开始能够在某些方面接受成人的影响。蒙台梭利认为这一阶段的儿童教育应该以感知觉和运动练习为主。

第二个时期是 7～12 岁。在生理方面，此时期的儿童与前一时期存在显著不同。从精神上讲，此时期的儿童处于一种健康、强壮、安定的状态，且有三个特征：智慧朝向外界发展，求知欲旺盛；关心善与恶的区别，道德感开始萌芽；想在团体中活动，显现群体本能。蒙台梭利认为这一时期的儿童教育应该从感知觉和运动练习转为抽象的智力活动。

第三个时期是 13～18 岁。这一时期的儿童身体和精神都发生了明显的变化。他们的身体呈现出成人的特征。在精神方面，他们产生了爱国心和荣耀感，有了自己的理想，并能根据自己的兴趣探索事物。因此，他们就可以接受像成人那样的宣传教育。

蒙台梭利不仅重视儿童发展的阶段性，也十分注意发展的连续性。她把儿童看作发展着的个体。儿童由于其内在生命力的驱使或生理和心理的需要而产生一种自发性活动，从而不断与环境交互作用而获得经验、积累经验，以促进自身生理和心理的发展。所以，儿童的发展是一个连续的、不断前进的过程：前一个阶段的充分发展是后一阶段的基础，后一阶段的发展是以前各个阶段充分发展的积累和延续。

4. 儿童发展是通过工作实现的

蒙台梭利认为活动在儿童心理发展中有着极其重要的意义。她认为游戏，特别是假想游戏，会把儿童引向不切实际的幻想，不可能培养出儿童严肃、认真、准确、求实、负责任和严格遵守纪律的精神和行为习惯。在她看来，

[①]　鲍亚：《蒙台梭利儿童课程研究》，硕士学位论文，南京师范大学，2007。

只有工作才是儿童喜爱的活动，而且只有工作才能培养儿童多方面的能力并促进儿童心理的发展。

蒙台梭利对儿童的工作和游戏进行了区分。她将儿童在有准备的环境中与环境相互作用的活动，如操作教具的活动，称为工作；而将儿童日常的玩耍，如使用普通玩具的活动，称为游戏。蒙台梭利认为工作是生命的本能和人性的特征。儿童的工作要求象征着生命的本能，在顺利的环境下工作会自然地从内在的冲动下流露出来。工作促进了儿童人格的形成以及智力与意志的发展。

（二）教育观

1. 主张自由教育

蒙台梭利主张自由教育，强调儿童应有权利选择自己要做什么并决定自己的工作要做到什么程度。她认为儿童的发展是自己工作的结果。只有在自由的条件下产生的自我创造才可能成功。蒙台梭利认为教育的目的包括生物和社会两个方面：生物的目的是帮助儿童个人实现自然发展；社会的目的是为环境做准备，使个人能适应并利用环境。教育的任务就是给儿童提供一个适宜的环境，使其在此环境中发展自身的自然能力。正如她所说，教育的基本任务就是使每个儿童的潜能在一个有准备的环境中都能得到自我发展。教师的职责就是建立常规和排除儿童自然发展中的障碍，观察儿童的表现并了解儿童的需要，以更好地承认、培育和保护儿童自身的能力，并给予其间接的帮助。

2. 提供有准备的环境

蒙台梭利认为在教育上环境所扮演的角色是相当重要的，因为儿童会从环境中吸收所有的东西并将其融入自己的生命。所以教师要为儿童提供一个有准备的环境。所谓有准备的环境一方面是指充满爱与快乐的心理环境，另一方面是指经过教师组织与安排的物质环境。这里的物质主要指各种可供儿童操作使用的材料或教具以及有关的设备。在这个环境里，儿童可以自由地活动、自然地表现，充分地意识到自由的力量；儿童可以获得丰富的感觉刺激，得到自由而充分的发展。同时，这个环境也是一个能够帮助儿童发展生命活动的真实环境，是有规律、有秩序的生活环境。

总之，在蒙台梭利的教育思想中，自由、工作、秩序是蒙台梭利为儿童活动营造的主要支柱。蒙台梭利认为，自由不仅能满足儿童的需要，而且也能使正在进行的工作符合儿童的兴趣，使儿童专心于工作，从而达成良好的秩序。自由、工作与秩序是通过工作协调起来的，所以以自由和工作为基础的秩序与传统的采用命令和压制而产生的服从有本质的区别。[①]

▶▶ 二、蒙台梭利课程方案的基本理论 >>>>>>>>

蒙台梭利课程方案的基本理论可从以下几方面来分析论述。

（一）课程目标

蒙台梭利提出，新教育的目标是在幼儿走向并经历成熟之前的变化时期，协助幼儿成长。由于蒙台梭利认为幼儿的发展有其自然的秩序，因此她主张教育必须顺从生命的法则进行，协助幼儿逐渐展开其内在的潜力。

蒙台梭利一方面强调幼儿有内在主动学习的动力与潜力；另一方面指出幼儿发展的目的是成长，教育是为了进入世界所做的准备。协助幼儿发展自己的潜能与为进入世界做准备的教育目的，是幼儿个人角度的教育目标。

其实，从蒙台梭利所提倡的儿童地位的观念，以及认为教育目的在于重建成人与儿童之间美好关系的角度来看，蒙台梭利的教育目的在于社会改革。蒙台梭利曾提道："儿童与成人社会的两个不同部分，彼此应相互合作、交流、扶持……但迄今为止，人类社会的进化，还只是绕着成人的希望打转。因此，当我们建立此一社会时，儿童一直被我们所遗忘。正因为如此，人类的进化只能比喻为一条腿的进化。"[②] 因此，蒙台梭利呼吁若能把重心从成人社会转移到儿童，我们将能改变文明发展的轨迹。蒙台梭利积极地到世界各国宣传她的教育理念，其支柱在于她认为唯有通过儿童教育的推广，社会改革与世界和平的问题才能得以解决。

（二）课程内容

蒙台梭利课程内容可以分为九个相互独立又相互联系的主要领域，即身体运动教育、日常生活练习、感官教育、数学教育、语言教育、文化科学教育、历史地理教育、艺术表现教育和社会性培养。其中，日常生活练习、感官教育、数学教育、语言教育、文化科学教育和历史地理教育配合使用物化了的、专门的、以活动材料为主的教育内容，又以日常生活练习、感官教育、数学教育、语言教育和文化科学教育为重点。

1. 日常生活练习

蒙台梭利课程方案既强调符合儿童发展的特性，也强调为未来世界做准备。日常生活练习的直接目的在于让幼儿从具体的学习过程、教师指导下的反复练习和活动中不断地调整自己心智的发展，以培养独立自主的能力与精神。同时，幼儿通过不断活动，促进自身意志力、理解力、专注力、协调力

蒙台梭利课程方案的
基本理论

🖊 学习笔记

---

① 王春燕：《幼儿园课程概论》第 2 版，224 页，北京，高等教育出版社，2014。
② 简楚瑛：《学前教育课程模式》，16 页，上海，华东师范大学出版社，2005。

以及良好工作习惯的发展，以为未来的学习铺路。

日常生活练习可分为如下四类。

①基本动作。它包括走路、站、坐、搬、倒、缝、切等动作。

②社交动作。它包括不增添他人的困扰，能站在他人的立场上思考等行为，如打招呼、致谢、道歉、物品的收受、用餐等。

③关心环境的行为。它指对人类以外的生物、非生物的关心，包括照顾与饲养动植物、美化环境等行为。

④照顾自己的行为。它包括穿、脱衣服，刷牙，穿、脱鞋，剪指甲等独立自主所必须学习的行为。

2. 感官教育

蒙台梭利认为，感官活动是一切智能发展的基础，因而感官教育是她的教育内容中重要也是富有特色的部分。感官教育的直接目的是使儿童感官敏锐，间接目的在于培养儿童的观察、判断、区别、比较、归类等能力。这也是个体适应环境的最佳准备。蒙台梭利为此精心设计出一套有16种系列的感官教具，其目的主要是训练听觉、视觉、触觉以及味觉与嗅觉。

听觉训练主要使儿童习惯于辨别声音和比较声音的差别，使他们在听声训练过程中培养初步的审美和鉴赏能力；视觉训练帮助儿童提高鉴别度量的视知觉，鉴别颜色、形状、大小、高低、长短及不同的几何体；触觉训练在于帮助儿童鉴别物体是光滑的还是粗糙的，鉴别温度的冷热，鉴别物体的轻重和大小、厚薄、长短以及形状；味觉与嗅觉训练主要注重提高儿童味觉和嗅觉的灵敏度。

此外，蒙台梭利还在其感官教育中强调，感官教育的刺激应孤立化，且感官训练要按照三段式练习法进行。[①]

蒙台梭利主张，不同感官的训练要采用不同的方法和材料；要使感官的刺激孤立化，使训练集中在某种感觉的某种属性上进行。比如，听觉训练是运用形状相同、音色不同的小铃帮助儿童区别声音，并借助多种乐器对儿童进行音乐训练；味觉训练是通过让儿童用舌头接触苦的、甜的、酸的等溶液的味道进行的训练。蒙台梭利希望通过这种感觉训练使儿童成为更加敏锐的观察者，增进和发展他们的感受能力。

三段式练习法包含如下实施步骤。

第一，命名。教师帮助幼儿建立感知觉与其名称的联系。比如，向幼儿出示红色物体，同时告诉幼儿"这是红色"；再出示绿色物体，说"这是绿色"；然后将物体放在幼儿面前，让他们感知。

---

① 王春燕：《幼儿园课程概论》第2版，224页，北京，高等教育出版社，2014。

第二，辨别。幼儿按教师说出的名称拿出相应的物体。比如，教师对幼儿说，"给我蓝色的积木"，"给我黄色的积木"。幼儿按要求分别拿出相应物体。

第三，发音。教师让幼儿自己说出物体的名称。比如，教师指着物体问"这是什么"，要求幼儿回答。

3. 数学教育

数学教育包括三大领域：算术——数的科学；代数——数的抽象；几何——抽象的抽象。在幼儿期，第一阶段（出生至 6 岁）的数学教育是以算术教育为主的，因此在本单元我们将重点放在算术教育上。

蒙台梭利认为，环绕在幼儿周遭的事物多不胜数，但万事万物的共同属性（大小、形状、颜色、重量等）是有限的。通过感官教育，幼儿的注意力会集中并协助幼儿自身掌握抽象概念及其之间的关系。因此，蒙台梭利算术教育的目的有两个：第一，让幼儿系统地了解、学会逻辑性的数量概念，奠定未来学习的基础；第二，培养幼儿对整体文化的吸收、学习能力以及形成人格时所需的判断力、理解力、推理力、想象力等。

蒙台梭利课程方案强调以感官教育为核心，进而发展到数学教育、语言教育和文化科学教育。感官教具中的"配对的操作"可以促进幼儿发现配对和等值性的关系；"序列的操作"可以促进幼儿了解整体与部分的关系。对这些关系的了解，有助于幼儿的进一步学习。

4. 语言教育

语言教育包括口语训练和简单的书写活动。她认为，书写活动应该先于口语训练。为了书写，幼儿要先通过图画做写前准备。写前准备的第一阶段是掌握和运用书写工具的肌肉运动机制，第二阶段则是建立字母符号的视觉——肌肉感觉印象并进行建立书写的肌肉运动记忆的练习。

口语训练通过为幼儿提供阅读材料和交谈两种形式进行。该训练主要采用命名、辨认和拼音三段教学法，培养幼儿清楚而精确的语言表达能力。

阅读材料由清晰的、书写好的单词和短语卡片组成。蒙台梭利还为幼儿设计了文字教育教具，如金属嵌板、砂纸文字、书卡集等。

5. 文化科学教育

文化科学教育遵循从笼统到具体的原则，先呈现宇宙万物的相关内容。教师首先要做的是让幼儿了解周围的一切，感受到我们自己都处于宇宙之中，茫茫宇宙，浩瀚无垠。也就是说，这所有的一切都属于文化科学教育的内容，具体可分为动物、植物、地理、历史、天文等内容。

（三）课程实施

课程实施必备的要素包括有准备的环境、合适的教具、教师。

学习笔记

1.有准备的环境

蒙台梭利强调幼儿期是吸收大量外界信息的时期。这时幼儿有旺盛的内在生命力，不断地追求有秩序的世界。因此成人就需给幼儿提供所需的环境，协助幼儿走向独立自主之途，亦即成人需给幼儿提供有准备的环境。基本上，教师准备环境时要遵循以下几个规则。

①环境要能让幼儿自由充分发挥其内在生命力。环境的提供要尊重每一个幼儿的兴趣、能力、节奏、步调等。

②环境要确保内容丰富且安全。环境不仅要满足幼儿生物性的需求（如食物、活动空间等），还要满足幼儿心智、道德、精神与社会方面的需求，以激发幼儿的潜能，促进幼儿发展。

③环境要能让幼儿自由活动。蒙台梭利认为幼儿心智的成长与动作发展是息息相关的。幼儿通过自由选择的活动去吸收周围的养分，以获得心智发展所需的要素。因此，环境要给幼儿提供不断动手的场所与用具，以便持续地让他们去开展收集、分解、移动、转换等有助于心智发展的活动。

④环境要有限制。蒙台梭利强调的自由是有限制的自由，因此提供的环境是让幼儿去做对的事而不是做想做的事。

⑤环境要有秩序。幼儿对秩序的敏感期约在2～6岁。此时环境中呈现的秩序有助于幼儿的学习以及对未来的准备。

⑥环境要与整个社会文化有连贯性。蒙台梭利强调让幼儿做好进入社会的准备，因此为其准备好的环境应与整体社会文化有连贯性。

2.合适的教具

蒙台梭利教育思想的具体呈现就是教具。教具在蒙台梭利课程方案中是辅助幼儿生长发展的一种媒介，其主要意义在于借助外在刺激物激发幼儿内在的生命力。

蒙台梭利教具有如下几个特性。

①性质的孤立化。蒙台梭利认为，处在从出生到3岁这个时期的幼儿，会本能地吸收环境中的各种景象。在这个时期，幼儿所吸收到的各种景象都混沌地存在于无意识和潜意识状态下。到了幼儿3岁时，无意识的吸收逐渐变成意识性的吸收。2岁半至3岁半的幼儿开始将混沌的景象予以整理，使之成为有秩序的知识。蒙台梭利认为与其让幼儿以偶然的机会去获得与整理外在的刺激，不如给他们提供一个有秩序的、能刺激五官的环境。这样会更有效地激发幼儿内心涌出的生命力。要幼儿同时培养各种不同的知觉，是一件很困难的事。因此蒙台梭利教具虽有各式各样的特性，但这些特性不是集

中在一个教具上的。配合着要达到的目标，一个教具就只呈现该特性的变化。也就是说，物体所具有的特性中的某一项被孤立，该物体的不同点就能明确地被呈现。例如，圆柱体组具有让人分辨三维空间的功能，但四组圆柱体的教具分别有不同的特性：第一组是具有高度变化的圆柱体组；第二组是具有粗细变化的圆柱体组；第三组是粗细和高度同时变化的圆柱体组；第四组是直径和高度呈相反变化的圆柱体组。

蒙台梭利教具将复杂、困难的工作分解成各个独立的困难，让幼儿在无挫折的情况下一一去克服。我们将这些特性称为性质的孤立化。

②抽象概念的具体化。蒙台梭利教具不仅用于刺激幼儿的感官，还用于协助幼儿对教具的操弄，将事物的性质加以抽象化。蒙台梭利教具形成的程序是先分析具体事物的某一种属性，然后再将抽象的属性加以整理使之具体化，即形成教具。例如，"粉红塔"是从各种形状的物体中抽取出大小的属性，使用只有大小不同的物体由大而小依次叠成的。当蒙台梭利教具想抽取长短的属性时，就固定其他的属性，只变化长度，将只有长度不同的物体由长至短排列，于是"长棒"教具就形成了。教具保持固定属性的差别，这种属性的差别就自然呈现出来了。蒙台梭利将各种属性差别的物体整理成套，也就设计出了表达抽象概念的具体化的教具。

③自我校正。蒙台梭利教具可以让幼儿自己去评量操作的正确与否，因为有操作错误时错误之处会明确地显露出来。例如，一组教具由高度递减的10个洞穴和刚好可以分别插入各个洞穴的10个圆柱所构成。由于这些圆柱刚好能适合于这些洞穴，因此一旦幼儿做错了，他们会看出来并修正。这种教具的优点在于幼儿可以立即得到行为回馈。因此教师未介入时，幼儿也能达到自我教育的目的。

④可移动性。幼儿有活动的欲望。为了配合自身的学习，幼儿可以从教具架上任意选取自己喜爱的教具，也可以配合活动的需要而移动场所。

⑤符合幼儿的身心发展规律。蒙台梭利教具的设计是为了协助幼儿成长，因此教具的所有尺寸大小也应符合幼儿的身心发展规律。例如，教具的尺寸大小、重量等都在幼儿易于抓取、搬动、拿捏的范围内。

蒙台梭利教学方法与教具间有着密切的关系，教学方法的使用几乎无法脱离教具和教具的提示方法。换言之，蒙台梭利教学方法的使用以教具的提示为主，每种教具都具有提示的重点、程序及变化方式。

3. 教师

蒙台梭利课程方案强调培养幼儿自我完成的能力。因此教师的职责是尽量激发幼儿的潜能，并在幼儿自己动手做得到的范围内给予帮助。教师是以辅导者的角色出现的。所谓辅导者的角色是指教师作为幼儿与教具的媒介，在观察到幼儿的需要后给予适时的介入等。具体而言，教师的责任包括以下几个方面。

①准备环境。教师应给幼儿提供一个适合幼儿、能协助其成长的环境。这个环境应包括幼儿自己准备的环境，教室、教具的准备等。

②观察。蒙台梭利课程方案的内容、方法、教具都是从观察幼儿的日常生活所发展出来的。教学的进度、协助以及评价等问题均以教师敏锐的观察力为基础。教师的观察是向幼儿提供协助的依据。

③监督。教师必须监督班上活动的情形，防止可能发生的意外或出现幼儿的粗鲁行为。

④示范提示。教师要向幼儿示范教具的使用技巧。

（四）课程评价

蒙台梭利课程评价是以教具为中心，在教师和幼儿间开展的。具体来说，课程评价从教具的系统性、错误的订正、正确的模仿三个方面开展。教师在观察时应注意以下五个要点：①设定明确的观察目标；②明确列举观察项目；③做好周全的准备，确定观察时间，持续地观察；④配合观察项目，做成摘要或备忘式的客观性整理记录；⑤与其他观察者比较，最后进行综合性的判断。

▶▶ 三、蒙台梭利课程方案的评价 >>>>>>>>

自从蒙台梭利于1907年接管"幼儿之家"，1909年出版《蒙台梭利方法》一书之后，她的幼儿教育思想便迅速在世界范围内引起了强烈的反响。可以说，她的幼儿教育思想至今仍对许多国家的幼儿教育具有一定的影响力。如杜威所言，教育上的事没有一件是没有争论的。[①] 蒙台梭利的幼儿教育思想自诞生起就备受争议，在世界各国的传播过程中也不断受到讨论和批评。对此，我们应采取客观的态度，既不盲目崇拜，也不全盘否定，实事求是地进行剖析，取其精华，去其糟粕，使其为我国幼儿教育服务。

（一）蒙台梭利课程方案的贡献

在世界学前教育史上，蒙台梭利课程方案是至今仍影响较大的课程方案之一。之所以具有如此的魅力主要是因为其洞察幼儿的心理发展、重视环境等。

1. 洞察幼儿的心理发展

蒙台梭利认为，幼儿生来就有各种潜能和生长的需要；他们在内在生命力的指导下，通过活动来达到自我实现。她强调，虽然心理发展是由内驱力

学习笔记

蒙台梭利课程
方案的评价

---

① 吴式颖、任钟印：《外国教育思想通史》第九卷，204页，长沙，湖南教育出版社，2002。

推动的，但发展绝不是单纯的内部成熟。相反，发展离不开环境和教育的影响，是机体和环境相互作用的结果。这种幼儿通过与环境互动获得经验，从而使心理得到发展的观点，与当代心理学家皮亚杰和布鲁纳等人的认知发展理论不谋而合，并且成为现在人们普遍接受的观点。

蒙台梭利提出，幼儿心理发展具有敏感期。在敏感期内，他们能积极地吸收外界事物，学习容易而迅速。同时，幼儿的心理发展呈现出阶段性的特点。敏感期及阶段性理论也得到了现代心理学家的支持。比如，洛仑兹提出了印刻学说；黑斯以敏感期的要素说明了动物的印刻现象；索普提出了小鸟学唱歌的敏感期。[1] 他们的研究证明了学习有其适应时机与预备状态，教师必须抓紧敏感期及时施教。这些都支持了蒙台梭利倡导的观点。

在蒙台梭利看来，感觉是智力发展的前提和基础，心理或智力的发展就是通过感觉器官进行感觉运动而获得的。据此，她非常重视对幼儿进行感觉训练。蒙台梭利的这一思想越来越得到心理学的支持和论证。

蒙台梭利把幼儿的学习活动概括为"工作"，认为工作是幼儿的天性需要，幼儿的工作与成人的工作性质截然不同；工作是幼儿展现人类天赋的唯一途径；幼儿通过工作走向正常化，在工作中获得身心的自然发展。从某种意义上说，蒙台梭利的整个教育体系是以工作为核心而形成的体系。她的这一独特见解对我们当下的幼儿教育仍有重要的指导意义。

2. 重视环境

蒙台梭利提出，环境包括学校环境、家庭环境和社会环境三大类。

她认为学校要为幼儿提供一个有准备的环境，因为幼儿出生后就直接步入成人为了自己生活的便利而创造的世界中。幼儿与这样的环境是完全对立的，他们难以按照自然的步调与节奏生活。所以教师必须为幼儿创设属于他们自己的环境。这个环境中的所有设备和用具都应适合幼儿身心发展的特点。此外，教师还要提供专门的活动材料——教具。这些教具应具有教育意义，能够帮助幼儿进行内在的自我建设和心理发展。教师和幼儿都是学校中的环境因素。教师必须经过专门的训练，不仅要为幼儿准备学习环境，指导幼儿观察，教给幼儿知识，还要引导幼儿的心理活动和身体发展，成为幼儿生活和心灵的指导员。此外，教师还应成为学校与家庭、社区的联络者与沟通者。蒙台梭利强调社会生活的魅力在于一个人遇到的不同类型个体的数量，她发现幼儿具有社会内聚力。因此，在"幼儿之家"，教室里的幼儿是混龄的，小组之间也不是隔开的，就是3～6岁幼儿的教室与7～9岁幼儿的教室之间也不严格分开。在家庭中，父母不能仅仅关心幼儿的身体发育，更重要的是满

---

① 许惠欣：《蒙台梭利与幼儿教育》，220～221页，台北，台湾人光出版社，1979。

足幼儿的精神需要，即认识到幼儿自身成长的力量，了解他们成长的秘密，尊重他们的心理发展规律，为他们营造一种使其感到安全温暖的精神氛围。社会文化也是影响幼儿成长的因素之一，因为幼儿具有吸收性心智，能吸收他们所生活的地方的风俗习惯。无论社会发展到什么水平，幼儿都能够成功地形成与他们所生活的时代的风俗相符合的思维或习惯。

可以说，蒙台梭利强调家长、教师、同伴和社会文化都是幼儿成长的环境。她的环境论涵盖了影响幼儿成长的很多因素，不仅重视物质环境，也重视人文环境。这与我们当下的观点非常接近。

（二）蒙台梭利课程方案的局限性

然而，蒙台梭利课程方案毕竟脱胎于智力障碍幼儿的训练方案，因而存在一定的局限性。[①] 具体如下。

1. 感官训练过于孤立

蒙台梭利强调孤立地训练各种感官。她设计的每一感官教具均是针对一个特定感官的，要求幼儿在接受不同的感官刺激时，将注意力集中在特定的感官上，通过对各种感官的孤立的训练发展感知能力。这是一种脱离现实生活的做法。世界上仅具有一种特性的事物几乎是不存在的，人在认识事物时也总是把事物当作一个整体而非部分。从这个意义上说，孤立的感官训练也许适合那些智力障碍幼儿，却不适合普通幼儿。

2. 忽视创造力的发展

首先，蒙台梭利虽然强调在操作教具时给幼儿自由，但这种自由只是选择教具和选择操作时间上的自由，幼儿在操作教具的方法、规则上并没有自由。因为蒙台梭利教具的操作和方法是固定的、机械死板的，幼儿不能改变，只能按照某种固定的步骤和方式不断地进行重复练习。这十分不利于幼儿创造力的发展。

其次，蒙台梭利课程方案缺乏发展幼儿创造力的艺术教育。在蒙台梭利教室里，虽然幼儿也使用艺术教具，但他们被指定在既定的目标上创作。这种只强调技巧及实体复制的做法，也反映了蒙台梭利教育对创造力发展的忽视。

从上面的叙述中我们可以明确地看到，蒙台梭利课程方案建立在对幼儿天生的自发、自动、自我教育的信念上，强调把幼儿的这种内在潜能发掘出来。但是该方案在多年的实施中并未真正实现蒙台梭利的教育思想。关键的问题就在于：蒙台梭利主张幼儿的自由教育和自由发展，反对成人的干预，

---

① 冯晓霞：《幼儿园课程》，149 页，北京，北京师范大学出版社，2000。

却又要求幼儿按规则刻板地操作教具，给幼儿创设格式化的环境。这二者之间本身就是矛盾的。同时我们还要看到，后人在学习蒙台梭利课程方案时往往机械地搬用其形式，而未真正领会其教育理念与精神。这就告诉我们，借鉴课程的关键不在于形式上的相似，而在于掌握其教育的精髓和方法论。

思考与练习

1. 蒙台梭利教具中较具特色的是（   ）。

A. 生活训练教具 　　　　　　　B. 感官训练教具

C. 学术性教具 　　　　　　　　D. 文化艺术性教具

2. 在蒙台梭利教室里，不是教师直接将知识教给幼儿，而是幼儿通过自己操作教具来自我学习。这是蒙台梭利感官训练教具的特征中的（   ）。

A. 自我校正性 　　　　　　　　B. 操作的顺序性

C. 工作的趣味性 　　　　　　　D. 教育的自动性

3. 下列不属于蒙台梭利课程实施三要素的是（   ）。

A. 有准备的环境 　　B. 教师 　　　　C. 教具 　　　　D. 游戏

4. 蒙台梭利认为幼儿具有一种吸收知识的自然能力，即（   ）。

A. 内在需求 　　　B. 吸收性心智 　　C. 图式 　　　　D. 内在敏感性

5. 蒙台梭利认为幼儿主要的活动是（   ）。

A. 游戏 　　　　　　　　　　　B. 工作

C. 日常生活练习 　　　　　　　D. 文化科学教育

模块五　单元1
云测试

学习笔记

单元 2 华德福教育方案

学习任务单

姓名		班级		学习时间		完成效果		
序号	任务描述		学习建议			自评	同伴评	教师评
1	了解华德福教育方案的基本理论		基于视频观看经典案例，总结概括华德福教育方案的课程目标、内容以及组织与实施					
2	理解华德福教育方案的评价		基于幼儿园的观摩，讨论并思考华德福教育方案的价值和局限性					
学习反思								

学习情境 ▶▶▶▶▶

所有的教育其实是自我教育，孩子在环境中教育他自己。身为老师，我们只是孩子环境中的一部分，我们必须尽可能让自己成为最好的环境。因此孩子可以教育他自己，协调他自己的命运。

——［奥］鲁道夫·斯坦纳

互动交流：

根据鲁道夫·斯坦纳所说的这句话，你觉得华德福教育方案会是什么样的？

模块五　单元2
互动交流提示

华德福教育是由奥地利人类学家、思想家和教育家鲁道夫·斯坦纳创立的一种教育模式，是联合国教科文组织所倡导的一种国际教育。[①]20世纪以来，西方社会在科技革命的推动下逐渐积累起了高度的工业文明，物质主义也空前膨胀。与此同时，吸毒、犯罪等社会问题泛滥起来，人们生活的幸福感并没有得到相应提升。在这样的背景下，斯坦纳从自然主义的视角提出了新的教育理论，并通过兴办华德福学校践行。

1919年，斯坦纳应德国华德福烟厂经理邀请，为其工厂员工子女创办了世界上第一所华德福学校。由此华德福教育这一非宗教性质的独立教育运动在欧洲生根发芽。华德福幼儿教育是其教育体系的重要组成部分。经过几十年的实践，当前华德福教育已在欧洲发展成熟，也在美洲、南太平洋地区和亚洲得到蓬勃发展。1994年，联合国教科文组织给予其高度评价，并向全世界推荐了华德福教育。[②]近年来，国内诸多有识之士把华德福教育引入国内。我国第一所华德福学校于2004年在成都建立，随后上海、广州、深圳、茂名、武汉等地也陆续出现华德福学校或幼儿园。可见，华德福教育作为一种新的理念与实践也在影响着当下我国的学前教育。

▶▶ 一、华德福教育方案的基本理论 >>>>>>>>

斯坦纳在世期间，华德福幼儿园还没有创立。第二次世界大战后，伊丽莎白·冯·格鲁勒丽邀请医生和华德福学校教师根据0~7岁儿童的特点，配合当时的社会情况，开发华德福教育课程，于1926年创设了第一所华德福幼儿园。到目前为止，全球创建的华德福幼儿园在国际华德福幼儿教育联盟指导下开展工作。全球华德福幼儿园有一致的课程大纲，在遵循华德福教育基本原则的情况下，由各地教师结合当地文化选定自己的课程内容。

（一）课程目标

斯坦纳曾说，我们在努力培养自由的人；让他能够自己决定他的目标，指导他的生活。这一目标常常被具体描述为：以开放、亲和、整合性、艺术化的教学方式，教导幼儿通过观察自然界的流转去体验生命内在的道德律，培养幼儿敬天爱人的价值观以及对世界的责任感。我们通过对幼儿内在精神的呵护，把幼儿培养成独立而自由的人，以让幼儿能自己确定自己的目标，寻找自己的生活使命。

华德福教育的课程目标是努力使用各种教育手段和方法，促进幼儿身、

---

① 王春燕：《幼儿园课程概论》第2版，257页，北京，高等教育出版社，2014。
② 王春燕：《幼儿园课程概论》第2版，257页，北京，高等教育出版社，2014。

心、灵整体的健康发展，为幼儿未来的发展奠定基础，也为他们以后的学校生活做好准备。华德福教育致力于幼儿以下能力的培养与发展：身体活动能力、感官接受能力、语言能力、想象力和创造力、社会能力、动机和专注能力、伦理道德的价值能力。[①]

（二）课程内容

根据华德福教育的课程目标及其基本理念，华德福教育的课程内容主要包括轮舞与故事、自由游戏与远足、艺术活动、生活活动、节日庆典与生日会。其中，艺术活动是华德福教育中具有特色的课程内容。

1. 轮舞与故事

（1）轮舞

轮舞又称"韵律游戏"或"歌剧"，某些幼儿园亦称为"晨圈"。在轮舞过程中，幼儿围成圈，配合歌曲或语言，用身体表现诗的内容。它在华德福教育中占有重要的地位，是华德福幼儿园每天都要开展的活动。[②]

轮舞需要一定的空间。在空间足够的幼儿园，可以专设轮舞的场地；若空间紧张，可以将平时的活动场地利用起来。重要的是保证幼儿手牵手围成圆圈。

轮舞一般围绕季节的主题开展，将不同季节中自然环境里动物和植物的状态，人与季节的关系，季节性节日、氛围和工作，配合故事、歌谣、韵律等呈现出来。

（2）故事

故事是语言的艺术，是灵魂的食粮，也是华德福教育课程内容的重要组成部分。故事既有预言故事，也有童话故事。其中，童话故事所占的比例较大。童话故事不仅浓缩历史，还引导幼儿感受人类的发展过程，让幼儿看见善良的心、勇敢的行为可以迎接挑战、跨越困难。童话故事使幼儿对看不见的世界产生崇敬、热爱的情感，并帮助幼儿走出害怕、惊恐。聆听故事也能发展幼儿的想象力并培养幼儿的注意力。而且通过聆听美好的、描述性的语言，幼儿的语言能力和文学感受能力也能得到发展。

在故事的选择上，尽量选择简单美好的故事（针对3~4岁幼儿）与有情节、稍有些力量对比的故事（针对年龄大一些的幼儿）。一两周后，幼儿可以进行角色扮演。同时教师可在故事的开头和结尾使用五音笛来引导幼儿。[③]

---

① 王春燕：《幼儿园课程概论》第2版，260页，北京，高等教育出版社，2014。
② 王雪梅：《华德福幼儿课程的研究》，硕士学位论文，华中师范大学，2012。
③ 王雪梅：《华德福幼儿课程的研究》，硕士学位论文，华中师范大学，2012。

讲故事时，幼儿可以坐着、躺着，甚至在教师身边走动，只要不妨碍其他幼儿听故事即可。瑞典一位华德福幼儿园教师在讲故事时，是让幼儿躺在床上的。她说："我为什么一定要孩子们都坐好了听故事呢？躺在床上临睡前听故事，也许更加接近生活的真实。"①

2. 自由游戏与远足

（1）自由游戏

自由游戏是华德福教育的一项重要内容。不同于服务于外在教学目标的概念化游戏，它是幼儿原始冲动的展现和满足。自由游戏可以发挥幼儿的想象力，同时也可以为幼儿提供自我表达和自我引导的机会，让幼儿体会"我能做"的自信。

华德福教育认为幼儿在 7 岁之前的主要任务是促进身体的发展，让各个器官和系统完成细微功能的区分，然后借由健康的身体发展"精神"和"心灵"。其中非常重要的是"模仿"。幼儿将自己接收到的印象全部吸收后，从其中挑出自己认为感动的部分，再加以模仿，形成自我表现。这样的自我表现在自由游戏中能很轻易地被发现。②

在华德福幼儿园的作息安排中，一般每天至少会有两次户外、两次室内的自由创作游戏时间。幼儿可以自由地选择想要玩的玩具、想要建造的空间，进行独立或者团体的游戏。这个过程主要由幼儿发挥想象力和创造力；教师完完全全地将主动权还给幼儿，不介入游戏。在游戏时间方面，华德福幼儿园的幼儿几乎整个上午都在游戏中度过。有研究观察了 4～5 岁的幼儿在不同情景不同游戏中的表现，发现在短时间游戏中幼儿更多地出现闲散、旁观或者过度性的行为；而在长时间游戏中幼儿的游戏显得有创造性、有较高的认识水平。研究者因此认为幼儿每天用于自由游戏的时间应该不少于 1 小时。③华德福幼儿园充足的游戏时间为幼儿的游戏质量提供了保证。

（2）远足

远足的主要目的是保证幼儿与大自然的接触，让幼儿感受大自然的季节变化。它是华德福教育的又一重要内容。在华德福幼儿园的户外活动中，每周至少有一次远足活动。通过活动，幼儿在大自然环境中自由玩耍嬉戏，并观察着大自然。树枝、石头、小水池都会激发幼儿的想象力，促进幼儿对现

① 吴蓓：《请让我慢慢长大：亲历华德福教育》，90 页，天津，天津教育出版社，2008。
② 王春燕：《幼儿园课程概论》第 2 版，261 页，北京，高等教育出版社，2014。
③ 丁海东：《学前游戏论》，110～111 页，大连，辽宁师范大学出版社，2003。

学习笔记

实关系的思考。[①]

3. 艺术活动

（1）水湿画

水湿画是用水彩颜料在水彩纸上进行绘画的一种方式，也是华德福幼儿园经常开展的活动。水湿画并不是让幼儿进行线条和图像的绘制，而是让他们通过使用红黄蓝三原色在略微沾湿的纸上进行色块的调制和渲染，以此来让他们感受自然的生命力。因此，教师并不询问幼儿画了什么，画的是什么意思。

一般来讲，华德福幼儿园每周有一个固定的时间用来让幼儿创作水湿画。材料为带有布纹的 A3 白纸，红、黄、蓝三原色颜料（教师都会提前将天然色粉用清水调好，分装在不同的容器中，分发给幼儿），不同大小的油画笔，画板和一块海绵。[②]教师先将纸张用水湿润，使粗糙的一面朝上，将其平铺在画板中央；再将纸张上过多的水用海绵吸干，避免色彩之间相互渗透。幼儿绘制多重色彩的画时，一般是将某种色彩先涂满白纸，然后再用色彩在底色上混合，最后晾干。

（2）布偶戏

布偶戏是华德福教育特有的活动，它主要配合当季季节节庆和教学工作，将故事用布偶戏的方式呈现出来。教师以桌子为舞台，铺上棉布或丝巾等布料，再利用石头、贝壳、木头搭制成不同的场景，并将布偶悬挂于后方的木架上。布偶戏开始前和结束后，教师会拿一块很大的白色丝绸将整个桌面盖起来。等幼儿进入教室并安静后，教师会弹奏五音琴作为开场，再将丝布掀开，引导幼儿观看布偶戏。[③]

对于幼儿而言，布偶戏呈现出一个更为真实且立体的空间，与观看电视所呈现的平面感觉是不同的。布偶戏能带给幼儿温暖且有生命力的感觉。

（3）手工艺术

手工艺术也是华德福教育的特色，如幼儿模仿成人雕刻木马、缝制简易娃娃、用蜂蜡捏塑各种动物形象等。

华德福幼儿园会为幼儿设置专门的"裁缝师的角落"，为幼儿提供碎布、剪刀、针线、棉球及羊毛等，以便幼儿随时取用。对于幼儿来讲，手工工作的过程比结果更重要。幼儿集中全身的力量于手中的工作，同时锻

---

① 王春燕：《幼儿园课程概论》第 2 版，262 页，北京，高等教育出版社，2014。
② 王雪梅：《华德福幼儿课程的研究》，硕士学位论文，华中师范大学，2012。
③ 王春燕：《幼儿园课程概论》第 2 版，262 页，北京，高等教育出版社，2014。

炼手指的灵巧度。在教师的熏陶下，年仅 4 岁的男孩能够自己尝试缝纽扣，6 岁的女孩可以自己缝制布娃娃。

（4）晨诵与歌唱

华德福幼儿园每天要固定进行一次晨诵，以引导幼儿体验自己与世界万物的关系。此外，各种活动之前都有歌唱。[①] 这种歌唱是和幼儿的一日生活融合在一起的。在教师一天天反复吟唱中，幼儿可以自由地模仿学习。这并非有意识的歌唱教学。与大多数幼儿园不一样的是，华德福幼儿园吟唱的歌曲主要是五声音阶的歌曲，教师使用的乐器也是五音阶的竖笛和五音琴等简单的乐器。

（5）蜂蜡造型

蜂蜡不同于陶土或泥土，不会黏手并且有天然的香气，能够反复使用。教师将捏制成小圆球的蜂蜡交给幼儿。幼儿将它置于手心做手指游戏，让原本稍硬的蜂蜡透过手掌的热度变得柔软。在捏的过程中，每个幼儿都是安静不说话的。教师不指导幼儿如何造型捏塑，只与幼儿一起做，并将幼儿的作品收藏好。且幼儿在专注捏塑的过程中，也享受捏、揉、搓、拉等动作的快乐，并锻炼小肌肉群。蜂蜡造型活动通常每周开展一次，开展时间依幼儿的年龄与需要决定，有 30～40 分钟。

4. 生活活动

（1）烹饪

烹饪活动是幼儿与教师一同动手制作简单的食物。在制作的同时，教师可以让幼儿使用器具，感受食物的变化和制作完成后的成就感，锻炼手腕和手指小肌肉群。这也是幼儿充分体验将想象和计划转为现实的一个最佳途径。烹饪活动的内容和频率由幼儿园根据本地生活和本园实际来确定。

（2）用餐

在华德福教育中，对于 7 岁前的幼儿而言，重要的是奠定健康的身体基础；在情感方面，重要的是培养"感恩的心"。在华德福幼儿园，用餐时间是进行感恩教育的时间，成人要教导幼儿表述对食物的感谢及喜悦。

（3）园艺农作和照顾小动物

大多数华德福幼儿园都有自己的园艺区。幼儿通过直接参与农业劳作、种花、照料动物的方式来加强对自然的认识，用特别的方式对待树木、动物、河流、蝴蝶等，就像对待朋友那样来热爱树木、动物等。当这种爱日渐增强并最终植根于幼儿的内心，就会形成一种相互同情、相互依赖的情感和责任

[①] 王雪梅：《华德福幼儿课程的研究》，硕士学位论文，华中师范大学，2012。

感。[1] 基于这种情感和责任感，幼儿会对自然、对他人赋予爱和积极关怀；也只有跟自然融为一体，幼儿才能找到生命存在的意义。

5. 节日庆典与生日会

（1）节日庆典

节日庆典是华德福幼儿园重要的课程内容。一般来讲，举办节日庆典时，幼儿园会邀请幼儿家长来园和幼儿、教师一起参与，包括亲子轮舞、布偶戏，也会准备节日特色食品和礼物等。[2] 不同国家有着不同的传统习俗和传统节日，因而不同国家的华德福幼儿园所庆祝的节日也不尽相同。

（2）生日会

生日会是对幼儿进行生命教育的重要方式。因此在华德福幼儿园里，每个幼儿和教师都有一个美好的生日会。在幼儿生日会当天，教师会亲手烤制蛋糕，讲生日故事，唱生日歌，并事先请家长写好卡片。卡片上面记录了幼儿出生时的样子、家长为幼儿所做的准备等。当教师过生日时，其他教师会事先准备好鲜花、饼干，然后组织幼儿献花、唱歌，表达对教师的祝贺和感谢，使幼儿养成感恩的习惯。

（三）课程组织与实施

华德福教育以儿童的发展为基础，其课程组织与实施服务于幼儿的需求。

1. 课程组织与实施原则

华德福教育的课程组织与实施原则为：维护幼儿拥有一个健康和适宜的孩童时代的权利；利用幼儿活泼的自然倾向开展工作，而不是反对；运用模仿和范例作为教育手段；保证幼儿的幸福安康以及支持他们的学习体验；为创造性的游戏提供充足的时间、空间和合适的器材；对幼儿的感官经验的影响保持警觉，对幼儿因社会环境而产生的特殊需求做出反应。我们将其概括为以下三条主要原则。

①通过模仿和范例引导幼儿学习。

②通过有节奏的生活带给幼儿良好的身心体验。

③提供能培养幼儿感觉和想象力的环境。

2. 课程实施

华德福教育深受德国"秩序"和"节奏"文化的影响，强调韵律和节奏在幼儿发展中的作用。华德福教育根据其基本原则，主要为幼儿创设适宜的环境，利用这种规律性、重复性的活动给幼儿带来安全感。

---

① 王春燕：《幼儿园课程概论》第 2 版，267 页，北京，高等教育出版社，2014。

② 王雪梅：《华德福幼儿课程的研究》，硕士学位论文，华中师范大学，2012。

（1）一日生活

在华德福幼儿园，幼儿的每日生活都非常有节奏，表现为"呼出"与"吸入"的节奏循环。走进华德福幼儿园，呈现在我们眼前的是一个能使幼儿积极活泼起来的环境，扑面而来的是幼儿活动的图画——幼儿都展现着对行动的热爱。表 5-1 是华德福幼儿园一日生活示例。

表 5-1　华德福幼儿园一日生活示例

具有目的的任务	准备点心、园艺、整理房间、简单手工工作
晨圈	音乐和歌谣伴随下的身体运动
讲故事	增强幼儿的倾听能力
手指游戏和押韵的语言游戏	发展幼儿的大动作和精细动作，锻炼幼儿的手眼配合能力；培养幼儿的语言兴趣
季节性的节日与庆典	激发幼儿与生俱来的好奇心
户外活动	在树林、草地里开展爬、跑、跳等运动
充满想象力的活动	激发幼儿内在的活力和培养幼儿的社会交往能力

（2）活动区域

华德福幼儿园的活动区域一般分为两部分：教师主导的区域以及幼儿主导的自由玩耍的区域。其中，教师主导的区域有故事台、季节桌、厨房区与手工材料区；游戏区域由幼儿主导。

故事台是演布偶戏的专用区域。它平时用布覆盖。在每日的故事时间，教师和幼儿将布掀开，将布偶剧故事的角色与场景呈现出来；故事一结束，师幼又会用布将故事台覆盖起来。

季节桌是自然界的四季更替在室内的呈现或反映。教师常通过运用颜色和布置场景帮助幼儿感知春、夏、秋、冬四季的循环与变化，使幼儿不会无视时间的消逝，而有意识地体验四季的节律。一般来说，为了给幼儿明确的位置感，季节桌通常安置在固定的位置，且不会换来换去。

厨房区不仅有供成人使用的操作台，还有供幼儿使用的凳子、烤箱、水果篮、盥洗杯格等。在点心与用餐时间结束后，幼儿需要到该区清洗自己使用过的餐具。摆放桌椅的区域不但有教师专用的工作台，也有可以允许幼儿自由搬运的桌椅。

手工材料区包含毛线、羊毛织物、羊毛、纸板、塑形用蜂蜡块、绘图专用蜡块等。教师可以将所有手工材料分类放置在该区。教师会根据每日不同的艺术活动需求，在幼儿入园前将相应材料摆设在幼儿的工作桌上，迎接幼儿进入。

游戏区域主要提供各种适合幼儿自由游戏的素材，有"娃娃家"游戏所需的各种材料；有各种大小、长短各异的自制积木；有建构游戏可用的不同尺寸的手染布；还有木制的刀剑、毛线小球。幼儿可以随意取用当中的素材，在自由游戏时间内组合各类扮演情境。

为了更具体地解释上述活动区域是如何整合起来的，我们通过一个典型的幼儿园上午活动来做个示例。当然，这个示例仅仅是突出了日常活动的某一面。通常一周中的每一天都有其活动重点，活动重点会随着季节变化而改变。

案例 ▶▶▶▶▶

华德福幼儿园课程实施[①]

在幼儿到园之前和离园之后，教师要在园内工作一段时间。当然，教师需要准备主题活动和相应材料，但更为重要的是教师要使幼儿园里有恰当的氛围。

当幼儿到园以后，教师已经展开工作。这样幼儿可以将衣服挂好，将鞋子换好，就像得到家人的欢迎一样。首先，幼儿可以自己组成小组，选择玩耍的区域，进行一段时间的自由玩耍。比如，给娃娃穿脱衣服，用小的圆木搭建，或者把椅子翻过来当作汽车开来开去。教师通常忙于一些工作，如在烘焙日准备面团等。其间教师和幼儿之间会有一些交谈，一些幼儿也愿意围在教师的身边。通常当教师工作时，幼儿都会观看或"帮忙"，也会问一些问题等。这些日常活动非常重要。

教师可以在收拾整理之后开始下一阶段的活动；幼儿也会参与其中，将工具或物品归还到架子或篮子里。在这个年龄阶段，幼儿模仿的力量非常强大。教师非常清晰和仔细地工作，以具有韵律性的、自然的方式重复每天的活动。这很容易给幼儿提供好的导向。如果幼儿经常看到教师小心翼翼地使用工具，他们就能够学会做相当复杂的实际工作，甚至包括使用尖锐或复杂的工具或装备。

收拾整理是非常重要的工作，这项工作不应该被幼儿当成破坏兴趣或乏味的苦差事。当物品被摆回它们的位置后，幼儿聚集在一起，开始准备轮舞活动，通常为唱歌、有韵律的诗歌朗诵或表演。有时外语教师也会来访，带来新的轮舞活动。这些活动有助于幼儿专注力和语言能力的培养。而后幼儿可以去上厕所，洗手准备吃点心。先回来的一些年龄稍大的幼儿可以帮助摆放餐具或者插着鲜花的花瓶。吃饭之前，每一个人都唱一些季节性歌曲。教

---

① 引自华德福教育相关公众号。

师清晰的行动会被幼儿模仿。因此，他们不需要特意地以任何正式的方式教幼儿。

在上午吃完点心之后，一些幼儿可以帮助收拾整理；而另一些幼儿可以开始第二阶段的自由玩耍，也可以开始艺术或手工活动。如果幼儿有兴趣，他们就可以一直做下去。在这之后，可以是户外时间。幼儿可以到花园或沙坑玩耍，也可以到附近的公园散步。师幼都回来后，大家挂好外套和围巾，仔细收拾好物品，然后就可以进行"故事角"活动，由教师讲述童话故事。这时家长会在幼儿园外等待接幼儿。有些幼儿园下午也有活动。教师会组织幼儿吃午餐，而后进行午休和其他游戏。

一周中的每一天，幼儿园都有艺术或手工活动，如烘焙活动。大部分的幼儿园都提供水彩颜料和蜡块供幼儿自由绘画，或开展蜂蜡造型活动等。手工活动内容会根据幼儿园设施和教师的特长而有所不同。在这些活动中，幼儿都是看着教师的示例学习，然后按照自己的节奏体验。利用这种方式，幼儿的探索和创造能力同时发展，并萌发了对动手操作的热爱。这一点可以在幼儿动手操作时表现出的自立、冷静和勤奋中得到证明。自主游戏也有同样的氛围。强烈的和充满活力的节奏能够帮助幼儿建立安全感。

（3）幼儿园环境

斯坦纳特别注重自然环境对幼儿教育的意义。所有华德福幼儿园都注重园址周围的环境。比如，列克星敦华德福幼儿园周围有广阔的原始草地、树林和湿地，为幼儿开展各种户外活动，如活力农耕、园艺和足球等提供了支持。[①] 华德福教育认为吵闹的环境会过度刺激幼儿敏锐的感觉，对幼儿是有害的。所以幼儿园的环境应当安静、贴近自然，以使幼儿在游戏中感受环境。此外，大自然提供的材料的形状和色彩特别适合幼儿。

3. 华德福幼儿园的教师

在华德福幼儿园里，教师遵循幼儿的成长规律，会在幼儿成长的不同阶段充当不同的角色。在幼儿成长的第一阶段，幼儿认为周围的一切都是好的，缺乏辨别和判断的能力。这时教师会为幼儿安排充满爱的环境并保证他们的安全。考虑到幼儿极强的模仿性，教师也会在幼儿面前谨言慎行。到了第二阶段，如果条件允许，华德福幼儿园里通常会安排一名教师连续三年带领一个班级。当然，这对教师本身的能力有一定的要求，教师要能跟幼儿一起不断成长。到了第三阶段，教师会尽量在鼓励和沟通中帮助幼儿解决问题。

教师都是接受一定培训后才上岗的，而且他们会在教育过程中不断地

---

① 王雪梅：《华德福幼儿课程的研究》，硕士学位论文，华中师范大学，2012。

发现问题，然后进行再学习，实现自我能力的提高。教师要有一种不断成长的理想，需要持续进行自我教育，以成为平衡与健康的人的表率。[①]

华德福教育从以"万物应有时"对待幼儿的原则出发，将其理念运用到日常的教学内容、教育方式和师生关系中，使幼儿在成长过程中得到了应有的知识和精神方面的引导。

▶▶ 二、华德福教育方案的评价 >>>>>>>>

华德福教育方案作为全球华德福教育运动的一部分，正在日益受到不同文化背景的教育者的关注。在我国，自 2004 年成都创办第一所华德福幼儿园以来，越来越多的家长与教育者开始实践华德福教育，华德福幼儿园正在各地日益蓬勃地发展着。

为了协助华德福幼儿园在我国的健康发展，国际华德福幼儿教育联盟等联合启动中国华德福幼师培训与指导项目，分别在成都、北京、广州、南京成立了华德福幼儿教师培训中心，以满足日益增长的办园需求。

华德福幼儿园尊重幼儿的时间和空间，强调节律和安全感对于幼儿健康成长的重要性，提醒成人应意识到幼儿对丰富感觉体验的需要和体验游戏在童年的重要地位。

在华德福幼儿园，活动多于静坐，幼儿会从活泼的体验中形成专心和自控素质。华德福幼儿园通过为幼儿提供足够的游戏时间与空间帮助幼儿进行自我发现，建立友谊，创造自己的世界，并且成为社会生活的积极参与者。

为幼儿营造一种安全、信任、温暖的生活氛围是教师的重要工作。当我们看到不稳定和疲劳的生活方式对幼儿的健康造成伤害时，会感到那种平稳的、有节律的、有保证的生活是多么具有价值。

华德福教育方案提供了如何看待幼儿以及他们的教育经历的新观点，以及一些解决整个社会幼儿问题的方法。这些值得所有的家长与教师了解和学习。

任何一种教育都会受到文化的限制和认同。我国的华德福教育实践探索也会面临许多的挑战，但期待所有的教育者都能从它的理念与实践中学习一些可以更好地帮助幼儿健康成长的方法。

思考与练习

1. 华德福教育的创始人是（　　）。

A. 马特拉齐　　　　B. 布鲁纳　　　　C. 蒙台梭利　　　　D. 鲁道夫·斯坦纳

---

① ［英］琳·欧德菲尔德：《自由地学习：华德福早期教育》，李泽武译，20 页，北京，人民文学出版社，2006。

2. 华德福教育中具有特色的课程内容是（　　）。

A. 轮舞与故事　　　　　　　　　　B. 自由游戏与远足

C. 艺术活动　　　　　　　　　　　D. 生活活动

3. 让幼儿体会"我能做"的自信的课程内容是（　　）。

A. 轮舞　　　　　B. 故事　　　　　C. 自由游戏　　　D. 远足

4. 以下不属于华德福教育课程组织与实施原则的是（　　）。

A. 不能利用幼儿活泼的自然倾向工作

B. 通过模仿和范例引导幼儿学习

C. 通过有节奏的生活带给幼儿良好的身心体验

D. 提供能培养幼儿感觉和想象力的环境

单元 3　高宽课程方案

学习任务单

姓名		班级		学习时间			
序号	任务描述		学习建议		完成效果		
					自评	同伴评	教师评
1	理解高宽课程方案的理论基础		阅读相关文献，对照高宽课程方案，理解其理论基础				
2	掌握高宽课程方案的理念		观看高宽课程方案相关视频，思考并讨论为什么要这么做				
3	掌握高宽课程方案的基本理论		基于视频和经典案例，总结概括高宽课程方案的课程目标、课程内容、课程实施及课程评价				
4	了解高宽课程方案的评价		基于幼儿园的观摩或视频，讨论并思考它的价值和局限性				
学习反思							

学习笔记

✍ 学习情境 ▶▶▶▶▶

　　在幼儿园中，我们经常听到"关键经验"一词。高宽课程指出，幼儿有 58 条关键经验，幼儿教育要围绕幼儿的关键经验开展。

互动交流：

你觉得关键经验对于幼儿园课程来说有什么意义？

_____

_____

模块五　单元 3
互动交流提示

高宽课程和凯米课程等是受皮亚杰认知理论影响较大的课程。高宽课程诞生于 20 世纪 60 年代的美国，后来传入我国。我国一些幼儿园开始学习建设高宽课程。在本单元，我们将学习高宽课程方案的理论基础、理念、基本理论及评价。

美国幼儿心理学家戴维·韦卡特是高宽课程的创始人。戴维·韦卡特早年参与建设美国密歇根州政府支持的佩里学前教育机构。该机构是为美国劳工阶层中三四岁幼儿设计项目，旨在使处境不利的低收入家庭的幼儿在阅读、书写方面有所进步。换句话说，当时佩里学前教育方案主要是促进处境不利儿童的认知发展，希望他们在步入小学后能够和其他儿童站在同一起跑线上，在未来的学校学习中不再落后。佩里学前教育方案就受到了皮亚杰认知理论的影响。1971 年，戴维·韦卡特等人编写了一本介绍皮亚杰认知理论的著作——《认知取向课程：学前教师的工作框架》，提出了高宽课程的概念。

✎ 学习笔记

▶▶ 一、高宽课程方案的理论基础 >>>>>>>>

高宽课程方案的理论基础有皮亚杰的认知发展理论、杜威的教育理论、埃里克森的人格发展理论以及维果茨基的社会文化理论。

首先，高宽课程方案借鉴了皮亚杰的认知发展理论。皮亚杰强调知识不是在主体之外而存在的，是在主体和客体相互作用的过程中建构而成的。主体通过感官渠道探索世界，建构认识，获取经验。具体来说，皮亚杰界定了人类个体认知发展的四个阶段：感知运动阶段、前运算阶段、具体运算阶段、形式运算阶段。其中，2～7 岁儿童处于前运算阶段，此阶段的儿童凭借具体形象的事物形成认识。也就是儿童必须与同伴、教师、材料发生互动，在互动的历程中慢慢吸收对于某个事物的认识和经验，通过这些认识和经验的积累而逐渐形成对于一个事物的理解。高宽课程方案吸纳了皮亚杰的经典理论并在实践中运用。

其次，高宽课程方案借鉴了杜威的教育理论。在杜威看来，教育是借助经验、为获取经验而进行的发展过程；经验源自幼儿的操作与探索；幼儿的学习就是在"做中学"的。所以，高宽课程方案强调教师给幼儿提供各种材料，让幼儿在充分的时间中操作和探索，获得相关经验。

再次，高宽课程方案借鉴了埃里克森的人格发展理论。埃里克森划分出 8 个人格发展阶段。其中，3～5 岁的幼儿处于主动对内疚的阶段。他们对于想做的事情有很多想法，萌发了主动操作的意识，不断失败后会产生内疚感。

高宽课程方案借鉴了埃里克森的理论，认识到幼儿既有主动性又有内疚感，强调教师要特意为幼儿提供必要的社会性和情感支持，鼓励幼儿成为有意识的计划者、执行者和反思者。

最后，高宽课程方案借鉴了维果茨基的社会文化理论。维果茨基提出教学要走在发展前面，每个幼儿都有最近发展区，教师应该引导幼儿达到最近发展区。高宽课程方案强调教师需要认真观察幼儿，了解幼儿在不同领域的最近发展区，知晓应该给予幼儿什么样的支持与引导，然后用材料等激活幼儿的思维。

▶▶ 二、高宽课程方案的理念 >>>>>>>>

戴维·韦卡特创办了高宽课程研究中心，该中心一直在研究高宽课程的理论进展和实践推广。在高宽课程的英文名（high scope）中，high 是指高度的热情，scope 是指广泛的兴趣。

高宽课程方案的核心理念是主动学习。高宽课程方案的学习轮（如图 5-1）的中心就是主动学习，强调幼儿主动学习的重要性。学习轮的四周是师幼互动、学习环境、每日常规、评估。

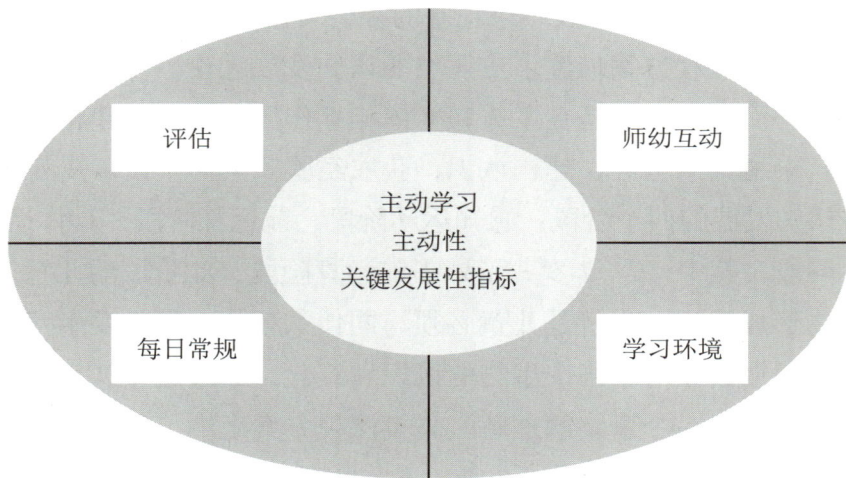

图 5-1　高宽课程方案的学习轮[①]

主动学习是一个完整的过程，包括如下五个要素。

①材料：教师应提供充足的、多样的、适宜的操作材料。材料要适合幼儿的年龄和水平，能够引发幼儿通过多种感官参与。例如，在美工区，教师应提供各种画笔、画纸。

---

① ［美］安·S. 爱泼斯坦：《学前教育中的主动学习精要——认识高宽课程模式》，霍力岩、郭珺等译，12 页，北京，教育科学出版社，2012。

②操作：幼儿操弄、摆弄、探究、组合、转化材料，通过操作材料而获得经验。例如，幼儿在建构区用乐高积木镶嵌、扣合。

③选择：幼儿可自主选择材料、玩伴，通过自身兴趣的转移形成自己的想法。例如，幼儿第一天选择在美工区操作，第二天选择在扮演区游戏。

④幼儿语言和思维：幼儿描述他们所做的和所理解的，用语言表达出自己的所想。例如，幼儿把纸对折，然后在外面画上了蓝色和绿色树叶、一朵粉红色的花，说道：我先得装饰我的卡片。[①]

⑤成人的支持：成人用各种策略支持幼儿的学习，促使幼儿的学习进入下一个阶段。例如，教师看到幼儿用积木搭建高架桥有困难，便提供了一本关于高架桥的图画书。

▶▶ 三、高宽课程方案的基本理论 >>>>>>>>

（一）课程目标

高宽课程方案的课程目标是有效促使幼儿主动学习，使他们在认知、情感、社会性方面协调发展，成为积极主动的学习者。高宽课程的目标强调幼儿应具备个人责任感、社会责任感、独立性、目标导向等，并成为自立的公民。[②]

（二）课程内容

高宽课程方案没有明确的内容领域，但是界定了 58 条关键性指标。关键性指标也被称为关键经验，是幼儿在每个年龄阶段能够学习或应该学习的核心内容，既包括知识，也包括知识中蕴含的思维。关键性指标强调教师需要证实幼儿是否为入学做好了准备。具体内容如下。[③]

1.学习方式

①做出选择、计划和决定并表达出来。

②解决游戏中遇到的问题。

2.语言、读写和交流

①向别人讲述对自己有意义的体验。

②描述物体、事件和关系。

③从语言的运用中获得乐趣：听故事和诗歌，编故事和儿歌。

---

① [美]安·S.爱泼斯坦：《学前教育中的主动学习精要——认识高宽课程模式》，霍力岩、郭珺等译，14 页，北京，教育科学出版社，2012。

② 虞永平、原晋霞：《幼儿园课程》，191 页，北京，高等教育出版社，2014。

③ [美]安·S.爱泼斯坦：《学前教育中的主动学习精要——认识高宽课程模式》，霍力岩、郭珺等译，16 ～ 17 页，北京，教育科学出版社，2012。

④用各种方式进行书写：画、涂，使用类似字母的符号、自创拼写以及正确拼写。

⑤通过各种方式阅读：阅读故事书、标志和符号、自己的书写。

⑥口述故事。

3. 社会性—情感发展

①观照自身需求。

②用语言表达情感。

③与其他幼儿和成人建立人际关系。

④创造和参与合作游戏。

⑤处理社会性冲突。

4. 身体发展和身心健康

①非移动性运动（原地运动）：屈体、转体、扭动、晃胳膊等。

②移动性运动（非原地运动）：跑、跳、踏步、爬等。

③携物运动。

④在运动中表现创造力。

⑤用语言描述运动状态。

⑥按指令运动。

⑦感受和表达稳定的节拍。

⑧按统一的节拍连续运动。

5. 艺术和科学

本部分内容仅包含数学一个分类。

数学部分可分为三个类别：序列、数字、空间。

（1）序列

①对物体的各种属性（大小、长短）进行比较。

②将多个物体按序列或颜色一个一个地进行排列，并描述它们之间的关系（大、更大、最大、红、蓝）。

③利用试误法将一组按大小排列的物体与另一组按大小排列的物体进行匹配（小杯子匹配小碟子，中杯子匹配中碟子）。

（2）数字

①比较两组物品的数量，判断谁多谁少或是不是一样多。

②将两组物体一一对应。

③计算物体的数量。

（3）空间

①填满和倒空。

②拆装物体。

③改变物体的形状和排列方式（包裹、弯曲、拉长、垒高和围绕）。

④从不同的空间视角观察人、场地和物体。

⑤从游戏场、楼房和社区中体验并描述物体的空间位置、方向和距离。

⑥解释绘画、图片和照片中的空间关系。

6. 科学和技术

科学和技术部分可分为两个类别：分类、时间。

（1）分类

①通过视觉、听觉、触觉、味觉和嗅觉来认识物体。

②探索和描述事物的相同点、不同点及属性。

③辨认并描述形状。

④分类和一一对应。

⑤用多种方式使用和描述物体。

⑥同时注意事物的多种属性。

⑦区分"一些"和"全部"。

⑧描述事物所不具备的特征或者它不属于的类别。

（2）时间

①按信号开始或停止动作。

②体验和描述不同的运动速度。

③体验并比较时间间隔的长短。

④预测、记忆并描述事件的顺序。

7. 社会学习

①参与集体常规活动。

②对他人的感受、兴趣和需要敏感。

8. 艺术

艺术部分可分为三个类别，分别是视觉艺术、戏剧艺术、音乐。

（1）视觉艺术

①将模型、图片和照片与真实场景和事物联系起来。

②用黏土、积木和其他材料进行造型。

③绘画和涂鸦。

（2）戏剧艺术

①模仿各种动作和声音。

②玩假装游戏和角色扮演游戏。

（3）音乐

①随着音乐活动。

②探索和辨认声音。

③探索歌声。

④自创旋律。

⑤唱歌。

⑥演奏简单的乐器。

我国以华东师范大学为首研制的3～6岁儿童不同领域的核心素养就参照了高宽课程的关键性指标。

（三）课程实施

高宽课程方案遵照一日常规执行，有一定的规划流程。

高宽课程方案的一日常规分为以下几个组成部分。[①]

①问候时间（时间可变）。

②计划时间（10～15分钟）。

③工作时间（45～60分钟）。

④清理时间（10分钟）。

⑤回顾时间（10～15分钟）。

⑥大组活动时间（10～15分钟）。

⑦小组活动时间（15～20分钟）。

⑧户外活动时间（30～40分钟）。

⑨过渡环节时间，包括入园和离园（时间可变）。

⑩进餐和休息时间（时间可变）。

高宽课程方案依循"计划—工作—回顾"进行课程实施。

计划包括认知、社会和情感部分。幼儿在开始学习前必须确定想做的事情。在计划环节，教师请幼儿表达自己的想法，鼓励幼儿积极思考想要做什么，目的是让幼儿更清楚自己的目标。幼儿的工作实际上是一些具有不同价值的游戏。

在工作环节，幼儿按照自己的意图和目标完成游戏任务。幼儿可以独自或和同伴共同工作，经历探究材料、讨论、学习技能、尝试自己想法的历程，中途可以改变计划。

回顾是幼儿理解他们的游戏的环节。幼儿会谈论他们计划了什么，完成了什么，还有什么尚未完成。回顾的目的是促进幼儿反思自身行动并吸取环境中的一些有益经验。回顾的形式多样，可以使用语言表达，可以用图画绘

---

① ［美］安·S.爱泼斯坦：《学前教育中的主动学习精要——认识高宽课程模式》，霍力岩、郭珺等译，92页，北京，教育科学出版社，2012。

制。教师要能够促使幼儿对活动的每个环节进行清晰表达，让幼儿清楚自己的计划和行动，并对未来的活动有一定的畅想。

高宽课程方案提倡采用小组活动，每组由5～8位幼儿组成。教师根据幼儿的发展需求提供材料，让幼儿自由选取操作区和同伴，操作不同的材料获得经验。小组内的幼儿通过讨论、互动、交流而彼此成长。

大组活动是全班幼儿共同在同一时间开展同样的活动，如唱歌、跳舞、讲故事、玩手指游戏等。在大组活动中，幼儿通过共同做一件事情形成共同的、集体的经验，获得归属感。

户外活动是全班幼儿参与探索自然的重要环节，每天安排1～2次，每次30～40分钟。幼儿应有机会在户外与大自然亲密互动，锻炼身体。

（四）课程评价

高宽课程方案的课程评价包含两个类别：一个类别用真实性评估来评价幼儿的发展状况，即对幼儿的评价；另一个类别用量表评估项目，即对项目的评价。

1.对幼儿的评价

真实性评估是真实、全面地对幼儿实施过程性评价的系统，包含客观的观察记录、幼儿作品档案、家长和教师对幼儿行为的评估。这种评估在自然真实的情境下开展，为教师提供真实有效的信息，使教师对幼儿的了解更为全面具体，帮助教师制订更为科学的课程计划。真实性评估所使用的工具有幼儿观察记录量表和早期读写技能评估量表。[①] 幼儿观察记录量表考查主动性、社会关系、创造性表达、运动和音乐、语言和读写、数学和科学等方面。针对婴儿和学步儿还有一个婴儿—学步儿观察记录量表，考查自我意识、社会关系、创造性表达、运动、交流和语言、探索和早期逻辑等方面。

2.对项目的评价

高宽课程方案特别强调对项目进行评价，以供教师了解项目和幼儿发展的契合度。高宽课程研究中心研制了项目质量评估量表。此工具用于评定项目质量和确定教师培训内容。评价者可以借用工具观察教室里的情况，访谈教师和行政人员，以收集信息。对项目的评价有两个层面：一个是班级层面，另一个是机构层面。班级层面的评价包括学习环境、一日常规、师幼互动、课程计划和评估几项内容。机构层面的评价包括家长参与和家庭服务、员工资质和培训、项目管理几项内容。

▶▶ 四、高宽课程方案的评价 >>>>>>>>

高宽课程方案发展多年，经过不断审视和调整，日趋成熟与完善，其贡

---

① [美]安·S.爱泼斯坦：《学前教育中的主动学习精要——认识高宽课程模式》，霍力岩、郭珺等译，317～333页，北京，教育科学出版社，2012。

学习笔记

献如下。

第一，高宽课程方案的体系较完备。高宽课程方案自诞生之日就有明确的课程理念，课程目标明确，课程内容丰实，课程实施灵活，课程评价客观而容易操作。

第二，高宽课程方案的操作性较强。高宽课程方案有完备的框架，为教师提供了有关主动学习的要素、解决问题的策略和步骤、区域材料的设置和指导等内容，便于教师操作。

第三，高宽课程方案的开放性较强。来自不同国家、具有不同文化背景的教师可以依据自己国家、文化的需求而增设或调整区域，更换资源与材料，保持适度的开放性。

高宽课程方案的局限性在于，它没有预先设计的教学内容，较难为教师观察幼儿、判断幼儿的发展水平提供学习区域和材料。教师需要经常学习，不断反省才能适应课程需求。

模块五　单元3
云测试

思考与练习

1. 高宽课程方案的创始人是（　　）。

A. 戴维·韦卡特　　　　　　　　　　B. 布鲁纳

C. 蒙台梭利　　　　　　　　　　　　D. 鲁道夫·斯坦纳

2. 不属于高宽课程方案的理论基础的是（　　）。

A. 皮亚杰的认知发展理论　　　　　　B. 杜威的教育理论

C. 埃里克森的人格发展理论　　　　　D. 班杜拉的社会学习理论

3. 高宽课程方案的课程没有明显的界限，依靠（　　）来确定。

A. 敏感期　　　　B. 关键经验　　　　C. 吸收性心智　　　D. 兴趣

4. 高宽课程方案的核心理念是（　　）。

A. 学习环境　　　　B. 每日常规　　　　C. 主动学习　　　　D. 师幼互动

5. 高宽课程方案实施的程序是（　　）。

A. 回顾—工作—总结　　　　　　　　B. 计划—工作—总结

C. 回顾—工作—小结　　　　　　　　D. 计划—工作—回顾

学习笔记

单元 4　瑞吉欧教育方案

学习任务单

姓名		班级		学习时间		
序号	任务描述		学习建议	完成效果		
				自评	同伴评	教师评
1	识记和理解瑞吉欧教育的儿童观与教育观		阅读相关文献，对照瑞吉欧教育产生的背景，理解其儿童观和教育观			
2	掌握瑞吉欧教育方案的基本理论		观看瑞吉欧教育视频并分析经典方案，讨论并思考瑞吉欧教育方案的基本理论			
3	识记并理解瑞吉欧教育中的教师角色		基于视频和经典案例，总结概括瑞吉欧教育中的教师角色			
4	了解瑞吉欧教育方案评价		基于经典案例和瑞吉欧教育课程，讨论并思考瑞吉欧教育方案的贡献和局限性			
学习反思						

学习笔记

✍ **学习情境** ▶▶▶▶▶

　　很多教师在上课的时候很喜欢用瑞吉欧教育方案举例子。有的教师认为，瑞吉欧教育是真正以幼儿为主体的。那么，你了解瑞吉欧教育吗？

互动交流：
请大家讨论、交流，说一说你所了解的瑞吉欧教育。

模块五　单元 4
互动交流提示

技能大赛要求：

瑞吉欧教育的创始人是马拉古兹。

学习笔记

瑞吉欧·艾米利亚位于意大利北部，具有良好的城市公共生活的传统和艺术、人文的精神氛围。自 20 世纪 60 年代以来，洛利斯·马拉古兹和当地的幼儿教育工作者一起兴办并发展了该地区的学前教育。该市在马拉古兹的领导下，凭借市政府、社区民众的全力支持、合作与参与，推出了一个颇具特色的、具有世界影响力的幼儿教育体系。后来，该市以"如果眼睛越过围墙"为题在全世界组织展览、巡回展出。以"幼儿的一百种语言"为题的展览在欧美引起了轰动，影响了全世界。这个题为"幼儿的一百种语言"的展览获得的成功，使瑞吉欧教育的精神理念与经验得到各国教育界、学界和政治界人士的赞赏。慕名前往的参观学习者络绎不绝，而且它提倡的哲学观成为美国、日本、欧洲幼儿教育界人士的主要参照对象。瑞吉欧教育的创始人和推行者马拉古兹获得了教育工作贡献奖，还被加德纳称为与福禄培尔、蒙台梭利、杜威和皮亚杰齐名的教育家。全美幼儿教育协会多次举办过瑞吉欧教育学术交流会。在美国学前教育专家凯兹、爱德华兹、福门等人的介绍与推广下，瑞吉欧教育理念与经验逐渐被世界上许多国家的学前教育工作者接受。

▶▶ 一、瑞吉欧教育方案的理论基础 >>>>>>>>

瑞吉欧教育方案的形成，除了受意大利幼儿教育的传统及"二战"后左派政治改革的影响外，也深受欧美主流进步主义教育思想及皮亚杰、维果茨基等建构主义心理学的影响。此外，布鲁纳的教学思想、布朗芬布伦纳的教育生态学观点、加德纳的多元智能理论等也都是瑞吉欧教育的"营养源"。可以说瑞吉欧教育是广纳多种理论的一种生动实践。在这一教育实践中较为基本的是他们对儿童、对教育的看法，这些观点成为形成瑞吉欧教育思想的基础。

（一）儿童观

1. 儿童是拥有权利的独特个体

瑞吉欧教育秉持着一个基本的价值观，即重视所有幼儿的权利：幼儿有权利发展他们的潜能；有权利在关系中生存；有权利在一种成人协助提供的祥和、愉快、丰富的环境中，在亲身体验中自由快乐地成长。幼儿也是社会的一分子，从出生开始就倾向于与父母及其他的照顾者产生重要的关系。

瑞吉欧教育工作者把幼儿看作和成人一样的独立个体。幼儿有自己的想法，有自己的梦想，有自己的哲学，有自己认识世界和学习的方式；幼儿之间存在个别差异。成人需要与幼儿沟通交流，以平等和尊重的态度去倾听幼儿的声音。

瑞吉欧教育的
儿童观

2. 儿童是主动的学习者

瑞吉欧教育深受皮亚杰建构主义理论的影响，以幼儿天生就是学习者的明确哲学为基础，主张学习就是为幼儿提供一种情境。

（1）儿童是学习的主人

他们在入园前就已经拥有了一定的知识经验，他们有自己独特的学习方式。幼儿的学习并非教师教授后一个自行发生的结果，反而大部分是幼儿自己参与活动的结果。

（2）儿童需要自由探索的环境

瑞吉欧教育特别重视创设一种幼儿自由探索，与同伴、教师、家长、社区、环境呈现关系和创造意义的环境。环境是班级的第三位老师。在这样的环境中，幼儿有属于个人的活动空间，可以根据自己的方式来活动，在宁静的气氛和丰富的活动中，真正发挥着自己的主动性与创造力。瑞吉欧教育非常注重环境空间的设计，"广场""工作坊""大厅"等都是在为幼儿实现其主动学习而精心设计的。环境就像是一面镜子，呈现出新的关系；这些新的关系不但带来新的想法，也因此丰富了整个学校的生活。[①]

3. 儿童具有巨大的潜能

（1）儿童有多种自我表达方式

瑞吉欧教育工作者鼓励幼儿使用文字、动作、绘画、雕塑、拼贴、戏剧或音乐等来探索环境、表达自我。比如，教师鼓励幼儿使用图像、文字以及其他媒介去记录和呈现记忆、想法、预测、假设、观察、感觉等。瑞吉欧教育的探索显示，学龄前幼儿已经能够广泛运用各种不同的图像和其他媒介来表达自己，同时能够与他人沟通彼此的认识。并且，他们在这个年纪远比我

学习笔记

[①]　[美]卡洛琳·爱德华兹、[美]莱拉·甘第尼、[美]乔治·福尔曼：《儿童的一百种语言》，罗雅芬、连英式、金乃琪译，113 页，南京，南京师范大学出版社，2006。

们以往所知道的多。幼儿能同时看电视、玩布偶或火车、翻阅书本、离开房间再回来，仍然可以用特殊的逻辑能力与准确度重新建构正在发生的事物。[①]

（2）儿童具有解决复杂问题的能力

作为成人，我们的任务就是去挖掘幼儿的潜能，使他们获得最大程度的发展。我们应该相信幼儿可以找到解决问题的办法。教师的任务就是协助幼儿找到一个够难的问题。面对摆在面前的问题，幼儿会主动投入大量的精力和时间去思考，从而想出不同的方式去解决问题。在"人群"项目中，幼儿在工作坊用语言描述自己看到的人群，用绘画再现人群，用黏土制作泥塑人群等。[②] 在深具挑战性的"恐龙"项目中，幼儿想尽一切办法，解决了一个又一个问题。这反映出他们个体及集体的巨大潜力。

4.儿童有自己内在的生长法则

人类的幼儿期持续的时间较长，所以教师需要有足够的耐心去等待幼儿的成熟，把幼儿看成一个正在发展且有无限发展潜力的人。教师要注意引导幼儿，纠正幼儿的不当行为，相信幼儿的能力，而不是急于判断是非。

幼儿有自己生长的节奏。作为成人，我们需要的更多是耐心和等待。由于幼儿期有独特的价值，我们不能以成人的标准去框定幼儿的成长。幼儿有内在的生长、求知及理解客观世界的欲望，且每个幼儿都是不同的。我们应放慢自己的步调，倾听幼儿的声音，观察幼儿在做些什么，充分了解并允许幼儿按照自己的速度、方式进行学习。

（二）教育观

第一，瑞吉欧教育不仅追求外在目标，还注重内在品质。

瑞吉欧教育的创始人马拉古兹写了如下这样一首诗。

不，一百种是在那里

孩子，是由一百种组成的

孩子有一百种语言，一百双手，一百个想法，

一百种思考、游戏、说话的方式

一百种总是一百种倾听、惊奇、爱的方式

一百种歌唱与了解的喜悦

一百种世界等着孩子们去创造

一百种世界等着孩子们去梦想

孩子有一百种语言，但是，他们偷走了九十九种

学校和文化把脑袋与身体分开

---

① [美]卡洛琳·爱德华兹、[美]莱拉·甘第尼、[美]乔治·福尔曼：《儿童的一百种语言》，罗雅芬、连英式、金乃琪译，179页，南京，南京师范大学出版社，2006。
② 袁丽娟：《瑞吉欧课程模式中的儿童观》，载《现代教育科学》，2014(8)。

学习笔记

瑞吉欧教育的
教育观

他们告诉孩子：不要用双手去想，不要用脑袋去做

只要倾听不要说话，了解但毫无喜悦

······

他们告诉孩子：去发现早已存在的世界，而一百种当中，他们偷走了九十九种

他们告诉孩子工作与游戏、真实与幻想、科学与想象、天空与大地、理想与梦想不是同一国的

因此他们告诉孩子，一百种并不在那里

孩子说，不，一百种是在那里

马拉古兹以富有诗意的语言揭示了世界上许多国家的教育中存在的问题，即教育总是以理性去规范幼儿，割裂理性与感性、工作与游戏、现实与梦想的关系，泯灭了幼儿的想象力和创造力，使他们的个性丧失原本具有的完整性、多样性，使他们丰富多彩的生活变得枯燥、乏味。同时这首诗也以幼儿坚定的口吻"不，一百种是在那里"道出了瑞吉欧教育的价值追求，即要还给幼儿曾经被学校和文明偷走的九十九种语言，要给予幼儿完整的感觉，恢复他们快乐、富有个性的童年生活。[①] 从这个价值追求中我们可以看出，瑞吉欧教育的目标着眼于幼儿整体人格的发展，重视激发和丰富幼儿的感觉经验、审美体验，特别重视对幼儿想象力、创造力的开发和提升。

第二，瑞吉欧教育在教学方法上主张主动建构知识。

瑞吉欧教育反对传统的单向灌输，反对把语言文字作为获取知识的捷径，提倡教育就是要为幼儿带来更多去创新和发现的可能性，给幼儿创设学习的情境，帮助幼儿在与情境中的人、事、物相互作用的过程中主动建构知识。主动构建知识有利于幼儿经历连续不断地与他人及其他文化交流和融合的过程，形成创造性的智慧，使幼儿有机会通过自己的学习方式而获得个人独特的思考方式和对事物的敏感性。

第三，瑞吉欧教育强调儿童与同伴的相互作用及其价值。

瑞吉欧教育工作者认为幼儿的学习是一种互动的社会建构的过程。幼儿既可以与教师及其他幼儿共同活动，也可以单独活动。幼儿在与同伴交往的过程中，特别能在与同伴的相互作用、相互影响中学到很多东西。在与同伴共同活动时，幼儿更容易集中注意力倾听他人的意见，对活动的好奇心和兴趣更为明显，提问和回答问题的可能性更大，与同伴协商和生动地表达自己意见的机会更多。同时，在与同龄幼儿共同活动时，幼儿之间出现认知冲突的可能性较大。因而同伴交往过程在一定程度上也是引发幼儿共同建构新的

教师资格证考证指南：

幼儿有一百种语言是指幼儿表现世界的方式是多种多样的。

✎ 学习笔记

---

① 屠美如：《向瑞吉欧学什么——〈儿童的一百种语言〉解读》，57页，北京，教育科学出版社，2002。

学习和实现发展的过程。[①]

第四，瑞吉欧教育提倡在"教"与"学"两者之间更重视后者。

瑞吉欧教育一向是以学定教的，儿童的学习是教学中较为关键的因素，它往往为教师补充教育资源、提供多元选择及做出有建设性的想法提供支持与来源。正如马拉古兹所说，站在旁边等一会儿，留出学习的空间，仔细观察幼儿在做什么；然后假如我们也能透彻了解，我们的教法也许与以前大不相同。

第五，瑞吉欧教育认为幼儿园是社会生态系统中的一个组成部分，是一个整合的生命有机体，是一个儿童与成人可以彼此分享想法的地方。

社区、市镇对幼儿园发展有一定的义务与权利。社区、市镇的生活形态、发展模式、机构组织也对幼儿园发展有一定的影响。实际上，瑞吉欧教育认为教育机构就是一种幼儿、教师、家庭及社区之间沟通交流与互动的体系，是更大的社会系统的组成部分。

▶▶ 二、瑞吉欧教育方案的基本理论 >>>>>>>>

（一）课程目标

瑞吉欧教育所追求的目的是幼儿愉快、幸福、健康成长。其中，主动性、创造性被视为愉快、幸福、健康成长的前提与核心。瑞吉欧教育并不追求什么外在的目标，而是更注重教育的内在品质，即让幼儿、教师和家长都能生活得幸福愉悦。瑞吉欧教育方案颇具人文主义特色的课程目标，也许用幼儿的内在特征来表述更为合适。这就是让幼儿更健康，更聪明，更具潜力，更愿学习，更好奇，更敏感，更具随机应变的适应能力，对象征语言更感兴趣，更能反省自己，更渴望友谊。[②]

（二）课程内容

瑞吉欧教育方案没有明确规定的课程内容，更没有固定的教材或预先设计好的教育活动方案。课程内容来自周围的环境，来自生活中幼儿感兴趣的事物、现象和问题，来自他们的各种活动。

日常生活是取之不尽的课程内容资源。瑞吉欧教育实践表明，并非经验的新颖或奇异决定幼儿的兴趣和学习的意义；恰恰相反，充分地揭示日常生活的意义对幼儿更具深刻的价值。广场上的狮子雕像、城市中的雨和雨中的城市、人群、影子……都是幼儿探索的好内容。除了围绕自己感兴趣的事物和问题开展研究（项目工作），幼儿尤其是年龄小一些的幼儿还开展许多其他

---

① ［美］Joanne Hendrick：《学习瑞吉欧方法的第一步》，李季湄、施煜文、刘晓燕译，17 页，北京，北京师范大学出版社，2002。

② ［意］Loris Malaguzzi 等：《孩子的一百种语言：意大利瑞吉欧方案教学报告书》，张军红、陈素月、叶秀香译，21 页，台北，光佑文化事业股份有限公司，2002。

活动，如积木游戏、角色游戏、听故事、游戏表演、烹调、家务活动以及穿衣打扮等自发性的活动和颜料画、拼贴画、黏土手工等活动。下面这个例子充分说明了瑞吉欧教育方案的课程特色。

✎ 案例 ▶▶▶▶▶▶

主题活动：小鸟的乐园 ①

这个方案最初的构想来自校园里的一池清水。瑞吉欧幼儿园里有一池清水，原意是给栖息的小鸟解渴用。可是幼儿认为如果小鸟会口渴，也一定会肚子饿。如果它们又渴又饿的话，也许会疲惫不堪。于是，有的幼儿就建议在树上搭个鸟巢，建一个小鸟玩的秋千和老鸟搭乘的电梯；有的幼儿建议安排音乐旋转木马；有的幼儿建议给小鸟准备滑水用的小木片，让它们滑水；还有幼儿提议做个喷泉，要又大又真实，能把水喷得很高。围绕着这个话题，幼儿谈了自己的想法。

西蒙："嘿，伙伴们，为小鸟建个乐园怎么样？"

安德烈："这个鸟的乐园能使小朋友玩得开心，也能使小鸟玩得开心。也许它们已经很开心了，因为听到我们的谈话。小鸟正在说：'哇！他们的主意真妙！'"

安妮斯："小鸟的乐园。"

安德烈："老鸟的电梯。"

菲利波："小鸟的秋千。"

费德丽卡："小鸟的喷泉。"

乔治娅："做个喷泉怎么样？这样小鸟可以在那里洗澡。要做喷泉就得装上一些管子，用马达将水送上去。"

菲利波："这是天使喷泉，我认为这里面有输送水的管子。水管中的水来自水道。当水流到倾斜处和进入喷泉时，水流的速度开始加快。喷泉水池底总是有一些水，也许他们每年更换一次。"

埃亚："水来自天上，那就是雨。它从山上流下来，流入山的小洞里，接着流入山脚下的湖里；然后又有条往下倾斜的水道将水带入另一个湖里，再带入水道。地下的通路有很多条，老鼠会喝掉一些水，但喝得很少。其余的水就流入喷泉，从喷泉的石块中往上喷出。而石块就像滑梯一样，让水滑下来。"

西蒙："我真想有一个很大的装满水的储水槽，看到没有？我们做了两个，一边一个。上方有一座天平告诉我们槽中是否有水。例如，如果天平平衡，代表槽中有水，喷泉可以喷水；如果天平倾斜，就代表水不多了，我们就得

---

① [意] Loris Malaguzzi 等：《孩子的一百种语言：意大利瑞吉欧方案教学报告书》，张军红、陈素月、叶秀香译，21 页，台北，光佑文化事业股份有限公司，2002。

■ 学习笔记

按开关处的按钮，让水槽装满水。"

菲利波："你知道吗？我有另一个主意，放一个在水中转个不停的轮子，像水车那样。这样小鸟游戏时可以将叶片当作阶梯上下。"

……

围绕着小鸟的话题，幼儿谈了很多，也很兴奋。教师及时抓住了幼儿的兴趣点。于是，一个具有想象力同时也鼓舞人心的主题就出现了：为小鸟建造一个真正的乐园。

从这个主题中我们可以看出，教师能及时抓住幼儿谈话的关键点与兴趣所在。同时，这些主题都是发生在幼儿生活中的事，都是幼儿熟悉的。这样他们就可以根据自身的认识提出问题。当教师设定好合适的探索的范畴后，幼儿将有许多机会参与不同的活动，全心全意地投入真实的探索，去体会或体验一些角色，分享意见与经验，学会解决问题。

（三）课程组织

瑞吉欧教育方案强调以项目活动的方式组织课程。项目活动是瑞吉欧教育方案的灵魂与核心。所谓项目活动指的是这样一种课程组织形式，即幼儿在教师的支持、帮助和引导下，围绕某个大家感兴趣的生活中的课题（主题或题目）或认识中的问题进行研究、探讨，在共同的研究、探讨中发现知识、理解意义、建构认识。项目活动主要采取小组活动的方式实施，有时也有个人或全班的活动方式。

从课程的生成来看，一个项目活动或可被视作一次冒险的钻研活动，可来源于成人的一个建议、幼儿的一个观点、一次突发的事件（如下雪或是一个客人的来访）等。但每个项目活动探讨什么、怎么探讨、何时结束，都无法事先规定，完全依赖于幼儿与教师双方的互动、沟通与交流。当然，项目活动并不排斥成人依据教育目标所做的有意识的计划，但每个项目活动都是基于成人对幼儿言行举止的密切关注。成人要保证幼儿有充分的思考和行动的时间。[①] 项目活动从设计上看主要是协助幼儿全面、深入地理解他们周围的环境中值得注意的事物与现象，使幼儿通过主题的探索活动获得与周围的人、事、物的互动，从而自主建构、积累一些知识、经验，发展在主动探索、自由创造、共享、对美的事物的敏感性等方面的情感与态度品质，并使幼儿学会解决问题，学会自由地表达他们对世界的认识方式。

项目活动的实施主要包括三个步骤：①创设一个适合学习的班级环境；②制订一个适宜的研究方案；③实施活动。项目活动着重系统地呈现符号，以促进幼儿的发展。教师鼓励幼儿经由他们随手可得的表达性、沟通性、认

---

① 朱细文：《"最先进"的幼儿学校——意大利瑞吉欧课程模式简述》，载《教育导刊》，1999（3）。

知性语言来探索环境和表达自我。

（四）瑞吉欧教育课程的特点

瑞吉欧教育课程围绕着项目活动发展出了如下特点。[①]

①弹性计划。他们把课程设计视为一个保持着高度动态性、灵活性和开放性的过程。

②师生共同建构的课程。

③以项目活动为课程和教学的主要形式。

④真实生活中的问题解决。

⑤互动合作中的教学。

⑥长期深入的专题研究。瑞吉欧教育的项目活动不是匆忙走过场，而是深入且富有实效的学习。

⑦档案的支持。教师注意收集、保存幼儿学习过程和师生共同工作过程的有关资料。

⑧以小组为基础开展活动。项目活动小组成员一般有 3～5 人，有时有 2 个人。

⑨图像语言及多元象征。幼儿的象征方式是极其丰富的，并不限于绘画、雕塑。多种表征的结合形成多元象征，形成了幼儿的"百种语言"。

⑩象征循环。瑞吉欧教育课程不是直线式发展，而是螺旋式发展。

（五）瑞吉欧教育中的教师角色

瑞吉欧教育中的教师角色非常重要。在这里，教师不是权威，不是传统意义上的知识、技能的拥有者、传授者；幼儿也不是被动地接受语言文化，而是活动的发起者、具体执行者。幼儿的兴趣、需要、经验是一切活动的出发点。瑞吉欧教育中的教师角色是多样化的。[②]

1. 教师是观察者、倾听者和记录者

在瑞吉欧教育中，没有固定的教材，也没有提前编制的课程，绝大部分的课程来自生活。这就对教师提出了较高的要求，要求教师善于观察幼儿，发现课程的主题。

同时，教师也要善于和幼儿进行交流，认真倾听幼儿的一些想法，对幼儿的问题做出一定的回应。倾听是教师角色的核心行为，倾听代表着对幼儿的关注。在 3～6 岁，幼儿的语言表达能力有所欠缺，认知水平单一，容易以自我为中心。这都需要教师扮演好一个倾听者的角色，接住幼儿抛过来的球。[③] 只有这样，教师才能了解幼儿的想法，根据他们的身心特点为他们创

瑞吉欧教育中的
教师角色

---

① 何媛、张丽：《意大利瑞吉欧课程模式》，载《学前教育研究》，2003(2)。

② 曾莉：《瑞吉欧幼儿教育体系中的教师角色研究》，硕士学位论文，西南大学，2008。

③ 曹能秀：《学前比较教育》，132 页，上海，华东师范大学出版社，2009。

建合适的学习情境，为他们带来更多的可能去创新和发展。

在瑞吉欧教育中，记录发挥了重要作用；而大量的记录都来源于教师。对于幼儿来说，他们有一百种语言表达自己、展示自己。这就需要教师采用电子设备和纸笔记录下幼儿在活动中的表现。一方面，记录帮助教师和家长了解反思教育过程；另一方面，教师可以把记录的过程当作与幼儿对话的过程，作为下一个活动的基础。[①]

2. 教师是活动的伙伴、参与者和指导者

在瑞吉欧教育中，教师是积极参与到活动中去的。比如，在幼儿用黏土塑造艺术家的形象时，教师要指导幼儿使用合适的材料和工具，给幼儿提供厚薄适宜的黏土，防止黏土太薄或者太厚导致烧出来的作品断裂而让幼儿感到沮丧。

在日常的教学中，教师会和幼儿一起探讨活动的安排，也会最大限度地给幼儿自由。教师不会急于给幼儿传授任何知识，也不会急于对幼儿做出任何评价，更不会设置任何教学目标。

由于幼儿的身心发展特点，他们会不可避免地遇到一些困难和产生一些疑问。当幼儿的活动不能开展下去的时候，教师才会参与进去，帮助他们厘清思路，发现问题的所在。瑞吉欧教育工作者认为，适时参与幼儿的活动是必要的，因为在这个时候幼儿需要教师的支持。如果没有适时的帮助，幼儿就容易失去兴趣和信心。教师会帮助幼儿关注困难，通过一些方法使问题更能激发幼儿探索的兴趣，鼓励幼儿进行更多的尝试，直至解决问题和获得知识的建构。

3. 教师是课程的主要研究者

在瑞吉欧教育中，教师不仅是活动的承担者，也是课程的主要研究者。教育活动和研究活动相互渗透，共同促进教师的成长。教师不仅要把自己视为研究者，而且要把幼儿视为研究者，同幼儿一起发现问题、一起学习。

在瑞吉欧教育形成的初期，瑞吉欧教育工作者就认为教师并不是知识权威。[②]在教学之前，教师要尽可能地为幼儿提供所需的资料，包括物质资料和知识信息；在教学过程中，教师要根据活动的变化，相应地采取不同的教学措施；在教学结束后，教师要进行反思，分析教学过程中的问题与可取之处，以改进下次活动。瑞吉欧教育工作者不仅要研究教学方法，也要研究幼儿。在与幼儿的共处中，教师认真观察每一个幼儿，发现幼儿身上的优缺点，

---

① 黑丽君：《瑞吉欧教育中的儿童观及其对我国幼儿教育的启示》，载《四川教育学院学报》，2008（4）。

② 黑丽君：《瑞吉欧教育中的儿童观及其对我国幼儿教育的启示》，载《四川教育学院学报》，2008（4）。

促进每个幼儿的发展。同时，教师的研究反思并非单独进行的，而是通过集体合作进行的。在瑞吉欧教育中，教师通过录像机和纸笔等记录教学过程。教师会抽出时间组织集体讨论，共同提高。

4. 教师是学校环境的设计与布置者

在瑞吉欧幼儿园里，建筑结构、空间组合和材料的选取都是经过教师精心设计的。教师希望通过环境传递教育理念。每一所幼儿园的独特环境都是根据幼儿、家长的需求，再结合幼儿园的实际情况创建而成的，有着自身的特点，且难以在其他地方被复制出来。

在创设环境的过程中，教师还要想尽办法准备大量的材料以供幼儿使用。教师一方面要根据幼儿的身心发展特点和个性差异以及最近发展区，为幼儿准备丰富的、可以激发他们好奇心的材料；另一方面还要根据课程的进度，为幼儿准备需要的材料。

物质环境是独一无二的，精神环境更是不可复制的。教师在培养幼儿的过程中倾注了大量的耐心，努力让幼儿感受到他们是被关注的和安全的。

瑞吉欧教育为世人创造了一个与众不同的课程构架，为世界的幼儿教育提供了一个最佳的教育典范。正如加德纳所说，瑞吉欧成功地挑战了相对立的两极：艺术相对于科学；个人相对于团体；幼儿相对于成人；玩乐相对于读书；小家庭相对于大家庭。进而在这些相对事物中，达到某种独特的和谐，并重新组合原本僵化的分类体系。然而，我们不能盲目照搬瑞吉欧教育，因为不管一个教育模式或体系如何理想，它总是立足在当地的环境中；没有一个人能够把瑞吉欧的黛安娜学校搬到美国的新英格兰地区，也没有人可以把杜威的新英格兰学校搬到瑞吉欧·艾米利亚的罗马涅这个地区。不同的文化背景孕育了不同的教育实践，我们需要的是开放的心态与理性的思维，不断地学习、融入与发展。就如国内幼儿教育学者屠美如教授所言："我们正进入一个多元化的世界，不同的教育理念、不同的教育观点，都会给我们以启示。当我们以充满热情、充满好奇、充满渴求的心态去探索、发现教育的种种奥秘时，我们应带着怀疑和欢乐的态度去接受它、融会它、发展它。"[①]

▶▶ 三、瑞吉欧教育方案的评价 >>>>>>>>

（一）瑞吉欧教育方案的贡献

1. 尊重幼儿作为发展的主体

瑞吉欧教育尊重幼儿的主体地位。不管是从学习内容的选择来看，还是

[①] 屠美如：《向瑞吉欧学什么——〈儿童的一百种语言〉解读》，序言 2 页，北京，教育科学出版社，2002。

从学习过程来看，幼儿能够参与其中，并且能自己主导活动的进程。这种自由、开放、尊重幼儿发展潜能的教育顺应历史发展的潮流。这正是目前我国很多地方在学习瑞吉欧教育的原因。

2. 预设与生成结合的学习过程符合幼儿的学习特点

在瑞吉欧教育中，学习的三分之一是确定的；三分之二是不确定的，即生成的。在学习规律和年龄特征确定的情况下，幼儿围绕自身的经验不断生成新的学习内容，创生出新的经验，在预设与生成中不断丰富自己的经验。

3. 充分体现教育共育性

瑞吉欧教育强调互动关系和合作参与，不仅强调让幼儿参与到课程学习中，还强调让家长、社区人员等参与到教育中，大大调动了教师、幼儿、家长等的积极性，为幼儿的发展提供了多种机会和途径。

（二）瑞吉欧教育方案的局限性

1. 课程目标不确定，幼儿发展得不到保证

瑞吉欧教育方案没有统一的课程目标，这虽然有利于教师和幼儿积极性的发挥，但具体教学内容容易受到主客观等多种因素的影响，尤其是受到幼儿和教师自身经验的影响。所以幼儿是否能够得到充分发展是值得怀疑的。

2. 教学过程具有生成性，教师难以把握

瑞吉欧教育方案的课程内容主要是生成性的。不同幼儿有着不同的经验，所生成的课程内容是不同的。教师面对不同幼儿的需求，难以把握需要准备的环境和教学条件。因此瑞吉欧教育对教师的素质要求较高，在实践操作中要求教师具备各种条件，还需要教师、家长等的密切配合。

3. 影响课程实施过程的因素多，教学效果不能保证

在瑞吉欧教育中，课程实施过程中有许多因素难以严格把握，包括幼儿所需的学习材料、幼儿异想天开的想法、幼儿第一手经验获得的途径等。这些因素都使教学效果产生不确定性。

思考与练习

1. 瑞吉欧教育的创始人是（　　）。

A. 戴维·韦卡特　　　　　　　　B. 马拉古兹

C. 蒙台梭利　　　　　　　　　　D. 鲁道夫·斯坦纳

2. 对瑞吉欧教育影响较大的是（　　）。

A. 杜威、蒙台梭利、维果茨基　　B. 杜威、皮亚杰、维果茨基

C. 蒙台梭利、杜威、皮亚杰　　　D. 维果茨基、蒙台梭利、皮亚杰

3. 瑞吉欧教育方案的灵魂和核心是（　　）。

A. 项目活动　　　　B. 作业教学　　　　C. 关键经验　　　　D. 游戏活动

4. 瑞吉欧教育方案的课程内容的特点是（　　）。

A. 明确规定了课程的内容　　　　B. 有预先设计好的活动方案

C. 没有固定的教材　　　　　　　D. 注重课程内容的系统化

5. 下列不是瑞吉欧教育课程的特点的是（　　）。

A. 弹性教学　　　　B. 个别学习　　　　C. 合作学习　　　　D. 档案支持

实训与反思

实践训练：

训练一：观摩蒙台梭利教育，尝试操作某一蒙台梭利教具。

训练二：收集一则瑞吉欧教育案例，并分析瑞吉欧教育的特点。

训练三：比较分析高宽课程与华德福教育的异同。

学习反思

学习目标

1. 理解幼儿园园本课程的概念、特点与价值。
2. 掌握幼儿园课程资源的概念、开发的价值、分类以及开发与利用策略。
3. 掌握幼儿园园本课程开发的概念、流程以及问题与解决策略。
4. 会根据需要开发课程资源和设计园本课程。
5. 萌发对家乡的热爱之情，具有将家乡文化传递给下一代的家国情怀。

学习导航

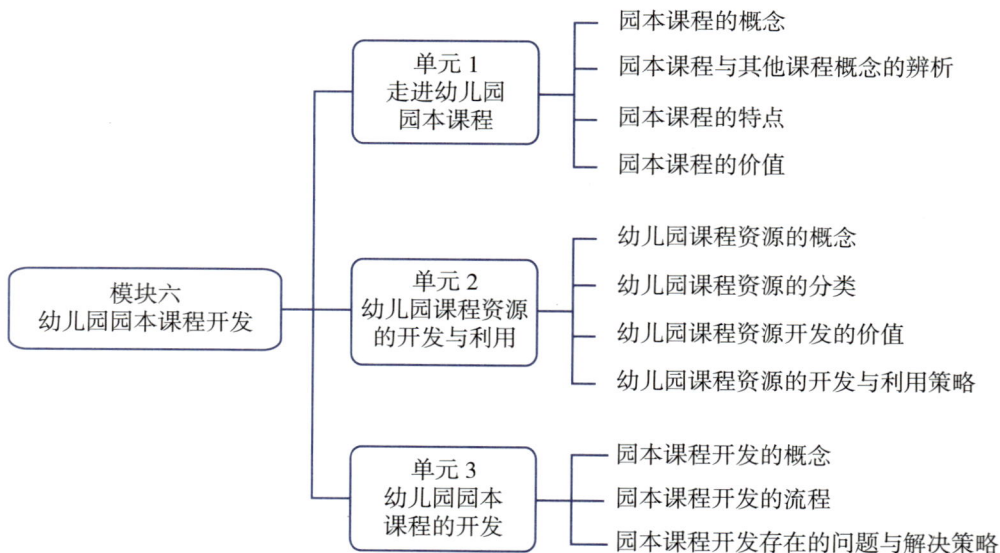

● 初学体验 ●

　　我们去幼儿园见习和实习的时候，幼儿园园长一般都会向我们介绍幼儿园的课程，很多幼儿园都有自己的园本课程。比如，有幼儿园以当地的名胜古迹为课程内容，也有幼儿园把当地农耕文化作为课程内容。在见习和实习过程中，你所了解的幼儿园园本课程有哪些？

● 互动交流 ●

_____

_____

_____

　　园本课程的构建越来越成为幼儿园课程建设的核心。园本课程是什么？园本课程有什么特点？园本课程要怎么建设？这些问题往往让刚刚入职的新教师，甚至一部分老教师也感到困惑。每一位幼儿教育工作者在入职前必须掌握园本课程的基本理论，并学会建设园本课程。

单元1　走进幼儿园园本课程

学习任务单

✎ 学习笔记

姓名		班级		学习时间			
序号	任务描述		学习建议		完成效果		
					自评	同伴评	教师评
1	识记和理解园本课程的概念		利用实习实训，了解实习幼儿园的园本课程				
2	理解园本课程与其他课程概念的辨析		阅读课程分类的相关文献，加深理解				
3	识记并理解园本课程的特点		基于园本课程案例，分析其特点				
4	了解园本课程的价值		基于案例，讨论并思考园本课程的价值				
学习反思							

　　小李是一位刚刚入职公办园的教师。第一次开园务会议，园长在会上讲述了本学期的课程建设要求："这个学期每个年级的教师都要根据幼儿的需求开设为期 2 周的园本课程，活动核心领域不限，区域活动和主题活动要匹配。"会议结束后，小李没有想明白，明明幼儿园有教材，为什么要建设园本课程。

互动交流：

我们为什么要建设园本课程？

_____

_____

_____

模块六　单元 1
互动交流提示

　　《幼儿园教育指导纲要（试行）》强调幼儿园教育是基础教育的重要组成部分，是我国学校教育和终身教育的奠基阶段。城乡各类幼儿园都应从实际出发，因地制宜地实施素质教育，为幼儿一生的发展打好基础。我国幅员辽阔，每个地区的自然资源、文化资源各有特色。我们倡导幼儿园教育生活化，幼儿学习的内容应该从幼儿的生活中挖掘。所以，与中小学课程相比，幼儿园课程的独特之处就在于可以根据当地本园的特色选择各种有益资源，将其转化为课程内容资源。

▶▶ **一、园本课程的概念** >>>>>>>>

　　园本课程是从校本课程中分支出来的一个概念。校本课程是 1973 年菲吕克等人在国际会议上提出的概念，是指立足学校、由学校发起的、满足学校需求的课程。[①] 园本课程的概念借鉴了校本课程的表述思路。"园本"有两个含义：一是根据本园的实际情况（包括地理位置、文化资源、物产资源、背景、基础）开发课程。这些实际情况是幼儿园课程的生长土壤。二是以本园人员为课程建设主体，包括园长、教师、行政人员、家长与幼儿等。课程建设主体将为幼儿园课程的发展献计献策，提供各种物质保障和资源；他们是幼儿园课程的播种者、呵护者。园本课程开发特指以幼儿园为基地进行课程开发的开放、民主的决策过程，即园长、教师、课程专家、幼儿、家长和社区人

学习笔记

核心概念：
园本课程

[①]　苑海燕、梅继开、苏一波：《幼儿园课程论》，186 页，北京，首都师范大学出版社，2020。

士共同参与幼儿园课程计划的制订、实施和评价等活动。[①]

　　我国早有园本课程的历史渊源。20 世纪 20 年代至 30 年代，我国学前教育的奠基人陈鹤琴和张雪门先生就分别是创建了五指课程和行为课程。这两套幼儿园课程是在我国毫无任何幼儿园教材的情况下基于社会发展需求和幼儿发展需求，以幼儿身边的生活、自然、社会环境为资源而创建的园本课程。五指课程最初适用于南京市鼓楼幼儿园，其内容应用到南京之外任何一所幼儿园可能都有不适宜之处。现如今，我国很多优秀的幼儿园都已历经多年建设了独具特色的园本课程，如"田野课程""情境体验课程""游戏取向的园本课程""闽南本土文化教育课程""以情感为核心的托幼一体化课程"等。园本课程的建设成为幼儿园努力营造品牌文化、创建品牌课程的核心。

▶▶ 二、园本课程与其他课程概念的辨析 >>>>>>>>

（一）园本课程与课程园本化

　　园本课程与课程园本化有着明显区别。第一，从教师的参与程度来看，园本课程中的教师参与程度远远大于课程园本化。园本课程完全需要本园教师依据本园的实际情况自行讨论、研发而发展出一个适合本园的幼儿园课程；教师的参与程度极高。而课程园本化是根据本园的实际情况，包括地理位置、文化资源、物产资源、背景脉络等不可变因素，从本园幼儿的既有经验和发展水平出发，有限地调整现有课程的目标、内容、实施、评价，使调整后的课程更适合本园、本班幼儿的兴趣、合理需求与发展水平；教师的参与程度相较于园本课程更低。第二，从尊崇园本的程度来看，园本课程比课程园本化更尊重幼儿园的实际情况。课程园本化是教师将已经选用的普遍课程根据幼儿的兴趣、需要，以及本园的资源状况进行的局部调整历程。而园本课程是从本园生长出来的课程，土壤是幼儿园的地理环境、周边资源、幼儿生活、教师素养等。园本课程是一种结构性的概念，而课程园本化是一种过程性的概念。只有经历了课程园本化的过程，才能逐渐建构出彰显一个幼儿园特色的园本课程。

（二）园本课程与普遍课程

　　园本课程与普遍课程的区别在于课程的适宜性。普遍课程是指在一个范围内普遍适用的课程，是以一个国家、地方或区域的共同点为基础建立起来

---

① 陈时见、严仲连：《论幼儿园的园本课程开发》，载《学前教育研究》，2001（2）。

学习笔记

的课程。[①] 普遍课程分为三个层面：国家课程、地方课程或区域课程。国家课程是政策层面的课程，具体表现为由政府或教育部门所颁布的课程计划、课程纲要、课程标准或教材。地方课程或区域课程是根据地方的幼儿园教育相关政策和标准而编制的供本地使用的课程。这些课程很难适用于整个国家或地域的幼儿园。唯有幼儿园园本课程是完全尊重特定幼儿园的实际情况而建设的，从课程目标、内容、实施、评价的层面而言适宜性最强。

▶▶ 三、园本课程的特点 >>>>>>>>

园本课程是在幼儿园这个丰厚土壤里滋长出的课程，具有以下特点。

第一，园本课程是发展的、生长的。园本课程本就是幼儿园所有人员基于本园的地理位置、文化底蕴、物产资源、现实条件寻找课程内容资源，从本园幼儿的生活实际、兴趣变化、合理需求出发，共同研发、讨论而生成的课程。该课程适宜本园幼儿的学习与使用。每一代幼儿的经验会更迭、需求会变化，当地的文化底蕴会更加深厚，物产资源会有所变化。因此园本课程一定是随着外部条件和幼儿内部需求与经验的变化而生长的。

第二，园本课程具有独特的本土性。园本课程是从本园生长出来的课程，其理念源自幼儿园工作人员长期从事幼儿教育工作所信奉的理论；其目标是依据当地社会需求与本园幼儿的身心发展特点，以及幼儿的合理需求与兴趣变化而设置的；其内容是选取当地的文化、地理、物产等资源转化为课程资源。例如，厦门市第九幼儿园的闽南本土文化教育课程就是扎根我国闽南文化而建设的。

第三，园本课程具有民主性和开放性。园本课程诞生于幼儿园工作人员之手，也就是幼儿园的所有人员都是课程的积极贡献者。因此，幼儿园不论是园长，还是普通行政人员和后勤人员，都有一个共同目标：为本园幼儿成长服务。幼儿园所有工作人员与家长、幼儿以及教育部门相关工作人员，以及课程专家共同集思广益、各抒己见，共同研讨园本课程的理念、体系等。这有利于修改与调整园本课程，增强园本课程的适宜性。

第四，园本课程具有自主性。教师可以依据自己园所的情况建设课程，拥有较大的课程决策权、课程建设权、课程实施权以及课程审议权。教师在实施课程方面具有高度的自主性。

---

① 高丽萍：《山东省编幼儿园课程方案园本化的调查研究》，硕士学位论文，南京师范大学，2015。

四、园本课程的价值 >>>>>>>>

（一）园本课程的建设可以有效促进幼儿的和谐发展

园本课程的建设过程尊重本园幼儿的一般发展规律，以幼儿的需求与兴趣为出发点，以幼儿园的地理位置、周边资源、文化风景为内容，确定适宜本园幼儿需求的课程目标、课程内容，组织各类丰富多彩的活动。因此，园本课程的宗旨是有效促进本园幼儿的和谐发展。

（二）园本课程的建设可以助推教师的专业化成长

园本课程的建设仰赖本园所有教职工的共同努力。幼儿园园长、业务园长、教研组长，乃至每一位教师，要从幼儿的需求和兴趣出发，集思广益，构思主题活动。可以说，教师是园本课程建设的生力军，既是园本课程的决策者，也是园本课程的开发者、执行者、评价者。教师共同建设园本课程的历程必定是艰苦的，教师需要扩充课程理论的专业知识，细致解读幼儿的需求与发展，内化《3—6岁儿童学习与发展指南》的具体目标，夯实课程设计的专业技能，进一步实现自身的专业成长。

（三）园本课程的建设可以滋养幼儿园课程理论的发展

在园本课程的建设过程中，教师需要参照既有的课程基本理论，如幼儿园课程目标建设、内容选择与组织方法、课程评价理论等。这些不同的理论可引导教师建设园本课程。同时，实践中萃取的真知也会日渐丰盈幼儿园课程理论体系。

思考与练习

1. 以下不属于园本课程特点的是（　　）。

A. 自主性　　　　B. 民主性　　　　C. 统一性　　　　D. 发展性

2. 园本课程由（　　）开发。

A. 园里所有教师　B. 园外教师　　　C. 上级行政　　　D. 高校教师

3. 园本课程是（　　）。

A. 生成的动态活动　　　　　　　B. 静态的课程方案

C. 拼凑的活动　　　　　　　　　D. 固定的、不变的

4. 关于园本课程与课程园本化的关系的说法正确的是（　　）。

A. 二者具有相同的概念

学习笔记

模块六　单元1
云测试

B.二者具有不同的概念，没有联系

C.二者有联系，也有区别

D.二者具有不同的概念，但本质是一样的

5.普遍课程不包括（　　）。

A.国家课程　B.区域课程　　C.地方课程　　D.园本课程

单元 2 幼儿园课程资源的开发与利用

学习任务单

姓名		班级		学习时间			
序号	任务描述		学习建议		完成效果		
					自评	同伴评	教师评
1	识记和理解幼儿园课程资源的概念		基于实习幼儿园，罗列其课程资源，加深对课程资源的理解				
2	了解幼儿园课程资源开发的价值		阅读幼儿园课程资源的相关文献，进一步了解其开发的价值				
3	理解幼儿园课程资源的分类		将罗列的幼儿园课程资源按照一定逻辑进行分类，讨论自己分类的合理性				
4	掌握幼儿园课程资源的开发与利用策略		按照幼儿园课程开发的策略，再次进行幼儿园课程资源的开发，理解幼儿园课程资源开发与利用的策略				
学习反思							

学习情境 ▶▶▶▶▶

　　幼儿园课程资源是幼儿园园本课程建设的基础。有的幼儿园把幼儿园所拥有的课程资源都罗列一遍，但还是不知道如何运用这些资源。所以园本课程就成了资源的堆积。

互动交流：

幼儿园如何开发课程资源？

_____

_____

模块六　单元2
互动交流提示

学习笔记

园本课程是基于幼儿园自身资源开发的课程，对于幼儿园自身的资源具有很强的依赖性。如果离开了幼儿园课程资源，园本课程就不复存在。

▶▶ **一、幼儿园课程资源的概念** >>>>>>>>

《幼儿园教育指导纲要（试行）》明确提出，幼儿园应与家庭、社区密切合作，与小学相互衔接，综合利用各种教育资源，共同为幼儿的发展创造良好的条件。环境是重要的教育资源，幼儿园应通过环境的创设和利用，有效地促进幼儿的发展。依据《幼儿园教育指导纲要（试行）》的规定，教师应该具有敏锐的意识，能够发掘幼儿身边的各种教育资源，从教育资源中遴选出有教育价值、符合幼儿学习需求的资源作为课程资源，并将课程资源转化为课程内容，最大限度地促进幼儿的学习与发展。

🔗 **资料链接** ▶▶▶▶▶▶

《幼儿园教育指导纲要（试行）》（部分）
第三部分　组织与实施
……

八、环境是重要的教育资源，应通过环境的创设和利用，有效地促进幼儿的发展。

（一）幼儿园的空间、设施、活动材料和常规要求等应有利于引发、支持幼儿的游戏和各种探索活动，有利于引发、支持幼儿与周围环境之间积极的相互作用。

（二）幼儿同伴群体及幼儿园教师集体是宝贵的教育资源，应充分发挥这一资源的作用。

（三）教师的态度和管理方式应有助于形成安全、温馨的心理环境；言行举止应成为幼儿学习的良好榜样。

（四）家庭是幼儿园重要的合作伙伴。应本着尊重、平等、合作的原则，争取家长的理解、支持和主动参与，并积极支持、帮助家长提高教育能力。

（五）充分利用自然环境和社区的教育资源，扩展幼儿生活和学习的空间。幼儿园同时应为社区的早期教育提供服务。

学习笔记

幼儿园课程资源是指教师在幼儿园课程设计、编制、实施、评价过程中可资利用的一切人力、物力和自然环境的总和。在理解幼儿园课程资源的概念时，我们需要把握以下三个方面。

第一，教师必须以《3—6岁儿童学习与发展指南》为引领，为不同年龄阶段的幼儿选择适宜的课程资源。幼儿园课程的设计是对幼儿经验和课程资源的双重设计，核心是设计幼儿的经验。设计幼儿的经验就是给幼儿一个合适的发展空间，明确幼儿的最近发展区，明确什么样的目标和内容能对幼儿形成挑战。[①] 这必须建立在对不同年龄阶段幼儿合理期待的清晰认识上。

第二，教师不要只关注周围资源的丰富性、多元性，更要关注资源本身对幼儿的发展价值。也就是每一个课程资源承载了什么样的教育价值，符合《3—6 岁儿童学习与发展指南》中的哪些合理期待，可以替代原有教材中的哪些内容。陈鹤琴先生对南京市鼓楼幼儿园周围的课程资源进行了教育价值的细致梳理。他认为好的玩具和资源要能引起幼儿的多种动作，要能启发幼儿的思想，要能陶冶幼儿的情绪，要能发展幼儿的创造力。[②]

第三，教师必须具有捕捉优质课程资源的敏感性。敏感性从何而来，关键在于教师是否具有对幼儿真实生活的深入理解，是否能读懂幼儿的惊奇，是否会对幼儿感动的事物感动不已，是否知晓幼儿的真实趣味。一位真正能够体会幼儿生活、读懂幼儿生活，也会自己照顾好自己生活的教师才能敏感地捕捉到有教育价值、有趣味的课程资源。例如，某教师在开车回家的途中看到被丢弃在街边的瓦片。这些苏州特有的瓦片有各种花纹和图案，承载了艺术、文化的教育价值。该教师便把这些瓦片捡起来送回幼儿园，为每个班级提供瓦片，关注幼儿用瓦片做了什么、谈了什么，进而深入开展与瓦片相关的区域活动。这就是一位走进幼儿心灵的教师能够感受到幼儿的惊奇和趣味的真实写照。

▶▶ 二、幼儿园课程资源的分类 >>>>>>>>

幼儿园课程资源依据不同的分类标准有不同的分类。以下是常见的幼儿园课程资源分类。

（一）生命性与非生命性课程资源

1. 生命性课程资源

生命性课程资源是指幼儿园内部或外部具有一定的生命活力的动物、植物、人力等资源的总和。比如，幼儿园可以种植各种植物，让幼儿明确感受到四季的更替；有不同植物、粮食作物的种子，让幼儿有直接感官认识。饲养角要有可由幼儿喂养、照顾的不具有危险性的小动物，如兔子、蜗牛、蚕、小鱼、乌龟、小鸡等。幼儿园周围可以有各种丰富的人力资源，如皮影戏的工艺师、制作风筝的师傅、花卉种植园丁以及其他行业的工作者等。这些充满生命活力的课程资源能为幼儿提供各种探索、学习的综合性机会，是教师必须关注的重要资源。

---

① 虞永平：《生活化的幼儿园课程》，72 页，北京，高等教育出版社，2010。
② 陈鹤琴：《创建中国化科学化的现代幼儿教育》，241 ~ 245 页，北京，金城出版社，2002。

2.非生命性课程资源

非生命性课程资源是指幼儿园内部或外部不具有生命活力的一切物质、材料、设备等资源的总和。比如，幼儿园中的大型户外活动设施包括攀登架、大型滑梯、秋千、钻爬桶等；幼儿园内部的各种器材包括电脑、投影仪、电视、钢琴等；幼儿园的各种供应品大到会议室的会议桌、幼儿的桌椅、玩具柜，小到彩色铅笔、纸张等。非生命性课程资源既可以起到服务幼儿、教师、家长的作用，也可以成为课程资源，成为幼儿探索、学习的重要载体。比如，某幼儿园在门厅有一个大型地球仪。幼儿喜欢在这里摆弄地球仪，在上面寻找自己所在城市的位置。教师就可以开展一个关于地球的主题活动，借用这个大型地球仪，让幼儿体会自己所在的城市和中国、世界的关系。非生命性课程资源能否得到利用，关键在于教师是否关注幼儿的兴趣，是否能够深入理解课程资源的价值。

（二）强结构性与弱结构性课程资源

1.强结构性课程资源

强结构性课程资源是指结构相对稳定、功能单一、封闭的物质、材料等资源的总和。强结构性课程资源包括成形的玩具、逼真的材料等，如电动玩具汽车和仿真的塑料水果、蔬菜、餐具、厨具等材料。强结构性课程资源主要是为想象力发展较弱的幼儿所准备的。由于小班幼儿对事物的认识处于概念化的建设时期，他们需要操作这些强结构性材料，加深对事物外在特征的具体认识，因此小班幼儿较适合使用这类结构稳定、功能单一的材料。不同年龄班的教师需要明确幼儿的年龄特征，寻找适宜的强结构性课程资源。

2.弱结构性课程资源

弱结构性课程资源是指结构可变性强、稳定性弱、功能多元开放的物质、材料等资源的总和。弱结构性课程资源包括不同形状的积木、大小各异的瓶瓶罐罐等。由于这些材料的结构不稳定，幼儿可以依据自己的想象和需求，将其制作成不同的物品，以丰富自己的游戏和活动。这类材料对幼儿的挑战性较大，因此中班、大班的教师需要为幼儿寻找适宜的弱结构性课程资源，满足幼儿以物代物的心理需求。

（三）消耗性与非消耗性课程资源

1.消耗性课程资源

消耗性课程资源是指不能连续使用的各种物质、材料等资源的总和。消耗性课程资源并非在一次活动中就被消耗或毁坏的。例如，教师把一张彩色纸裁成同等大小的六块，让幼儿利用这些纸张折叠动物。裁剪的过程中会产生很多更细小的纸屑，可以成为幼儿拼贴的材料。因此，一种消耗性课程资源在消耗的过程中再生、创造，可以为不同幼儿提供不同的资源。

2. 非消耗性课程资源

非消耗性课程资源是指可在较长时间连续使用的各种物质、材料等资源的总和。这类资源较多，如阅读角的图书、手偶，美工区的剪刀、颜料、油画棒，建构区的积木、积塑、辅助性材料，科学区的放大镜、天平等各种工具，益智区的七巧板、迷宫、拼图，音乐表演区的服装、道具、录音机等。

（四）资源性与工具性课程资源

1. 资源性课程资源

资源性课程资源是指幼儿可以直接作为探索对象的各种物质、材料等资源的总和。这类资源是课程资源中的重要资源，因为该类资源是幼儿的兴趣、需要所在。比如，幼儿对当地的民间歌谣的唱腔感兴趣，愿意跟着教师到民间曲艺剧团去参观、学习，愿意自己扮各种造型演唱民间歌谣，那么这些具有文化韵味的民间歌谣就是资源性课程资源。教师需要对幼儿园周围的资源性课程资源进行一个系统的、全面的梳理，明确不同的主题可以利用哪些资源性课程资源，并及时将这些资源融入自己的课程设计、编制、实施。

2. 工具性课程资源

工具性课程资源是指幼儿可利用的、可能供进一步探索的各种物质、材料等资源的总和。这类资源属于辅助性资源，是为幼儿与核心资源的互动服务的。[①] 例如，幼儿对泥土有着天然的好奇心，幼儿喜欢探究泥土中隐藏的各种奥秘。他们用小铲子、小桶来挖泥土，寻找泥土中的生命，感受泥土的软硬特征。泥土就是资源性课程资源，是幼儿直接作用或直接探索的课程资源；而小铲子、小桶就是为幼儿的深入探索提供帮助的工具性课程资源。工具的选择尤为慎重，不同的工具会让幼儿有不同的发现。因此，教师必须能够为幼儿的探索寻找到适合的工具，并引导幼儿正确使用工具。

▶ 三、幼儿园课程资源开发的价值 >>>>>>>>

（一）有利于提高园本课程的适宜性

由于不同地区的自然条件、人力资源、社会经济发展、文化资源都有较大差异，国家规定的幼儿园课程并不是"放之四海而皆准"的，不一定符合每个地区幼儿的发展需求和能力水平。因此，教师需要敏锐地捕捉当地的课程资源，开发、利用丰富的课程资源，为幼儿知识的获得、能力的增长、习

---

① 虞永平：《生活化的幼儿园课程》，71 页，北京，高等教育出版社，2010。

惯的养成、情感的发展创造适宜的条件，为幼儿提供更适切的园本课程。

（二）有利于促进幼儿文化品性的发展

由于每个地区的生活习惯、民俗礼仪各不相同，幼儿在接触当地的课程资源后，会受到当地的风俗、礼仪、习惯的影响，从而形成具有本地区特征的性格品质和文化品性。园本课程正是要将幼儿能亲身体验到的当地文化开发为课程资源，以传承相应的文化。

（三）有利于本园教师的专业成长

开发、挖掘、利用当地的幼儿园课程资源，对教师的要求较高，会有力提升教师的专业发展水平。教师必须拥有广博的课程资源知识，不但了解有哪些资源，还必须知晓这些资源的教育价值。对课程资源开发和活动设计的知识的掌握能促进教师拥有复合型的知识结构，要求教师不断更新知识、补充知识，成为名副其实的终身学习者。

教师的专业成长除了包括知识的扩增之外，还包括与同事、幼儿、家长沟通技能的提高。例如，教师要学习互助合作以实现智慧的碰撞、精神的沟通和人格的影响。因此，如果教师能以敏锐的眼光发掘、开发当地的课程资源，可以减少自身的职业倦怠感和孤独感，提升对自身职业价值的认同，全方位提升自身的教学能力、教育能力、学习能力、教育研究能力、管理能力、交往能力，助推教师由"教书匠"向"课程建设者"的角色转变。

▶▶ 四、幼儿园课程资源的开发与利用策略 >>>>>>>>

（一）幼儿园课程资源的调查与收集

幼儿园课程资源对幼儿、教师的发展和幼儿园课程的完善有重要作用。因此，教师需要调查、收集所在幼儿园附近可用的课程资源。调查的第一步就是深入幼儿园所在的社区，了解社区有哪些机构，哪些机构可以为幼儿提供支持。在调查的基础上，教师需要进一步整理哪些机构能够为幼儿的哪些活动提供经验铺垫，提供操作和观摩的场所，并为幼儿的各种活动提供丰富的材料和设备。当下意大利瑞吉欧教育风靡世界，在瑞吉欧·艾米利亚的小镇，教师格外关注社区内哪些资源可以成为幼儿探索的对象或者工具，并将这些资源转化为幼儿成长的支撑。

对幼儿园课程资源的调查分为两类。一类是广泛调查。教师需要以幼儿园为中心，在半径1千米之内寻找所有的课程资源。这种调查涉及的范围较广，工作量较大，但资源丰富，可以为今后5年内的课程资源使用提供指南。另一类是有针对性的调查。比如，幼儿园附近开设了新的机构。教师可以有针对性地了解该机构的功能和教育价值，思考哪些活动可以使用这些机构的课程资源，并做好翔实的记录。某幼儿园附近的课程资源示例如表6-1所示。

表 6-1 某幼儿园附近的课程资源示例 [1]

社区资源	可生成的主题	发展价值
江苏京剧院	我爱国粹（脸谱、服装、人物角色、动作、经典曲目等）	传统文化的认知、音乐、美术、舞蹈、语言等
郑和纪念馆	郑和下西洋（地理航海、探险、交换和贸易）	科学（地理）、社会、语言、数学
东水关遗址公园	水关（水利、河流、大坝、水库）	科学（水利）、社会、美术
夫子庙	走进夫子庙（小吃、画舫、秦淮河、贡院、故居、桥梁、建筑、民间艺术）	社会、健康、科学、美术、语言
白鹭洲公园	走进大自然	美术、语言、科学
新华书店、万科书店、	书的海洋	美工、角色游戏、社会、数学
南京市建筑材料研究所	奇妙的建筑（房屋的材料、构造）	科学、艺术、美术
南京市某医院	认识我的身体	健康、社会

除了对幼儿园周围的课程资源进行调查外，教师还需要对幼儿家庭资源进行细致的调查与收集，以备在不同的活动中为幼儿提供有益经验。对幼儿家庭资源的调查内容主要包括与幼儿共同生活的成人的职业、爱好、单位等。表 6-2 就是幼儿家庭资源调查示例。

表 6-2 幼儿家庭资源调查示例 [2]

幼儿姓名：朱××

共同生活的成人	单位	职业	爱好
父亲：朱××	船舶所	工程师	放风筝
母亲：申××	社区医院	医生	集邮
祖父：朱××	省画院	画家	唢呐
祖母：郭××	××鞋厂	会计	越剧

幼儿园课程资源的调查与收集不仅是教师的责任，也是幼儿和家长的责任。例如，教师需要引导幼儿和家长意识到废旧物品的教育价值，增进家长的资源意识，促使其主动、自觉地为幼儿的健康和谐发展收集家庭中的材料。一些幼儿园在园门口有一个大纸箱。大纸箱的作用就是让幼儿、家长在入园的时候把家里不用的材料、废旧物品放进去，由教师再进行分类、整理。日常生活中的课程资源示例如表 6-3 所示。

---

① 节选自杜丽静、丁平平、刘静研究生学习期间的作业。
② 虞永平：《生活化的幼儿园课程》，75 页，北京，高等教育出版社，2010。

表 6-3　日常生活中的课程资源示例

名称	特性	作用	要求
金属	结构稳定，易保存	可用作容器或打击乐器	干净，完整
果核	易保存，品种多	可用来观察、比较，或用来做装饰画	干净
衣物	种类多，易收集	用于社会性扮演游戏，或用作美工区的材料	干净，消毒

（二）幼儿园课程资源的整理

　　教师在收集、调查幼儿园课程资源后，需要对幼儿园课程资源进行系统的分类、整理，将不同的课程资源进行分类登记，以便于其他教师的查阅和取用，由专门的课程资源管理者进行统一化的管理。例如，南京市一些幼儿园开设了专门的课程资源室，将所有的课程资源按照资源性、工具性分类并放置在不同的地方。教师使用时需要先查阅登记册，并做好登记。幼儿园课程资源的管理者必须娴熟地掌握幼儿的合理期待，知晓幼儿的兴趣、需要，并能够分析相应资源的教育价值，为材料的使用提供适宜的建议。

（三）幼儿园课程资源的利用

　　幼儿园课程资源的价值必须通过合理使用才能实现。因此，教师必须充分利用幼儿园课程资源，知晓每种课程资源的教育价值，并在不同的游戏、活动中提供相应的课程资源，拓宽幼儿的视野，增进幼儿的知识，提高幼儿的能力。例如，一家幼儿园附近有制作球的工厂。该工厂将一些球赠送给幼儿园。教师先是将这些球投放到户外，让幼儿发展踢、滚、投掷、拍、抛接等动作技能。后来，教师带幼儿到工厂参观，了解工人制作球的过程。回到幼儿园后，教师给幼儿提供布、纸、草绳、人造革等材料，让幼儿用旧报纸团球，将塑料袋包裹成球，用人造革、布料缝球，用稻草搓成麻绳后填充球，并在球上做装饰，把球运用到其他的建构游戏、角色游戏中。

（四）强化幼儿园课程资源开发与利用的意识

1. 树立正确的课程资源观

　　幼儿园课程的改革需要教师树立正确的课程资源观，改变只把教材作为唯一课程资源的倾向，特别是要认识到自身的学识、态度和价值观，以及幼儿周围的生活环境构成了影响幼儿学习的课程资源的一部分，是可以充分开发的重要资源。关注幼儿的生活，关注幼儿的兴趣和需要，以合理期待为指南，具有开放的视野，寻找幼儿熟悉的、愿意探索的、能够探索的资源作为课程资源，是开发和利用幼儿园课程资源的首要前提。

2. 增强教师的课程资源开发意识

　　幼儿园要通过职后多元培训，强化教师的课程资源开发意识。教师需要逐渐认识到，凡能促进课程内容与现代社会、科技发展和幼儿生活紧密联系，给幼儿提供主动参与、探究发现、交流合作的机会且能增长知识、培养能力、陶冶情操的一切可资利用的教育资源，都应是课程资源。[①] 教师要转变对幼儿园课程资源的认识，有"心中有幼儿，处处有资源，处处是教育"的资源意识。

3.拓展多主体的课程资源收集和整理意识

单靠教师的力量是无法收集、整理到足够的、丰富的幼儿园课程资源的，幼儿教育应该是幼儿、家庭、幼儿园形成合力方能有效增进的专业工作。因此，教师必须引导家庭成员树立课程资源意识，意识到哪些资源对不同年龄的幼儿有什么教育价值，可以投放到哪些区域，以充实幼儿活动的材料和学习探究的空间。

思考与练习

1. 关于幼儿园课程资源开发的说法不正确的是（   ）。

A. 有助于提升教师的专业水平

B. 有助于提高幼儿对课程的适宜性

C. 增加了教师的工作量，不利于教师成长

D. 有助于本土文化传承

2. 根据是否具有生命性的分类标准，不具有危险性的小动物属于（   ）。

A. 生命性课程资源　　　　　　　B. 非生命性课程资源

C. 消耗性课程资源　　　　　　　D. 非消耗性课程资源

模块六　单元2
云测试

3. 下列资源中属于工具性课程资源的是（   ）。

A. 歌谣　　　　　B. 泥土　　　　　C. 小铲子　　　　　D. 花草

4. 关于弱结构性课程资源和强结构性课程资源的表述正确的是（   ）。

A. 资源结构的强弱是相对的

B. 结构弱的资源更不利于幼儿操作

C. 结构强的资源更利于幼儿的操作

D. 资源结构强弱是无法转换的

5. 关于幼儿园课程资源的来源的说法正确的是（   ）。

A. 教材是唯一的幼儿园课程资源

B. 幼儿园课程资源应该包括人力、物质等资源

C. 由于社区资源使用不方便，我们更应该注重幼儿园课程资源的开发

D. 家长资源不能作为幼儿园课程资源

[①] 芦艳、邢利娅：《浅析幼儿园课程资源开发的策略》，载《前沿》，2006（12）。

单元 3　幼儿园园本课程的开发

学习任务单

姓名		班级		学习时间		
序号	任务描述		学习建议	完成效果		
				自评	同伴评	教师评
1	识记和理解园本课程开发的概念		阅读相关文献，加深对园本课程的认识			
2	掌握园本课程开发的流程		尝试进行园本课程开发，或听园长讲述园本课程开发过程			
3	理解园本课程开发的问题与解决策略		基于园本课程的开发，总结相应经验教训			
学习反思						

学习情境 ▶▶▶▶▶

　　小刘是一名刚刚毕业的教师。入职省一级幼儿园后，园长要求小刘了解本园的园本课程，然后和教师团队共同研究新的资源，设计新主题，和年级教师一起研发一个一周的单元主题课程，把资源保留下来。小刘不得不从头开始学园本课程的开发。

互动交流：

园本课程应该怎么开发？

_____

_____

_____

模块六　单元 3
互动交流提示

▶▶ 一、园本课程开发的概念 >>>>>>>>

园本课程开发是幼儿园及教师对现有课程的处理及决策，这种行为比较常见。[①]实际上，园本课程开发是幼儿园所有工作人员基于幼儿园的实际情况和幼儿的需求与兴趣，研发园本课程的一系列决策。园本课程开发需要有一定的理论依据。课程开发者的教育信念不同，其开发的课程自然不同。园本课程开发以幼儿为中心，强调幼儿的需要，提倡因材施教及个别化教学，强调幼儿的多元化发展，重视幼儿的积极主动参与、伙伴合作互动、集体民主决策、自主权和个人解放等。[②]

▶▶ 二、园本课程开发的流程 >>>>>>>>

幼儿教育相关人员需要从幼儿发展的角度共同开发园本课程，遵循如下流程。

（一）建立园本课程开发的组织机构

任何一所幼儿园在研发园本课程时都需要组建一个明确的课程小组，包括园长、业务园长、教研组组长、教师、后勤人员、行政人员等。如果有可能的话可以邀请教育局教研员、大学教师等专业人员，共同组成一个课程开发小组。园长是园本课程开发的领导者，应引导园本课程的理念，确定园本课程的体系，把握园本课程开发的进展。业务园长负责协助园长引领园本课程开发的具体执行，包括任务制定、人员安排、活动安排等。教研组组长和教师是编制具体活动并撰写活动方案的工作人员。后勤人员和行政人员为园本课程开发提供物质保障与资源支持。大学教师和教研员可以辅助幼儿园工作人员更为科学、合理地开发园本课程。

（二）分析幼儿园课程资源

幼儿园工作人员应分析幼儿园的现实情况，包括地域文化、历史背景、当地名人、自然资源、社会资源、家长情况、幼儿家庭文化等。这些资源将为园本课程开发提供必要的基础。例如，金华市汤溪幼儿园开发了"九峰童韵——越溪文化"课程。教师对幼儿园的现实状况进行了细致分析。

> **教师资格证考证指南：**
> 园本课程开发需要各方面力量参与，园长是园本课程开发的领导者。

> ✎ **学习笔记**

✐ 案例 ▶▶▶▶▶▶

金华市汤溪幼儿园坐落在金华西部九峰山下的汤溪镇。汤溪镇是一个山清水秀、历史悠久的美丽古镇，保留了特有的自然资源、人文资源，至今仍

---

① 王春燕：《幼儿园课程概论》第 2 版，289 页，北京，高等教育出版社，2014。
② 王春燕：《幼儿园课程概论》第 2 版，289 页，北京，高等教育出版社，2014。

学习笔记

然散发着质朴的幽香。例如，那里有风景秀丽的梯田风光、九峰山，清新秀美的万亩茶园，历史悠久的寺平古村，非物质文化遗产茶罐窑。在古老的姑蔑文化古镇，甘甜的溪水滋养了一方人民。这里物产丰富、风光秀丽、人文荟萃，具有浓郁的文化气息与乡土特点。我园幼儿大部分来自汤溪镇周边农村地区，对汤溪本地文化、自然资源有强烈的好奇心和探究的欲望。幼儿家长具有一定的汤溪乡土知识，能够有效配合幼儿园开发丰富多样的园本课程。我园教师较早意识到幼儿园课程一定要依据幼儿的生活经验和发展规律而适度调整，也发现幼儿的兴趣在于本地文化、本地风俗与本地特产。于是我园教师于2011年申请了浙江省学前教育研究会"十二五"课题"利用乡土资源优化幼儿园教育环境的实践研究"。该课题推动全园教师收集汤溪镇的所有文化资源，包括当地民歌、民谣、民间游戏、民俗节日、名人事迹、名胜古迹、美食、特色物产等。教师先分析素材的特性，从幼儿的年龄特点出发将素材转化为课程内容，形成一系列主题活动，并从美术领域拓展到五大领域，进而延伸到幼儿园内部环境的创设。历时几年，在全园教师协同努力的推动下，我园的课题成果荣获浙江省学前教育研究会一等奖、中国学前教育研究会一等奖。[1]

（三）萃取园本课程的理念

每一个园本课程都有一个灵魂。它用来把课程的目标、内容、实施、评价串联起来，形成一个有核心、有体系的园本课程。园本课程的理念是园本课程的所有建设者基于幼儿园的实际情况和幼儿园课程的特色而梳理、萃取出的精髓，彰显了幼儿园课程的主体思想。

✎ 案例 ▶▶▶▶▶▶

"九峰童韵——越溪文化"课程的理念为：在自然环境和越溪文化脉络下，教师秉持相信幼儿、尊重幼儿的信念，为幼儿提供更多时间、空间、机会，让幼儿在主动与外界环境、同伴、材料相互作用的过程中建构自己的认识，形成理解，凝聚意义。

我们秉持的幼儿观为：幼儿是独特的、主动的、富有个性的学习者，可以通过自己的努力生长力量、锻炼自身。

我们秉持的教育观为：教育就是幼儿主动探究、亲身体验、实际操作中

---

① 该内容由金华市汤溪幼儿园提供。

的经验生长的过程。[①]

（四）研究、确定幼儿园课程的体系

幼儿园课程的体系包括课程目标、课程内容、课程实施和课程评价。园本课程的目标不同于教师平时书写的活动方案中的具体目标。它是所建构的园本课程的总体目标，包含五大领域的发展价值，较为抽象、笼统。例如，金华市汤溪幼儿园撰写的"九峰童韵——越溪文化"课程旨在通过三年的学习，使幼儿更健康、更智慧、更幸福，具有浓郁家乡情怀，有深厚文化认同感与使命感。[②]

课程目标与课程内容必须一脉相承。教师需要分析幼儿园课程资源的教育价值，尤其是五大领域的教育价值，从幼儿的兴趣出发将幼儿园课程资源转化为园本课程资源，编制活动方案，如表6-4所示。

表6-4　园本课程资源[③]

自然资源	自然风光	九峰水库、九峰牧场、梯田风光、峙垅湖公园等
	自然资源	植物，蔬果（番薯、南瓜等），动物（蚂蚁、蚯蚓、奶牛等），水，沙，黄泥土块等
人文资源	民间文学	民间歌谣：《四季歌》《时令谣》等
		民间传说：《银娘和"银娘井"的传说》《机智的姐姐》《九峰山花鸟救驾得皇封》等
	民间艺术	舞龙、走马灯、茶馆窑、寺平砖雕、城隍庙木雕等
	民间游戏	踢毽子、抓石子、翻纸包、跳房子等
	民间风俗	端午节、保稻节、杨梅节、中元节、清明节、油菜花节等
	名胜古迹	九峰山、寺平古村落、城隍庙、鸽坞塔畲乡民族村等
	名人逸事	丰子恺、宋约、陈双田、粟裕等
	汤溪特产	清明果、的卜、汤溪拉面、汤圆、菱角糕等

园本课程开发小组依据充沛的课程资源，从三大模块建构了五大领域的课程。三大模块分别为九峰美景、九峰美食、九峰美俗，如表6-5所示。

---

① 该内容由金华市汤溪幼儿园提供。
② 该内容由金华市汤溪幼儿园提供。
③ 该内容由金华市汤溪幼儿园提供。

教师资格证考证指南：

幼儿园课程的体系一般包括课程目标、课程内容、课程实施和课程评价。

📝 学习笔记

表 6-5　园本课程模块 [①]

课程	板块	相关内容
九峰田园乡土课程	九峰美景	自然风光情悠悠（山水湖光）
		名胜古迹响当当（名胜古迹）
	九峰美食	汤溪菜肴顶呱呱（特色菜肴）
		汤溪小吃美滋滋（汤溪小吃）
	九峰美俗	小镇情韵悠悠淌（民风民俗）
		姑蔑故事娓娓听（历史人文）

园本课程开发小组逐渐编制了小班、中班、大班的不同主题，形成了富有本园特色的园本课程内容体系，如表 6-6 所示。

表 6-6　园本课程内容体系 [②]

主题名称	小班	中班	大班	板块
丰收的秋天	番薯乐翻天	蚂蚁王国	代代果	九峰美景
大树：我们的朋友	好玩的大树	我的树朋友	树的乐章	
金色花海	美丽的油菜花	叶儿青青，菜花黄	花田花海	
家乡的名胜	我的家乡	神秘的寺平古村落	九峰探险记	
家乡的美食	好吃的美食	健康美食每一天	汤溪美食节	九峰美食
我探索　我快乐	西瓜甜甜	奶牛加工厂	蘑菇来了	
汤溪味道	塔石麻糍	甜甜的卜	烂酸菜滚豆腐	
阿侬汤溪侬	我学汤溪话	汤溪童谣	汤溪故事	九峰美俗
泥味·童趣	亲亲泥土	泥土真好玩	泥趣·童韵	
欢乐中国年	过年了	红红火火中国年	龙韵龙趣	

确定课程内容后，园本课程开发小组的教师需要具体实施课程。在实施园本课程的过程中，教师可以思考哪些内容适合开展主题活动，以及每个主题活动配套的游戏活动、家园互动、环境创设等具体要求。例如，大班主题活动"泥趣·童韵"就是教师开发的园本课程的主题活动，教师几经实施后终于确定了如表 6-7 所示的活动形式与活动内容。

---

① 该内容由金华市汤溪幼儿园提供。
② 该内容由金华市汤溪幼儿园提供。

表 6-7　大班主题活动"泥趣·童韵"的活动形式与活动内容 [1]

活动形式	活动内容
集体教学活动	我们去挖泥了
	泥土真好玩
	找找身边的泥制品
	小泥巴工作室开张了
	美丽的茶罐
	彩绘茶罐
	茶罐大家族
	小泥巴泥塑展
	走进寺平古村
	我设计的砖雕（一）
	我设计的砖雕（二）
	砖雕大展览
游戏活动	1. 根据主题内容，创设相关的区域内容并在区域活动中游戏，如用泥土做饼干和制作花瓶、罐子等 2. 户外游戏活动，如挖泥土、送泥土过桥、泥土比轻重、踢瓦片、淹泥蛋、堆泥人等 3. 利用茶罐开展买卖游戏或在区域游戏中制作泥塑作品等
生活活动	1. 利用晨间谈话、饭前饭后观看茶罐窑视频并讨论 2. 利用散步的时间，欣赏园内本土文化的照片，如汤溪美食、汤溪东门山背等
亲子活动	1. 家长有意识地带领幼儿亲近泥土，和幼儿一起挖泥土 2. 双休日带幼儿一起去寺平古村落，感受砖雕文化的神奇 3. 与幼儿一起阅读关于泥土的书籍
环境创设	1. 收集有关泥的资料：图片、影像、实物 2. 布置关于泥土的主题，展示各种泥土、精美砖雕的图片以及泥土的作用介绍 3. 到大自然中了解环境，以真实泥土材料进行搜索 4. 体验种植活动 5. 观察生活中陶制品、泥塑及居民建筑 6. 在阅读区投放关于泥土的书籍、照片供幼儿阅读，在美工区提供泥土让幼儿筛土并捏各种造型

最后，园本课程开发小组需要在实施园本课程后梳理园本课程的评价目的、评价主体和评价客体、评价时间，还需要建构相对完善的评价工具。

---

[1]　该内容由金华市汤溪幼儿园提供。

✏ 案例　▶▶▶▶▶▶

"九峰童韵——越溪文化"课程的评价制度分为前期审议、中期评价、后期评价的三个环节。前期审议是幼儿园全员针对园本课程的目标、内容、实施进行审议，判断活动的适宜性。中期评价是年级组所有教师对主题活动的目标、内容、组织关系、实施的审议。中期评价的主体是幼儿、教师、家长三个群体。幼儿是活动的体验者和参与者，拥有对活动的直接感受。教师需要了解幼儿的活动体验和感受，进而改进活动；教师是课程建设者和实施者，对课程的发展脉络有一定程度的决定权力。家长是课程的积极参与者，与教师共同合作了解幼儿在家庭中的变化和发展，为课程的进一步调整提供原始资料。后期评价包括课程建设成员对课程效果的诊断和评价，以及年级组分组汇报课程的进展与问题。[①]

> **教师资格证考证指南：**
> 园本课程是静态方案撰写和动态方案生成的结合。

▶▶ 三、园本课程开发存在的问题与解决策略 ＞＞＞＞＞＞＞＞

（一）存在的问题

1. 将园本课程建设理解为静态方案撰写

园本课程的建设旨在最大限度地促进本园幼儿的健康和谐发展。所以选择的课程资源全部都是当地幼儿或本园幼儿生活中有所经历的内容，绝不是教师为了标新立异而编制的书本化的静态课程。我们鼓励教师把自己建设园本课程的有益经验梳理、总结，形成利于他人学习的经典范例。但任何园本课程都必须经历多番尝试、讨论、研修后才能成为经典。比如，南京市实验幼儿园从 1983 年开始探索综合教育课程，历经 40 余年一直在思考如何让园本课程适宜现代的幼儿生活与兴趣。课程研发者一直延续着课程研讨，一次次认真反思每个主题活动的利弊，总结经验，梳理优势，形成有效的活动方案。因此，园本课程是动态活动生成，不只是静态方案撰写。

2. 将园本课程作为招生的噱头

园本课程是从当地某一个幼儿园的实际情况中生长而成的课程，其从诞生之日起就彰显了本园的特色。例如，幼儿园课程资源具有得天独厚的优势，是其他幼儿园难以复制的。金华市汤溪幼儿园的"九峰童韵——越溪文化"课程就是诞生于汤溪镇，其课程内容都是当地的资源转化而来的，极具汤溪镇的文化特色。由此滋长的园本课程自然也铭刻着当地文化特色。此特色不同于一般幼儿园为了招生而冥思苦想的名词或标签，是扎扎实实在当地土壤里滋养而成的。因此，园本课程是生长出来的特色，不是为了招生而寻找的噱头。

> 🖊 **学习笔记**

---

① 该内容由金华市汤溪幼儿园提供。

学习笔记

3. 将园本课程独立于幼儿园课程体系之外

园本课程具有相对完整的课程体系，涵盖了为某个年龄阶段幼儿服务的课程理念、课程目标、课程内容、课程实施和课程评价，形成了一个依照《幼儿园教育指导纲要（试行）》和《3—6岁儿童学习与发展指南》核心精神的单元主题课程。教师切忌为了编制课程而随意拼凑或照搬照抄，使课程没有灵魂，没有形成以某个年龄阶段幼儿发展为核心的课程体系。因此，园本课程虽然自成体系，但也是幼儿园课程体系的重要组成部分。

（二）解决策略

1. 正确认识园本课程的价值

园本课程的价值在前面已有阐述。幼儿园要树立课程为幼儿服务的思想。园本课程只有发挥本地的资源优势，同时基于幼儿生活圈，才能够适合幼儿并促进幼儿的发展。幼儿园要不断地深化和修订园本课程，不断增强课程的适应性，提高课程的内在价值。

2. 正确理解园本课程的体系

园本课程不只是一个独立文本或教材，园本课程还包括动态的实施过程。所以园本课程开发者要树立园本课程是静态方案撰写和动态方案生成的结合的意识，在开发过程中既要考虑到静态方案是否符合幼儿已有的经验，又要考虑到课程实施过程中环境的设计、区域活动的开展等动态方案的部分，形成园本课程自身内在的体系。

3. 正确认识幼儿园课程体系

幼儿园课程不仅有园本课程，还有其他主题活动、区域活动、游戏活动以及生活活动等各种类型的课程。这些课程都属于幼儿园课程范畴。因此，园本课程开发者要充分考虑到其他课程的存在，精心设计好幼儿学习的内容，协调好园本课程与主题活动等其他课程的关系，使这些课程相辅相成，共同、协调地促进幼儿园的发展，发挥幼儿园课程"1+1 > 2"的效果。

思考与练习

1. 关于幼儿园园本课程的说法正确的是（　　）。

A. 幼儿园园本课程是静态方案撰写和动态方案生成的结合

B. 幼儿园园本课程是动态方案

C. 幼儿园园本课程是静态方案

D. 幼儿园园本课程是教材

模块六　单元3
云测试

2.关于幼儿园园本课程的说法正确的是（　　）。

A.幼儿园园本课程是生长的　　　　B.幼儿园园本课程是静止的

C.幼儿园园本课程是借鉴的　　　　D.幼儿园园本课程是复制的

3.幼儿园园本课程是自成体系的。关于幼儿园园本课程与幼儿园课程体系的关系的说法正确的是（　　）。

A.二者是两个独立的系统

B.二者是两个相辅相成的体系

C.幼儿园园本课程是幼儿园课程体系的组成部分

D.二者是两个相融的课程体系

4.关于幼儿园园本课程开发的说法正确的是（　　）。

A.幼儿园园本课程开发是教师的事情，与幼儿无关

B.幼儿园园本课程开发是幼儿园的事情，与家长无关

C.幼儿园园本课程开发与园长、教师、幼儿、家长、社区等利益相关者有关

D.幼儿园园本课程开发就是形成园本的课程方案

5.幼儿园园本课程开发过程中的评价是为了（　　）。

A.鉴别课程的优劣　　　　　　　　B.更好地改进课程

C.评价幼儿的学习状况　　　　　　D.判断教师教学的好坏

实训与反思

实践训练：

训练一：分析某所幼儿园的课程资源。

训练二：依据园本课程开发流程设计一个主题活动。

训练三：分析一个主题课程资源运用的合理性。

学习反思

综合云测试

亲爱的同学：

　　祝贺你顺利完成本门课程的学习！想必在这门课程的学习过程中，你一定收获颇丰。下面让我们一起来检测一下学习效果吧。如果你全会，那恭喜你！如果你未能全部答对，也没有关系，请从教材中找到相应的内容复习一下吧。

编号	扫描二维码答题	自我检测记录与改进计划
综合云测试一		
综合云测试二		
综合云测试三		
综合云测试四		

续表

编号	扫描二维码答题	自我检测记录与改进计划
综合云测试五		
综合云测试六		
综合云测试七		
综合云测试八		
综合云测试九		
综合云测试十		